职业教育·通用课程教材

U0649663

大学生创新与创业指导

徐 斌 主 编

孙 静 高 勇 侯 鹏 温 倩 副主编

刘小伟 崔海星 谢黎明 主 审

人民交通出版社

北京

内 容 提 要

本书为职业教育通用课程教材,全书包括创新与创业概述、创新思维与训练、创新思维的理论与创新方法、大学生胜任力模型、创业者与创业团队建设、创业机会与创业风险分析、创业资源开发、创业市场与营销、企业财务管理基础、商业模式规划、创业计划书、新企业的创办等内容。

本书的编写遵循国家对创新创业教育的要求,以提高大学生的创新素质与创业能力为宗旨,以帮助大学生创业者解决在创新创业过程中遇到的关键问题为目标,内容新颖实用,注重实践能力培养。

本书适合作为高等院校本科、专科"创新和创业教育"课程教材,也可作为广大创新创业者的学习参考用书。

本书配套课件等资源,任课教师可加入"职教公共基础课教学研讨群(QQ 群号:985149463)"获取。

图书在版编目(CIP)数据

大学生创新与创业指导 / 徐斌主编. — 北京 :

人民交通出版社股份有限公司, 2025.8

ISBN 978-7-114-20499-9

Ⅰ.①大… Ⅱ.①徐… Ⅲ.①大学生—职业

选择—职业教育—教材 Ⅳ.①G647.38

中国国家版本馆 CIP 数据核字(2024)第 093997 号

Daxuesheng Chuangxin yu Chuangye Zhidao
书 　 　 名:大学生创新与创业指导
著 作 者:徐 斌
责 任 编 辑:杨 思
责 任 校 对:赵媛媛 武 琳
责 任 印 制:张 凯
出 版 发 行:人民交通出版社
地 　 　 址:(100011)北京市朝阳区安定门外外馆斜街 3 号
网 　 　 址:http://www.ccpcl.com.cn
销 售 电 话:(010)85285911
总 经 销:人民交通出版社发行部
经 　 　 销:各地新华书店
印 　 　 刷:北京印匠彩色印刷有限公司
开 　 　 本:787×1092 1/16
印 　 　 张:14
插 　 　 页:1
字 　 　 数:336 千
版 　 　 次:2025 年 8 月 第 1 版
印 　 　 次:2025 年 8 月 第 1 次印刷
书 　 　 号:ISBN 978-7-114-20499-9
定 　 　 价:49.00 元
(有印刷、装订质量问题的图书,由本社负责调换)

本书编审委员会

主　　编：徐　斌　甘肃交通职业技术学院

副主编：孙　静　交通运输部管理干部学院（中共交通运输部党校）

　　　　高　勇　甘肃交通职业技术学院

　　　　侯　鹏　白银希望职业技术学院

　　　　温　倩　甘肃建筑职业技术学院

主　　审：刘小伟　广东省卓越质量促进中心

　　　　崔海星　甘肃省科技发展促进中心

　　　　谢黎明　甘肃省创新方法研究会

编　　委：（按姓氏首字母排列）

　　　　邸云鹏　冯辉霞　龚成勇　火方晒　贾德强　李　飞

　　　　李建国　卢　明　毛　伟　蒲彦君　王佳弦　王永军

　　　　薛　诚　严玉峰　杨　帆　余　璐　张小龙　张翾子

前　　言

党的二十大报告提出"必须坚持科技是第一生产力、人才是第一资源、创新是第一动力"。《国务院办公厅关于进一步支持大学生创新创业的指导意见》指出,"坚持创新引领创业、创业带动就业,支持在校大学生提升创新创业能力,支持高校毕业生创业就业",形成了举国关注创新创业的大环境。在"大众创业、万众创新"理念深度融入社会发展的当下,大学生在创新创业过程中存在创新精神匮乏、创新能力有限、创业积极性不高、实战经验严重不足,创新停留于表面,遇到实际问题无从下手,创业类型多集中于生存型、资源型,社会型、知识型等,创业途径较少等诸多亟待解决的问题。

《大学生创新与创业指导》紧密贴合大学生实际特点编写,通过系统性梳理内容,助力大学生深刻理解创新创业观念,树立正确的创新理念。本书精心设置丰富的教学模块,着力培养大学生的创新思维、创业精神与实践能力。本书基于本土创新驱动需求,构建起完善的创新教育理论与实践体系,期望借此帮助更多大学生成长为具备创新精神的知识型劳动者、聚焦知识要素的创业者,以及借助创新创业实现全面发展的高素质人才。

本书具有知识新颖、内容丰富、结构合理、贴近实际、方法适当、案例典型、语言精练等特点。本书在编写过程中遵循国家最新的创新创业教育教学要求,内容取舍以实用、实际、实效为原则,力求精讲细练。首先以打开创新思维为开篇,以 TRIZ 创新理论为工具,结合创新案例,引导大学生建立自己的创新思维理念和应用创新工具解决创新问题,同时帮助大学生培养创新胜任力,从而激发大学生的创新思维与创业意识,着重对创业团队的组建、创业机会寻找与风险分析、创业资源整合与利用、企业财务管理、商业模式规划、创业计划书撰写、新企业创办程序等进行了阐述。

本书不仅知识全面,还有大量的创业实例可供学习、参考,有利于引导大学生树立正确的创业目标,合理制订自己的创业计划。本书可作为各高等本科院校、职业院校大学生创新创业课程的指导教材,教师可根据教学对象和授课学时,灵活选择相关内容进行重点学习;也可作为有志于创新、创业的青年和社会人士拓宽视野、增长知识的自学用书。

本书的编写得到了甘肃省科技发展促进中心、甘肃省创新方法研究会、甘肃省机械工程学会、广东省卓越质量促进中心等单位的大力支持。

本书由甘肃交通职业技术学院徐斌担任主编,交通运输部管理干部学院(中共交通运输部党校)孙静、甘肃交通职业技术学院高勇、白银希望职业技术学院侯鹏、甘肃建筑职业技术学院温倩担任副主编,湖北交通职业技术学院杨帆、新疆交通职业技术大学张翮子、兰州新区市政投资管理集团有限公司王佳弦、兰州市一只船小学火方晒等老师参编。

全书共计12个模块,其中模块1、单元3.1和模块4由徐斌编写,模块2由高勇编写,单元3.2和模块7由温倩编写,模块5、模块6由侯鹏编写,模块8由孙静编写,模块9由王佳弦编写,模块10由杨帆编写,模块11由火方晒编写,模块12由张翮子编写。全书由徐斌完成统稿工作,刘小伟、崔海星、谢黎明承担主审工作。

在本书的编写过程中,谢黎明、冯辉霞、王永军、贾德强、蒲彦君、严玉峰、李建国、龚成勇、卢明、毛伟、余璐、贾金龙、邸云鹏、李飞、张小龙等老师多次提出宝贵意见,同时,本书在编写过程中参考了有关教材、论著和期刊等,在此对相关作者表示诚挚的感谢!

由于编者水平有限,书中难免存在一些不足之处,恳请同行专家及广大读者批评指正。

编　者
2025 年 4 月

数字资源列表

序号	资源名称
1	创新思维——从概念到实践
2	创新思维方法训练
3	TRIZ 创新理论简介
4	设问型创新方法——开启多维度创新思维
5	大学生胜任力构建
6	创业者与创业团队建设
7	创业机会识别与把握
8	创业资源的开发与整合
9	创业市场认知
10	创业初期财务管理要点
11	商业模式设计与实践
12	创业计划书编写指南
13	企业组织形式与新企业设立

目　　录

模块 1
创新与创业概述

单元 1.1   创新的相关概念

创新即创造新事物,是近几年使用极为频繁的词汇之一。创新是人类社会的普遍现象,人类历史的发展是在不断创新中实现的,创新是中华民族的禀赋。对于创新的概念,存在不同的观点,但一般比较认同经济学家约瑟夫·熊彼特(Joseph Alois Schumpeter)的观点,即创新是"把一种新的生产要素和生产条件的组合引入生产体系"。这主要是从经济学的角度给创新下的定义。现在普遍认同的观点认为创新是指在前人的基础上,以新思维、新发明和新描述为特征的一种概念化过程,包含更新、改变和创造。例如,提出思想、产生技术、创造产品等行为活动都属于创新,即创新包含以下五种情况:

(1)引入一种新产品或提供一种产品的新质量。

(2)采用一种新的生产方式。

(3)开辟一个新市场。

(4)获得一种降低成本的新来源。

(5)实行一种新的企业组织形式。

1.1.1   创造与创意

1)创造

(1)创造的含义

创造是人类改造自然的社会行为,是人类最高级的劳动,它是个体根据一定的目的和任务,运用一切已知的条件,产生新颖、有价值的成果(精神的、社会的、物质的)的认知和行为活动。

在《现代汉语词典》里,"创造"被解释为"想出新方法、建立新理论、做出新的成绩或东西"。从中可以看到,创造特别强调独创性,然而,任何创造都不是无中生有的,而是在前人创造的基础上有所突破。"创造"是由两个字组合而成的:"创"的主要含义是"破坏"和"开创","造"的主要含义是"建构"和"成为"。所以,"创"和"造"组合在一起,就是突破旧的事物,创建新的事物。"唯创必新"是创造的根本特点。创造是各式各样的,时时处处都可以有创造:科学上有发现,艺术上有创作,方法上有创新,技术上有发明。

例如,莱特兄弟发明的飞机就是首创前所未有的事物,因为飞机是从无到有的新事物。

创造的对象不一定是产品。比如,国内生产总值(GDP)是指一个国家(国界范围内)所有常住单位在一定时期内生产的所有最终产品和劳务的市场价值,它既是一种统计方式,也是一种创造;节假日大家通过微信发红包,它是网络经济领域创造的新事物。同样,爱因斯坦创立相对论、中国的激光照排、量子通信也是创造。

(2)创造的分类

美国创造心理学家泰勒曾提出划分"创造五层次"的著名观点,具体如下:

①表露式的(Expressive)创造,指即兴而发等,但却具有某种创意的行为表现。例如,戏剧小品式的即兴表演、诗人触景生情时的有感而发等,其创造水平或程度一般属于这一层次。儿童涂鸦式的画作有时很有创意,其水平也属此层次。

②技术性的(Technical)创造,指运用一定科技原理和思维技巧,为解决某些实际问题而进行的创造。例如,把素材按新的形态组合产生新事物,如我国四大发明中的造纸术和印刷术。

③发明式的(Inventive)创造,指在已有的事物基础上,制造出与以往曾有过的事物全然不同的新事物的创造,如爱迪生发明电灯,贝尔发明电话,王永民发明五笔字型。

④革新式的(Innovate)创造,指不仅在旧事物基础上产生了新事物,而且在否定旧事物或旧观念的前提下造出新事物或提出新观念的"革旧出新"的创造,如技术史上各种新工具的出现以替代旧工具,科学史上发现新定律以替代旧定律,等等。

⑤突现式的(Emergentive)创造,指与原有事物无直接联系,看似"从无到有"的突然产生新观念的创造。我们可以说,各学科领域荣获诺贝尔奖的重大科学发现均应属于这一层次的创造。

2)创意

(1)创意的含义

在汉语中,创意的原义是指写文章有新意。创意比较接近的几个意思有:有新意的想法、念头和打算;过去从未有过的计划;创新性的意念。创意有两点最基本的含义:一是有创造性,包含新颖性、超前性和奇异性;二是头脑中的主意、念头、想法。"创意"既是一个名词,又是一个动词。作为静态名词的"创意"是指创造性的意念、创新的构思;作为动态词汇的"创意"是指创意思维的过程,是一种经过苦思冥想而突然产生的、从无到有的新意念的产生过程。

简而言之,创意就是具有新颖性和创造性的想法。也可以理解为:创意就是人们有与众不同的好点子。一个好的创意具有新奇、简单、实用、与众不同、能使人眼前一亮、令人久久难忘等特点。

（2）创意的特征

创意常得益于灵感,它是灵感诱发形成的观念、想法和念头,比灵感完整和完善。创意主要包括以下特征:

①突发性。创意是一种突变式的思维飞跃,使感性材料或灵感启示迅速升华为理性认识,也就是变成想法、意念,故而创意具有突发性。

②形象性。人们在产生创意时,其心理元素既有视觉型的,也有动觉型的,主要的思维活动属于形象思维范畴。有了创意以后,才可以用概念来审查、推论,运用逻辑思维来证明或否定创意。

③自由性。创意思维的目标是确定的,但是,从思维的方向来说,创意则是多路的、散漫的、全方位的、灵活的,具有充分的自由性。在创意的选择上,也是自由开放的,甚至是由着自己的性子去思考自己最愿意做的事,有的甚至是隔行的"业余爱好者",表现出思维开阔、自由奔放、不受拘束的特点,有时竟能获得十分宝贵的创意。

④不成熟性。爱因斯坦所说的创意是"具有或多或少明晰程度的表象,而这些表象则是能够自由地再生和组合的",这正说明创意具有相对模糊性和不成熟性,也许经过明晰化、再生组合之后,才能成为创新、设计和方案。我们不赞成把创意等同于创新思维的最终产物,创意是灵感或经验与创新设计方案之间具有中介性质的思维存在。因此,创意产生创新。

1.1.2　创新

1）创新的概念

创新是指在现有的资源条件和社会环境中提出一种从未有过的新思路,形成新思维,或者说在原有的某种事物和方法的前提下进行改进与更新,创造出新的事物。应从以下两个方面理解创新:

（1）狭义的创新是相对于其他人或全人类来说的,是第一,是首创。狭义的创新是真正具有推动社会进步意义的,如爱因斯坦发现相对论、爱迪生发明电灯等。

（2）广义的创新是指虽然相对于其他人不是第一个,但相对于自己来说,是第一,是首创,如单位举办了一场与往年不同的新年联欢会,推行了新的工作方法,进行了某些方面的改进等。

2）创新的分类

（1）按内容分

按照内容不同,可将创新分为产品创新、工艺创新、营销创新、组织创新、制度创新、职能创新、结构创新和环境创新等。每一类创新又可细分为更多的方面,如产品创新可分为开发出具有新功能的产品、产品结构方面的改进、外部形态的改进等,技术创新又可分为工艺路线的革新、材料的替代和重组、工艺装备的革新等。

①产品创新。产品创新可分为全新产品创新和改进产品创新。全新产品创新是指产品用途及原理有显著的变化。改进产品创新是指在技术原理没有重大变化的情况下,基于市场需要对现有产品进行功能上的扩展和技术上的改进。

②工艺创新。工艺创新是指企业通过研究和运用新的方式、方法和规则体系等,提高生产技术水平、产品质量和生产效率的活动。工艺创新的方法主要有应用信息化手段、使用先进设备、使用集成技术、使用优化理论。创新在这里包括技术、设备和软件上的重大改变。

③营销创新。营销创新是指新的营销方式的实现,包括产品的设计、包装、营销渠道、促销方式以及定价等方面的重大变革。营销创新旨在更好地满足消费需求,开辟新市场,或重新配置企业在市场上的产品,以提高企业的销售额。

④组织创新。组织创新是指企业的运营策略、工作场所组织或外部关系等方面新的组织方式的实现。组织创新成果可以用于减少管理成本或交易成本,提高工作的满意度(和劳动生产力),获得不可交易资产(如未被编撰的外部知识)或减少供应成本以提高企业的绩效。

⑤制度创新。制度创新是从社会经济角度来进行企业系统中各成员间的正式关系的调整和变革。制度是组织运行方式的原则规定。企业制度主要包括产权制度、经营制度和管理制度三个方面的内容。

⑥职能创新。职能创新就是在计划、组织、控制、协调等管理职能方面采用新的更有效的方法和手段。

⑦结构创新。结构创新是指设计和应用新的更有效的组织结构。结构创新按照其影响系统的范围可分为技术结构的创新和经济结构的创新。

⑧环境创新。环境是企业经营的土壤,同时制约着企业的经营。环境创新不是指企业为适应外界变化而调整内部结构或活动,而是指企业通过积极的创新活动去改造环境,引导环境朝着有利于企业经营的方向变化。例如,企业通过公关活动来影响社区政府政策的制定,企业通过技术创新影响社会技术进步的方向,等等。对企业来说,环境创新的主要内容是市场创新。

(2)按创新的程度和创新中自我知识产权的比重分

按照创新的程度和创新中自我知识产权的比重,可将创新分为自主创新与开放式创新。

①自主创新。自主创新是指通过拥有自主知识产权的独特的核心技术及在此基础上实现新产品的价值的过程。它强调企业核心部分的创新必须是自主的,次要部分可以"外购"或"外包"等,在利益最大化和时间效率最大化之间找到平衡。通过自主创新,企业能够使自身在行业竞争中处于领先地位。自主创新的成果一般体现为新的科学发现及拥有自主知识产权的技术、产品、品牌等。

提倡自主创新并不是把自主创新看成绝对的。每个组成单元都是自成体系的,因为任何企业都会受到内部和外部资源配置的限制,只要能在最主要的核心部分实施自主创新的突破即可,而有些部分在成本可控的范围内应该尽量采用外部成熟资源,以提高效率,缩短时间。

②开放式创新。传统的企业技术创新认为,创新的关键是在严格控制下的企业内部实验室进行。随着信息技术的发展,遍布的可用知识使控制变得不可能,现在竞争优势往往来源于其他人的研究和发明。

所谓开放式创新,即不断利用从外界得到的新资讯、新技术、新产品,甚至与竞争者分享自己的创意而获利的创新。

原来人们理解的创新只是小部分研发人员的事情,这拉大了普通人与创新之间的距离。但开放式创新却直接指出创新不能仅仅靠组织内部的思想,还需要依靠所有愿意进一步创新的机构和个人。换句话说,创新是我们每个人的责任。

3)创新的特点

创新是人类特有的活动,创新成果是人类在意识支配下进行的创造性活动所取得的成效。在人类社会之外,其他动植物只是进化、演化,而不是创新。创新以扎实的专业知识为基础,以敏锐的观察力、丰富的想象力、深刻的洞察力为途径,反映事物发展的基本规律,是一种有规律的实践活动。创新不是一般的重复劳动,更不是对原有内容的简单修补,而是突破性的发展、根本性的变革、综合性的创造。创新是继承的升华,继承是创新的必要。创新具有以下特点。

(1)普遍性

创新存在于一切领域,没有哪个学科、哪个行业、哪个领域是一成不变的。

(2)永恒性

创新是人的本能,只要有人类,就有创新,这种活动受人类自我实现本能的支配。另外,人类的其他活动有可能终止,但创新永远不会终止。

(3)超前性

由于创新就是相对于他人的首创行为,因此社会认识必然滞后于创新,创新总是超前的。

（4）艰巨性

有两个因素导致了创新的艰巨性：一个是创新的超前性。因为超前，所以可能得不到他人的理解和支持，甚至遭到反对，给创新者造成很大的压力，并制造了艰难的创新环境。另一个是创新本身。创新是做前人或他人没有做过的事情，实现创新的过程和方法都需要探索。因此，创新有不确定性和技术上的难度。

（5）社会性

前面说过，完成一个创新，不但要想还要实施。实施过程中就要与社会发生联系，需要人与人之间的配合，这就产生了社会性。随着现代社会分工的细化，过去爱迪生那样单打独斗的时代已经一去不复返。当下的创新更需要团队的力量，甚至一个行业间的协同。例如，面对西方对中国芯片的封锁，就需要充分调动社会力量，发动多方力量共同应对，一起攻关，从而在较短的时间内就取得了突破。

（6）无止境、无边界、无权威

任何学科、领域、部门都是人为划分的结果，既然是人为划分，就可以人为打破；在专业知识面前，不同的行业、专业是有着很大差别的，但在创新面前，规律是一样的，而且越是跨行业、跨领域的创新，越是能诞生超乎寻常的结果。在创新面前人人平等，谁都可以成为创新的强者，没有任何人是权威。很多时候，对权威的过分迷信会形成对创新活动的巨大阻碍。

创新是第一动力，我国把创新摆在国家发展全局的核心位置，高度重视科技创新，围绕实施"创新驱动"发展战略，加快推进以科技创新为核心的全面创新，提出要大力培养创新型人才。所谓创新型人才，就是具有超前的创新意识、敏锐的创新思维、丰富的创新方法、强大的创新能力、坚持不懈的创新精神、丰富的创新知识的人才。创新型人才通常表现出灵活、开放、好奇的个性，具有精力充沛、坚持不懈、注意力集中、想象力丰富以及富于冒险精神等特征。

1.1.3 创新的原则和过程

1）创新的原则

创新原则就是人们开展创新活动时所要依据的基本法则和判断创新构思所凭借的标准。

（1）遵守科学技术原理原则

创新必须遵循科学技术原理，不得违背科学发展规律。因为任何违背科学技术原理的创新都是不能获得成功的。比如,近百年来,许多才思卓越的人耗费心思,力图发明一种既不消耗任何能量,又可源源不断对外做功的"永动机"。但无论他们的构思如何巧妙,结果都逃不出失败的命运。其原因在于他们的创新违背了"能量守恒"的科学原理。

（2）社会评价原则

创新要获得最后的成果,必须经受走向社会的严峻考验。爱迪生曾说:"我不打算发明任何卖不出去的东西,因为不能卖出去的东西都没有达到成功的顶点。能卖出去就证明了它的实用性,而实用性就是成功。"在进行社会评价时应把握住评价事物使用性能最基本的几个方面,然后在此基础上做出结论,主要包括解决问题的迫切程度、功能结构的优化程度、使用操作的可靠程度、维修保养的方便程度、美化生活的美学程度。

（3）相对较优原则

创新不必一味追求最优、最佳、最美、最先进。创新产物不可能十全十美。在创新过程中,利用创造原理和方法,可以获得许多创新设想,它们各有特点,这时,就需要人们按相对较优的原则,对设想进行判断和选择。运用该原则应着重考虑如下几个方面:从创新技术先进性上进行比较、选择,从创新经济合理性上进行比较、选择,从创新整体效果上进行比较、选择。

（4）机理简单原则

创新只要效果好,机理越简单越好。在现有科学水平和技术条件下,如不限制实现创新的方式和手段的复杂性,所付出的代价可能远远超出合理程度,使得创新的设想或结果毫无使用价值。在科技竞争日趋激烈的今天,结构复杂、功能冗余、使用烦琐成为技术不成熟的标志。因此,在新创的过程中,要始终贯彻机理简单原则。为使创新的设想或结果更符合机理简单的原则,可进行如下检查:新事物所依据的原理是否重叠,是否超出应有范围;新事物所拥有的结构是否复杂,是否超出应有程度;新事物所具备的功能是否冗余,是否超出应有数量。

（5）构思独特原则

《孙子兵法·势篇》中指出:"凡战者,以正合,以奇胜。故善出奇者,无穷如天地,不竭如江河。"所谓"出奇",就是"思维超常"和"构思独特"。创新贵在独特,创新也需要独特。在创新活动中,关于创新对象的构思是否独特,可以从以下几个方面来考察:创新构思的新颖性、创新构思的开创性、创新构思的特色性。

（6）不轻易否定原则

不轻易否定原则是指在分析评判各种产品创新方案时应注意避免轻易否定的倾向。在飞机发明之前,科学界曾从"理论"上进行了否定的论证;过去也曾有权威人士断言,无线电波不可能沿着地球曲面传播,无法成为通信手段。但是,这些结论现在早已被证明都是错误的。这些不恰当的否定之所以出现是由于人们运用了错误的"理论",而更多的不应该出现的错误否定则是由于人们的主观武断,给某项发明规定了若干用常规思维分析证明无法达到的技术细节的结果。

（7）不简单比较原则

在避免轻易否定倾向的同时,还要注意不随意在两个事物之间进行简单比较。不同的创新,包括非常相近的创新,原则上不能以简单的方式比较其优劣。不同创新不能简单比较的原则带来了相关技术在市场上的优势互补,形成了共存共荣的局面。创新的广泛性和普遍性都源于创新具有的相融性。例如,市场上常见的钢笔、铅笔就互不排斥,即使都是铅笔,也有普通木质铅笔和金属或塑料杆的自动铅笔之分,它们之间也不存在排斥的问题。

以上是在创新活动中要注意并需切实遵循的创新原则,这些均是根据千百年来人类创新活动成功的经验和失败的教训提炼出来的,是创新智慧和方法的结晶。它们体现了创新的规律和性质。按照创新原则去创新并非束缚思维,而是把创新活动纳入安全可靠、快速运行的大道上来。

2）创新的过程

新时期的创新是一种经济行为,其目的是获取潜在的利润,市场实现是检验创新成功与否的标准。因此创新者不是发明家,而是能够发现潜在利润、敢于冒风险并具备组织能力的人。所以现在的创新过程是一个连接了技术与经济,将技术转化为生产力的过程。而对于市场经济的基本组成部分——公司来说,创新更是一个综合的系统工程,需要企业中多个部门的参与、合作。本书将创新的过程分为"两大步"和"四个阶段"。"两大步":一步是"想",另一步是"做"。"四个阶段"分为准备阶段、思考阶段、顿悟阶段和验证阶段,各阶段的主要特征见表1-1。

创新过程　　　　　　　　表1-1

序号	阶段名称	过程特征
1	准备阶段	找准问题,搜集资料,分析问题,找到创新的关键点
2	思考阶段	找到问题的关键点后,开始寻找解决问题的突破口
3	顿悟阶段	在顺着问题的突破口思考的过程中,会有所顿悟
4	验证阶段	只有通过验证,才是可信的

创新就要敢于想前人所未想,做前人所未做。如果连想都不敢想,更别说去做了,因此"想"是创新的第一大步。首先要敢"想",也就是要善于进行创造性思考。"我一直都是那么做的""以前人们就是这么做的",如果面对别人的诘问,我们很可能说出这样的话来为自己开脱,那些非常规的,或者自己从未尝试过的做法,会有什么样的效果呢?可能自己连想

都没想过。这便是工作与思维上的惯性。如果平时就一直按照这种惯性思维循规蹈矩，会渐渐削弱自己的创新能力，因此在平时可以经常做一些"敢想"的练习。

而仅有好的想法，是远远谈不上创新的，还需要付诸实践。事实上，并不是每个创意都能转换为很好的商业成果，都能被市场与大众接受。不去实践，是不会知道新想法到底怎么样的。"如果我搞砸了，肯定很多人会笑话我""这怎么会成功，我早就该知道的"，相信很多创新者都会或多或少有这种"前怕狼后怕虎"的顾虑，然而并不需要对此觉得愧疚，这是一种很正常的心理反应。爱迪生试验了1000多种材料，才最终找到了钨丝作为白炽灯的灯丝，他在这期间也曾多次怀疑"理想材料"是否真的存在，而且走了不少弯路。连发明大王都曾如此窘困，又何况刚刚接触创新的创业者呢？要知道，创新是一个探索未知的过程，而未知是一切恐惧的来源，敢于踏出探索未知的人，已经比很多人有勇气了。正如罗斯福所说的那句话："除了恐惧本身，没什么好恐惧的。"这句话同样适用于创新。

■ 案例

爱迪生发明电灯：创新与坚持的典范

爱迪生（图1-1）被誉为"发明大王"，他在电灯研发过程中展现了非凡的创新思维与科学精神。他的成功并非一蹴而就，而是建立在无数次失败与改进之上。

图1-1　爱迪生和他发明的电灯

爱迪生最初尝试用炭丝作为灯丝，但发现它在空气中迅速燃烧断裂。他意识到真空环境能防止氧化，于是改进抽气技术，使灯泡寿命从几秒延长至8分钟。随后，他测试了1600多种耐热材料，包括白金（铂），但成本过高，难以普及。

一次偶然的观察让爱迪生想到用炭化棉纱作为灯丝，使灯泡寿命大幅提升至45小时。但他并未止步，而是继续寻找更优材料。最终，他测试了多种植物纤维，发现炭化竹丝的寿命可达1200小时，并优选日本竹子进行量产，使电灯真正走向实用化。

1906年，爱迪生改用钨丝，其因熔点高、寿命长，成为现代白炽灯的标准材料。这一改进使电灯更加耐用，奠定了未来照明技术的基础。

失败是创新的阶梯：上千次实验证明，真正的突破往往源于不断试错。

爱迪生的故事告诉我们，创新不仅需要智慧，更需要坚持与探索精神。正如他所说："天才是1%的灵感加99%的汗水。"

1.1.4　创新精神的内涵

创新精神指的是要具有能够综合运用已有的知识、信息、技能和方法,提出方法、新观点的思维能力和进行发明创造、改革、革新的意志、信心、勇气和智慧。创新精神的内涵体现在以下三个方面。

1)勇于开拓、推陈出新

创新精神就是一种勇于抛弃旧思想旧事物、创立新思想新事物的精神,即勇于开拓、推陈出新。例如,不满足已有认识(掌握的事实、建立的理论、总结的方法),不断追求新知识;不满足现有的生活生产方式、方法、工具、材料,根据实际需要或新的情况不断进行革新;不墨守成规(规则、方法、理论、说法、习惯),敢于打破原有框框,探索新的规律、新的方法;不迷信书本、权威,敢于根据事实和自己的思考向权威提出质疑;不盲目效仿他人的想法、说法、做法,不人云亦云,唯书唯上,坚持独立思考,说自己的话,走自己的路;不喜欢一般化,追求新颖、独特;不僵化、呆板,灵活地运用已有知识和能力解决问题……这些都是创新精神的具体表现。

2)独立思考、相互交流

创新精神提倡独立思考、不人云亦云,但并不是不倾听别人的意见、孤芳自赏,而是要团结合作、相互交流,这是当代创新活动不可缺少的精神;创新精神提倡胆大、不怕犯错误,并不是鼓励犯错误,只是出现错误是科学探究过程中不可避免的;创新精神提倡不迷信书本、权威,并不反对学习前人经验,任何创新都是在前人成就的基础上进行的;创新精神提倡大胆质疑,而质疑要有事实和思考的根据,并不是毫无根据地怀疑一切……总之,要用全面、辩证的观点看待创新精神。

3)民族发展的动力源泉

创新精神是一个国家和民族发展的动力源泉,也是一个现代人应该具备的基本素质。创新精神属于科学精神和科学思想范畴,是进行创新活动必须具备的一些心理特征,包括创新意识、创新兴趣、创新胆量、创新决心,以及相关的思维活动。

1.1.5　创新精神的培养

当代大学生作为未来的社会栋梁,你们的创新精神将直接影响国家未来的竞争力和发展潜力。通过培养创新精神,大学生可以锻炼自己的思维能力和实践能力,提高自己的综合素质,为未来的职业生涯打下坚实的基础。高校要激发大学生的创新潜能,培养大学生的创新精神和实践能力。大学生对所学习或研究的事物应当做到以下几点。

1) 有好奇心

牛顿少年时期就有很强的好奇心,他常常在夜晚仰望着天上的星星和月亮思考:星星和月亮为什么挂在天上? 星星和月亮都在天空中运转,它们为什么不相撞? 这些疑问激发着他的探索欲望。后来,经过专心研究,他终于发现了万有引力定律。能提出问题,说明在思考问题。在学习过程中,自己如果提不出问题,那才是最大的问题。好奇心包含强烈的求知欲和追根究底的探索精神,要想在茫茫学海中获取成功,就必须具有强烈的好奇心。正像爱因斯坦说的那样:"我没有特别的天赋,只有强烈的好奇心。"

2) 敢于怀疑

不要认为被人验证过的都是真理。许多科学家对旧知识的扬弃、对谬误的否定,无不是从怀疑开始的。例如,伽利略由于对亚里士多德"物体依本身的轻重而下落有快有慢"结论的怀疑,发现了自由落体规律。怀疑是内在的创造潜能,它激发人们去钻研、去探索。事物在不断地变化,有些知识这时候适用,将来不一定适用;而现有的知识不一定没有缺陷和疏漏。老师不是万能的,任何老师所传授的专业知识不能说都是绝对准确的。大学生对待所学习或研究的事物应做到不迷信任何权威,大胆地怀疑。

3) 有追求创新的欲望

如果没有强烈的追求创新的欲望,那么无论怎样谦虚好学,最终都是模仿或抄袭,只能在前人画定的圈子里周旋。要创新,就要坚持不懈地努力,勇敢面对困难,要有克服困难的决心,不要怕失败。例如,著名学者周海中教授在探究梅森素数分布时就遇到了不少困难,有过很多次失败,但他并不气馁。由于追求创新的欲望和坚持不懈的努力,他终于找到了这一难题的突破口。1992 年,他给出了梅森素数分布的精确表达式。目前这项重要成果被国际上命名为"周氏猜测"。

4) 有求异的观念

创新不是简单的模仿,要有创新精神和创新成果,因此必须有求异的观念。求异实质上就是换个角度思考,从多个角度思考,并把思考的结果进行比较。求异者往往要比常人看问题更深刻、更全面。

5) 有冒险精神

创新实质上是一种冒险,因为否定人们习惯了的旧思想很可能会遭受公众的反对。这里的冒险不是那些危及生命和身体安全的冒险,而是一种合理性冒险。大多数人都不会成为伟人,但我们至少要最大限度地挖掘自己的创造潜能。

6）做到永不自满

一个有很多创新思想的人如果就此停止创新,害怕去想另一种可能比这种思想更好的思想,或已习惯了一种成功的思想而不能产生新思想,结果就会变得自满,停止创新。

单元1.2 创业概述

1.2.1 创业的定义与功能

1）创业的定义

在我国,"创业"一词自古有之,《孟子·梁惠王下》:"君子创业垂统,为可继也。若夫成功,则天也。"[①]这里"创业"的意思就是"开创基业"。而与此意相同的另一个出处则是诸葛亮的《出师表》:"先帝创业未半而中道崩殂"[②]。《辞海》对"创业"的解释是"创立基业"。"基业"指事业的基础。《现代汉语词典》对"创业"的解释是"创办事业"。"事业"是指人们所从事的,具有一定目标、规模和系统并对社会发展有影响的经济活动。可见,创办事业是创业的本质。实际上,"创业"是一个与"守成"相对应的概念。"守成"是指保持前人已有的成就与业绩,而创业则是指创立基业或创办事业,是自主地开拓和创造成就与业绩。

创业有广义和狭义之分。广义的创业是指个人、群体或组织以创新和独特的方式追求机会、创造价值和谋求增长,而不顾及资源限制的精神和行为;一般情况下,狭义的创业特指个人或团队自主创办企业,创业就是创业个人或创业团队通过寻找和把握各种商业机会,投入已有的知识、技能和社会资本,调动并配置相关资源,创建新企业,为消费者提供产品或服务,具有创新或创造性的,以增加财富为目的的活动过程。

2）创业的主要功能

（1）促进资源分配

创业有利于社会资源的合理配置,加剧行业经营的竞争,形成优胜劣汰的局面,保持市场活力,促使社会资源产生较高的社会效益。

（2）推动组织发展

组织是创业者为把商业机会转换为商业价值而整合配置资源的一种形式,创业者为了适应外界的不断变化必须不断调整组织的功能与形式,从而推动组织的发展。

---

① 引自《孟子》,四部丛刊景清内府藏宋刊大字本,精校。

② 引自《三国志》,百衲本,精校。

（3）帮助创业者实现人生价值

创业是创业者实现自己人生价值的一个过程，在自我满足的同时也意味着一份社会责任和对社会的回馈。

（4）推动社会发展进步

好的创业项目或者行业能推动整个行业的发展，促进社会创新进步，增加社会工作岗位，激发社会活力。

案例

SOD 石榴种植：一颗红果背后的乡村振兴与产业革新

在云南玉溪抚仙湖畔，一片3170亩的石榴种植基地正悄然改变着当地农业的发展轨迹。张森创立的SOD（超氧化物歧化酶）石榴项目，不仅培育出了具有专利技术的特色农产品，更探索出了一条科技赋能农业、创业带动乡村发展的创新路径。这个案例生动诠释了现代农业创业如何推动产业升级、促进就业增收、保护生态环境的多重价值。

1. 科技创新：从传统种植到专利农业

张森的创业故事始于对农业科技转化的深刻洞察。传统石榴种植面临品种退化、附加值低等困境，而他的突破在于生物技术应用、智慧农业系统。

在生物技术应用方面，张森与中国农业大学合作研发SOD石榴品种。SOD具有强抗氧化性，张森通过分子标记辅助育种技术，将SOD活性稳定在3800U/100g，是普通石榴的18倍。张森凭此技术获得2项国家发明专利和1个植物新品种权。

在智慧农业系统方面，张森部署物联网传感器，监测土壤墒情、光照强度等16项参数；采用水肥一体化自动灌溉系统，节水40%，肥料利用率提高35%；建立区块链溯源体系，消费者可查询每颗石榴的生长全流程。

这些技术创新使SOD石榴的市场售价达到普通石榴的5~8倍，亩产值突破3万元，彻底改变了"高产低效"的传统种植模式。

2. 产业带动：从单一产品到产业集群

SOD石榴项目的真正价值不仅在于产品本身，更在于其对区域农业经济的重塑作用。

在就业结构升级方面，SOD石榴项目直接创造612个就业岗位，其中技术岗位占35%；培养新型职业农民280人，平均年收入增加2.4万元；带动周边7个村庄发展关联产业，形成"核心基地+合作社+农户"的辐射模式。

在产业链延伸方面，SOD石榴项目开发石榴精深加工产品线（酵素、果酒、保健品等），附加值提升300%；与当地旅游结合发展采摘体验项目，年接待游客8万人次；建立冷链物流体系，产品保质期延长至45天，损耗率从30%降至8%。

在区域品牌效应方面，"抚仙湖SOD石榴"成为地理标志产品，带动区域农产品溢价20%；吸引3家生物科技企业入驻玉溪农业高新区；推动当地蓝莓产业从鲜果销售向深加工转型，形成产业集群效应。

　　张森的创业故事证明，现代农业完全可以摆脱"面朝黄土背朝天"的传统形象，通过科技创新和商业模式创新，既实现商业成功，又创造社会价值。正如他所说："我们要种的不只是石榴，更是一种可持续发展的未来农业模式。"一颗颗小小的红果，正成为撬动乡村全面振兴的重要支点。

1.2.2　创业的要素

　　创业是一个复杂的社会资源重组整合的过程，需要诸多因素的配合，其中主要的因素有以下几个。

1）商机

　　创业过程的核心是商机，新企业得以成功创建的起始点是商机，而不是其他任何要素；商机的最重要特征是设想中的产品或服务具备潜在的市场需求；一个好的思路未必是一个好的商机；商机的评价标准可以应用到对商机的寻找和评价中。

2）资源

　　创业资源是创业过程中的各种投入，包括人、财、物、技术和信息等。

　　资源不仅包括有形资产，如厂房、机器设备，也包括无形资产，如技术、专利；不仅包括个人资源，如个人技能、经营能力，还包括社会资源，如信息传递、权力影响、情感支持。其中，技术、人力和资金是创业资源中最为关键的三个要素。

3）创业团队

　　创业团队是由创业带头人与创业成员组成的。创业团队是协调创业活动的系统，是资源整合的平台，是创业实践的载体。创业者在创业过程中要努力构建创业型团队，形成以创业者为核心的组织架构及相关的社会关系网络。

　　社会关系网络不仅包括新创企业或组织内的人，也包括新创企业或组织外的人，既有顾客、供应商、经销商、投资者、合作伙伴，也有政府官员、社区工作人员等。创业团队是企业成功的关键要素。优秀的团队总是由一位非常有能力的创业带头人建立和领导。创业团队的业绩不仅向人们展示了其成就，也展示了一个团队拥有的良好品质。

4）创业精神

　　创业精神是指创业者的思想、观念、个性、意志、作风和品质等。创业精神的本质就是将创业意识、创业思维与创业实践结合起来，通过抓住商业机会，借助创新来满足社会需求，并产生结果和价值。创业需要创业精神，没有创业精神的创业缺乏动力，没有支撑，更不会成功，也不能称为创业。

商机、资源、创业团队、创业精神之间的关系是：创业过程中商机的形式、大小、深度决定了资源与创业团队所需的形式、大小、深度。创业过程本身是动态的，商机、资源、创业团队这三个要素是循环的，它们之间的平衡也是动态的，而将这三个要素紧密结合起来，推动创业过程持续向更高层次发展的关键因素则是创业者与创业团队所具有的创业精神。

由于外界环境的不确定性、机会的模糊性、创业活动的动态性和风险性等因素对创业活动的冲击，原有的商机、资源和创业团队三者的平衡被破坏，产生失衡现象。这时候，在创业精神的激励下，创业者通过创业团队来调整机会和资源，努力实现这三个方面的再次平衡。由此可见，这一模型中的创业过程是"平衡—失衡—平衡"的动态过程，创业团队是保持三者平衡的关键因素，而创业精神是引领创业团队前行的灵魂。

1.2.3　创业的类型

根据不同的标准，可以从动机、创业者数量、项目、风险、创业者身份等不同的角度对创业进行分类。

1）机会型创业和生存型创业

根据创业的动机，可以将创业分为机会型创业和生存型创业。

(1)机会型创业是指创业者把创业作为其职业生涯的一种选择，看到有比目前工作机会更好的创业机会而选择创业。这类创业活动以市场机会为目标，创造出新的市场需要或满足潜在的市场需求。机会型创业是一种主动型创业，创业者的产品或服务有较高的科技含量，创建的新企业往往属于成长型企业，发展潜力较大。对这类创业者而言，创业活动是一种个体的偏好，是作为实现某种目标(如实现自我价值、追求理想等)的手段。

(2)生存型创业是指创业者把创业作为其不得不做出的选择，创业动机是没有其他更好的选择，即不得不参与创业活动来解决其所面临的困难。例如，一些下岗工人创业，一些大学毕业生因找不到工作而创业等。这类创业活动是一种被动的行为，也是一种无奈的选择，而不是个人的自愿行为。它是在现有市场上寻找创业机会，没有创造新的市场需求，反而加剧了现有的市场竞争。

2）独立型创业和合伙型创业

根据创业者的数量，创业可以分为独立型创业和合伙型创业。

(1)独立型创业是指创业者个人白手起家进行创业，表现为独立决策、产权清晰、利润独享、自担风险。例如，个体工商户或创办个人独资企业等，就属于独立型创业。这类创业活动的特点在于企业或组织由创业者自主掌控，按创业者的思路经营管理。由于创业资源准备相对比较困难,也受创业者个人能力的制约,独立型创业的风险很大。

(2)合伙型创业是指创业者与他人合作,或由团队共同创办企业或组织,表现为集体决策、共同出资、共享收益、共担风险等。例如,同学或朋友之间合作创办一家有限责任公司,就属于合伙型创业。这类创业活动的特点就是形成了团队合力,降低了创业风险。但合作者在经营管理过程中容易产生分歧,也极易发生利益冲突,从而导致内部管理成本提高。

3)传统技能型创业、高新技术型创业和知识服务型创业

根据创业的项目,创业可以分为传统技能型创业、高新技术型创业和知识服务型创业。

(1)传统技能型创业是指采用传统的技术和工艺进行的创业。例如苏州缂丝工艺、宜兴紫砂制作、潮州木雕等,这些需要长期训练才能掌握的特殊技能构成了天然的行业壁垒。

在数字经济高速发展的今天,传统技能型创业以其深厚的文化底蕴、稳定的市场需求和独特的竞争优势,依然在创业生态中占据重要地位。这类创业模式依托手工技艺、传统工艺或特定专业技能,既是对文化遗产的传承,也是对现代商业的创新实践。

(2)高新技术型创业是指借助带有前沿性、研发性的新技术、新产品进行的创业。例如,软件公司、生物制药企业等就属于高新技术型创业。这类创业活动具有知识密集、技术密集、拥有自主知识产权等特点,产品和服务具有很强的市场潜力和很大的利润空间。

(3)知识服务型创业是指创业者为社会提供知识、信息服务的创业活动,如律师事务所、会计师事务所、管理咨询公司等。这类创业活动具有投资少、见效快、易转型等特点。当今社会信息量越来越大,知识更新越来越快,为了满足人们节省精力、提高效率的需求,各类知识型咨询服务机构不断细化并增加。

4)依附型创业和独创型创业

根据创业的风险,创业可以分为依附型创业和独创型创业。

(1)依附型创业可以分为两种情况:一是依附于大企业或产业链,主要是创办小企业,为大企业提供配套服务或在产业链中专门为某个或某类企业生产零配件、包装材料等;二是加盟连锁,使用特许经营权,充分利用品牌优势和成熟的经营模式,以减少创业企业的经营风险,如利用家乐福、沃尔玛等品牌效应和成熟的经营管理模式,减少经营风险。

(2)独创型创业是指创业者通过提供有创造性的产品或服务,来填补市场需求的空白。这类创业活动的特点是具有独创性,这种独创性既有内容,也有形式,大到商品整体,小到某种技术,也可以是某类服务等。由于消费者对新事物(新产品、新技术或新服务)都有一

个接受的过程,所以独创型创业具有一定的风险。

5)自主型创业和岗位型创业

根据创业者的身份,创业可分为自主型创业和岗位型创业。

(1)自主型创业是指创业者是企业的创始人或事业的发起者,创业者从策划到实施,从企业或组织的组建到运行管理,都担负着主要或领导责任。自主型创业者一般都是企业或组织的法人代表,他们是直接创造劳动岗位的人。自主型创业者是创业大军中的中坚力量,是促进经济社会发展的先锋。

(2)岗位型创业是指在本职岗位上进行工作创新、管理创新、技术创新或新产品开发。岗位型创业与自主型创业的区别在于它不创造劳动岗位,但能使已有劳动岗位变得更有价值。

单元1.3　创新创业教育发展

1.3.1　创新创业教育的定义和内容

1)创新创业教育的定义

创新创业型人才是指同时具备创新思维素质和创业实践潜能,能够敏锐捕捉灵活运用自身的专业知识、技术技能,将创意转化为实际价值(如产品、服务、企业等)的复合型人才。1991年,东京创新创业教育国际会议从广义上把创新创业教育界定为培养最具开创性个性的人,包括首创精神、冒险精神、创业能力、独立工作能力以及技术、社交和管理技能的培养。创新创业教育不仅是培育在校学生创业意识、创新精神、创新创业能力的教育,更是面向全社会,针对那些打算创业、已经创业、成功创业的创业群体,分阶段分层次地进行创新思维培养和创业能力锻炼的教育。

创新创业教育的目标是培养具有一定的创新创业意识、创新创业思维、创新创业能力以及创新创业人格的高素质复合型人才。创新创业教育的内容主要包括唤醒学生的创新创业意识,培养学生发现问题并解决问题的能力;还包括训练学生的创新创业思维,塑造学生的创新创业人格,提升学生创新创业必备的基本素质。

2)创新创业教育的内容

(1)创新创业意识的培养

创新创业教育通过课堂理论学习和第二课堂的活动(如组织参观、实习实训和实践模拟等),培养学生的创新创业意识和创新创业精神,使学生了解创新创业人才的素质要求,掌握创新创业的概念、特征以及要素,激励学生自觉掌握开展创新创业相关活动所必备的基础知识。

(2)创新创业思维和能力的培养

创新创业教育通过训练学生的创新思维、批判性思维、创造性思维等思维能力,提高学生的组织协调能力、团队协作能力、领导力、决策力和洞察力,提升学生的情商、财商、逆商等各项创新创业必要的素质及能力。

(3)创新创业的实践和实训

创新创业教育通过实训平台开展模拟企业创办等实践活动,鼓励学生在线上模拟体验创业准备的全部过程,了解各个环节的注意事项,包括团队组建、项目的市场评估、创业融资、风险管理等内容。通过参加指导老师的创新科研实验、各类创新创业竞赛、技能大赛和社会实践活动,学生可以了解创新的环节及过程、方法与技巧,锻炼科技攻关的能力及素质。

(4)创新创业的环境认知深度提升

创新创业教育指导学生了解当前的政治经济形势和国家发展战略,认识当前行业发展现状及运行环境,学会评判和评估环境政策的方法,学会把握创业机会,规避创业风险,了解商业模式的设计策略、技巧和开发的全过程;对于有创业意向的学生团队,有针对性地指导他们选择适合的行业、适合的项目和合适的地点开展创业活动。

1.3.2 创业型经济、创新驱动发展战略与创新创业教育的关系

1)创业型经济与创新创业教育的关系

创业型经济(Entrepreneurial Economy)是由现代管理学之父彼得·德鲁克于1985年提出的。他认为,创业型经济是相对于传统的管理型经济(Managed Economy)而提出来的,主要是指以大量新创的成长型中小企业为支撑的经济形态。传统管理型经济增长的驱动因素主要是劳动力和资本,而创业型经济的驱动因素主要是科技、创意、创新与创业活动。自20世纪90年代开始,美国经济经历了一个相当长的高速发展阶段,创造了30年持续增长的纪录。而保障美国经济持续发展的关键是其实现了经济体系从管理型经济向创业型经济的转变。美国是世界上最大的创业型经济强国,其中"硅谷模式"是其创业型经济的典型代表。

总体来说,创业型经济是以企业家的创意和创新为基础,以新办创业型公司为主要途径,微观上可实现企业家个体价值和经济利益,宏观上促进国家经济发展的一种新经济形态。它的主要优势是拥有某项知识和技术的个人通过创业活动能够实现知识外溢,从而促

进经济发展。

创业型经济是建立在创新与创业基础上的一种全新的经济形态,它可以从制度结构、政策导向和发展战略等方面支持并保证经济领域的创新,从而不仅能够促进经济持续稳定增长,而且具有引领产业发展方向、推动社会技术进步、创造新的就业机会、活跃经济生活等作用。

创业型经济与创新创业教育的关系本质上是经济基础与上层建筑的辩证统一。在知识经济时代,二者的良性互动已成为推动经济高质量发展的重要引擎。未来需要进一步强化这种互动关系,通过深化教育改革、完善政策支持、优化生态系统,实现创业人才培养与经济发展需求的精准对接,为创新型国家建设提供持久动力。正如管理学家德鲁克所言:"创业不是魔法,也不神秘,更与基因无关。它是一门学科,可以像其他任何学科一样被学习。"这正是创业型经济与创新创业教育关系的核心要义。

2)创新驱动发展战略与创新创业教育

现代社会是一个以知识、信息和技术为基础,以创新创业为动力的知识经济时代。知识经济的兴起不仅要求新型的生产方式,也要求人主动地适应这一新型的生产方式,更迫切地需要适应时代和这种新型生产方式的新的教育创新创业教育。

在大学这段充满活力与探索的时光里,大学生作为新时代的青年,可以深切地感受到创新驱动发展战略与创新创业教育的独特魅力。它们如同两股清新的风,吹拂着大学生的心灵,激发着大学生的创造力和探索精神。

创新驱动发展战略,对于大学生而言,不仅仅是一项宏观的国家政策,更是一种激励其追求卓越、勇于创新的信念。在这个战略的指引下,大学生可以看到国家对于科技创新和人才培养的高度重视,也可以看到无数前辈们通过创新实践实现了个人价值,为社会做贡献。大学生应坚信,只要敢于挑战传统、勇于探索未知,就一定能够在科技创新的浪潮中找到自己的位置,为国家的繁荣发展贡献自己的力量。

与此同时,创新创业教育为大学生提供了一个广阔的舞台,让他们能够在实践中锤炼自己的创新思维和创业能力。通过参与各种创新创业项目,大学生可以学会如何发现问题、分析问题并寻求解决方案,也可以学会如何与团队成员协作、如何向投资人展示自己的创意和计划。这些经历不仅让大学生更加自信、勇敢,也让大学生对未来充满了期待和憧憬。

创新驱动发展战略与创新创业教育相辅相成,共同构成了大学生成长的重要环境。在这个环境中,大学生既能够感受到国家对于科技创新和人才培养的殷切期望,也能够亲身体验到创新创业带来的挑战和乐趣。我们相信,在未来的日子里,只要保持一颗积极向上的心,勇于尝试、敢于创新,就一定能够在创新驱动发展战略的指引下,书写出属于大学生自己的精彩篇章!

□ 思考题

1. 谈谈大学生创业对社会和个人有哪些重要意义。

2. 我国高校创新创业教育的总体目标和任务是什么?

3. 一次成功的创业,往往是从一个好的想法或者好的创意开始的。随时记下你灵光一闪的念头或者新想法十分重要。现在请你以如何解决校园取快递过于集中、服务不到位为前提,思考并写下五个能够创业的好创意。

模块 2
创新思维与训练

单元 2.1　创新思维概述

2.1.1　创新思维的内涵及特征

思维是人类所具有的高级认识活动。按照信息论的观点,思维是对新输入信息与人脑内储存的知识经验进行一系列复杂的心智操作的过程。创新思维是指以新颖独创的方法解决问题的思维过程。它突破常规思维的界限,以超常规甚至反常规的方法、视角去思考问题,提出与众不同的解决方案,从而产生新颖的、独到的、有意义的思维成果。创新思维的本质在于将创新意识的感性愿望上升到理性的探索,实现创新活动由感性认识到理性思考的飞跃。

创新思维运用的目的就是让人们拥有"新的眼光",克服思维定式,打破技术系统旧有的阻碍模式。一些看似很困难的问题,如果投以"新的眼光",站到更高的位置,采用不同的角度去看待,就会得出新奇的答案。

创新思维是一种积极主动的思考方式,它的核心在于通过不断地尝试和改进,寻找新的解决方案、方法和应用,以满足特定的需求、解决特定的问题或实现特定的目标。这种思维方式不仅能够帮助人们发现新的思路、发掘新的潜力,还能提高个人的能力和素质,从而提高效率,获得更好的成果。

1)创新思维的内涵

创新思维的内涵主要包括以下几个方面。

（1）寻找新的解决方案

创新思维鼓励人们从已有的经验和知识出发,探索尚未被发现的解决方案,以满足不断变化的需求或解决新出现的问题。

（2）发掘新的思路

通过创新思维,人们可以突破传统的思维模式,发现新的思考角度和路径,从而开拓新的领域,开阔视野。

（3）发掘新的潜力

创新思维有助于人们认识到自身和周围事物的潜在价值,通过挖掘和利用这些潜力,提升个人的能力和素质,实现更好的自我发展。

2)创新思维的特征

创新思维的特征体现在以下几个方面。

（1）概括性

创新思维是各种思维的综合与集中，它能够概括和提炼出问题的本质和关键要素，使人形成全面而深入的认识。

（2）多元性

创新思维善于从事物的多个侧面、多个环节、多个因素、多个层次、多个角度来进行思考，这种多元化的思考方式有助于发现问题的多样性和复杂性，从而提出更具针对性的解决方案。

（3）新颖性

创新思维的成果往往具有新颖性和独特性，它能够突破常规的思维模式和框架，提出前所未有的新观点、新方法和新应用。

（4）开放性

创新思维是一种开放性的思维方式，它善于吸收外界的各种信息和新事物，不断拓宽自身的思维边界和认知领域。

（5）想象性

创新思维始终伴随着创造性的想象，通过改造旧表象和创造新表象的方式，不断推动思维的深化和发展。

总的来说，创新思维是一种具有高度概括性、多元性、新颖性、开放性和想象性的思维方式。它能够帮助人们突破传统的思维束缚，发现新的解决方案和思路，挖掘自身和周围事物的潜在价值，从而获得更高的效率和更好的成果。在当今社会，培养和提高创新思维能力已经成为个人和企业发展的重要驱动力。

2.1.2 创新思维过程

创新思维过程是一个复杂而富有创造性的心理活动过程，它涉及问题的发现、分析、解决以及新思想、新方法的产生。创新思维过程通常包括以下几个阶段。

1）准备阶段

准备阶段是创新思维过程的起始阶段，主要任务是明确问题，收集相关资料和信息，并对已有的知识和经验进行回顾和整理。这一阶段的工作为后续的思维活动奠定了基础，提供了必要的素材和准备。

2）酝酿阶段

在准备阶段的基础上，创新思维进入酝酿阶段。这一阶段的主要特点是思维的潜伏性和无意识性。虽然表面上可能看不出明显的思维活动，但实际上，大脑在不断地对问题进行思考，对各种可能的解决方案进行尝试和组合。

3）豁朗阶段

经过长时间的酝酿和准备,创新思维可能在某一时刻突然跃现,产生新的构想或解决方案。这一阶段通常伴随着强烈的灵感体验,是创新思维过程中的关键转折点。

4）验证阶段

新的构想或解决方案产生后,需要对其进行验证和完善。验证阶段的主要任务是通过实践或逻辑推理来检验新思想的可行性和有效性,并根据检验结果对其进行调整和优化。

在整个创新思维过程中,各个阶段并不是截然分开的,而是相互交织、循环往复的。同时,创新思维过程还受到多种因素的影响,如个人的知识背景、经验水平、思维习惯、情感状态等。

单元 2.2　创新思维方式

创新思维方式是从创新思维活动中总结、提炼、概括出来的具有方向性、程序性的思维模式,为创新思维提供方向。下面论述发散思维与收敛思维、正向思维与逆向思维、横向思维与纵向思维、求同思维与求异思维等四组看似对立但又辩证统一的思维方式。在创造性思维活动中,它们相互联系、相互结合,共同使用。

2.2.1　发散思维与收敛思维

发散思维与收敛思维是人类思维结构中两种重要的思维方式,它们在解决问题、创新思维以及思维习惯等方面发挥着不同的作用,但又是相辅相成的。

发散思维,又称求异思维或辐散思维,是从一个问题或中心出发,沿着不同的方向、角度和层次进行思考,以寻求问题的多种答案或解决方案。发散思维鼓励人们打破常规,挑战传统观念,产生新的、独特的,甚至是前所未有的想法和观点。这种思维方式在需要创造性和创新性的场合特别重要,如艺术创作、科学研究、产品开发等。通过发散思维,人们可以拓展思维的广度和深度,发现更多的可能性和机会。发散思维示意图如图 2-1 所示。

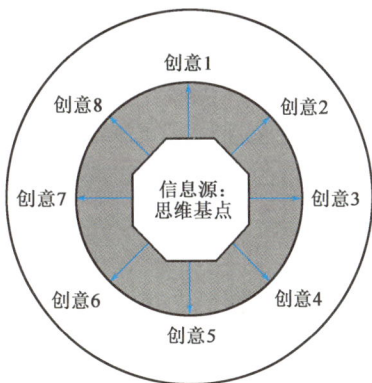

图 2-1　发散思维示意图

█ 案例

以"回形针的用途"为例,具有发散思维的人可能会想到以下众多用途(图 2-2):

办公方面:夹文件、固定纸张、充当临时书签。

生活方面：弯成鱼钩钓鱼、做成手机支架、当作拉链头拉环。

艺术方面：扭成各种形状进行创意造型、做成首饰。

应急方面：开锁、挑刺、通堵塞的小孔。

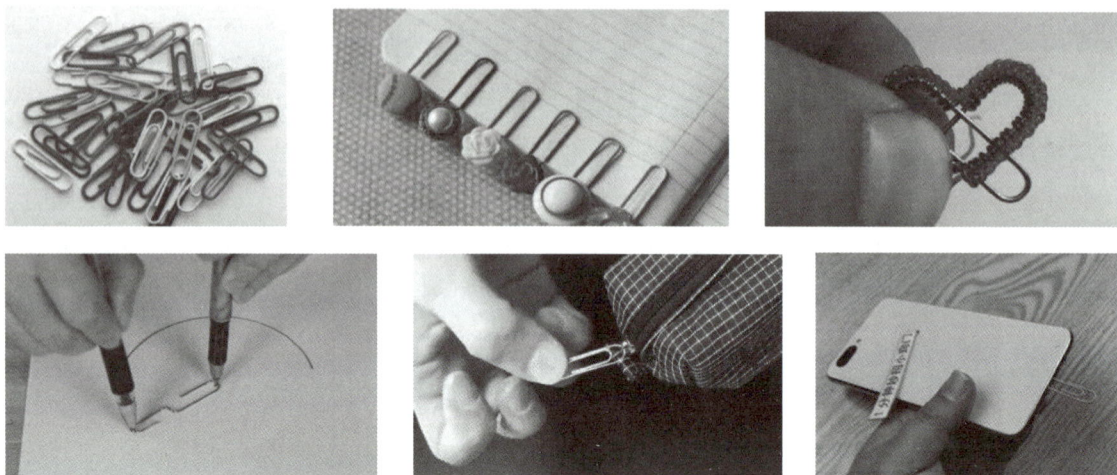

图 2-2　回形针的用途

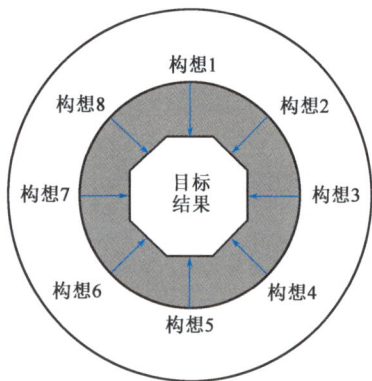

图 2-3　收敛思维示意图

收敛思维，又称求同思维或辐合思维，是从多个不同方向、角度和层次出发，最终收敛到一个最佳答案或解决方案的思维方式。收敛思维强调对问题的深入分析和细致比较，通过逻辑推理和证据支持筛选出最优解。这种思维方式在决策、问题解决以及知识整合等过程中发挥着重要作用。通过收敛思维，人们可以将各种信息和想法进行有效整合和优化，形成具有针对性和可操作性的解决方案。收敛思维示意图如图 2-3 所示。

在实际的思维活动中，发散思维与收敛思维往往是相互补充、相互转化的。在解决问题的初期，人们可能需要通过发散思维来产生尽可能多的想法和可能性；而在后期，则需要运用收敛思维对这些想法进行筛选和优化，以形成最终的解决方案。这种思维方式的结合有助于人们更全面地思考问题，避免思维的片面性和局限性。

发散思维与收敛思维是人类思维中不可或缺的两种思维方式。它们在不同的场合中发挥着不同的作用，但又是相互依存、相互促进的。通过培养和提高这两种思维能力，人们可以更好地解决和应对复杂多变的问题和挑战，实现个人和社会的持续创新和发展。

2.2.2　正向思维与逆向思维

正向思维与逆向思维是两种相对而又互补的思维方式,它们在人们的思考过程中各自扮演着重要的角色。

正向思维,也被称为顺向思维或直接思维,是按照常规的逻辑顺序、传统的经验模式或既定的思维方向进行思考的思维方式。正向思维是人们最常用、最习惯的一种思维方式,它依据问题的正常逻辑关系,从已知条件出发,逐步推导出结论。正向思维具有明确性、条理性和连贯性,有助于人们系统地分析和理解问题,形成清晰的思路。然而,正向思维有时可能因为受限于传统的思维模式,导致思维的僵化和缺乏创新。

■ 案例

背景:20 世纪初,汽车生产主要采用手工组装的方式,生产效率低、成本高,汽车价格昂贵,只有少数人能够购买。

过程:亨利·福特认为,如果能够提高生产效率,降低成本,就可以让更多的人买得起汽车。 于是,他遵循传统的生产流程,从原材料采购、零部件加工到汽车组装,一步步优化生产环节。 他引入了流水线生产方式,将汽车生产过程分解为多个简单的工序,每个工人只负责一个工序,这样大大提高了生产效率。

结果:福特的 T 型车生产效率大幅提高,成本大幅降低,价格也随之下降,使汽车成了大众消费品,改变了人们的出行方式和生活方式。

逆向思维,顾名思义,是与正向思维相反的一种思维方式。它强调打破常规的思维定式,从问题的反面或不同寻常的角度出发进行思考。逆向思维常常需要人们跳出既有的框架,对传统观念进行质疑,从而发现新的思路和解决方法。逆向思维在解决问题、创新思维以及培养创造性思维能力方面具有重要的作用。通过逆向思维,人们可以摆脱固有思维的束缚,激发灵感和创造力,发现问题的本质和潜在的解决方案。

■ 案例

背景:传统的破冰船都是依靠自身的重量压碎冰块前进的,这种破冰船头部设计得很厚重,而且功率强大。 但在遇到厚厚的冰层时,破冰船也会遇到困难,甚至可能被冰层卡住。

过程:科学家们开始思考能否从相反的方向解决这个问题。 于是,他们设计了一种新型破冰船(图 2-4),不是让船去压碎冰块,而是让船潜入水中,依靠水的浮力将船

图 2-4　中国雪龙号破冰船

托起，用破冰结构撞击冰层，从而破开冰块。

结果：这种逆向思维设计的破冰船在破冰效果上有了很大的提升，能够更轻松地应对厚冰层，并且减少了破冰船自身的损耗，提高了破冰效率。

正向思维和逆向思维并非截然对立的，而是相辅相成、相互促进的。正向思维为逆向思维提供了必要的思维基础和逻辑依据，而逆向思维则能够突破正向思维的限制，发现新的可能性和解决方案。在实际的思维过程中，人们需要根据问题的具体情况和需求，灵活地运用正向思维和逆向思维，以达到更好的思考效果，产生创造性的成果。

总之，正向思维和逆向思维是两种重要的思维方式，它们在人类的思维活动中各自发挥着不可或缺的作用。通过理解和掌握这两种思维方式，人们可以更加全面、深入地思考问题，提高解决问题的能力，同时能够激发创造力，实现个人和社会的不断进步和创新。

2.2.3　横向思维与纵向思维

横向思维和纵向思维是两种截然不同的思维方式，它们在处理问题和思考过程中各有特点。

横向思维是一种打破逻辑局限，将思维向更宽广领域拓展的前进式思考模式。它的特点是不限制任何范畴，以偶然性概念来逃离逻辑思维，从而创造出更多匪夷所思的新想法、新观点和新事物。横向思维就像河流一样，遇到宽广处就会自然蔓延开来。这种思维方式有助于人们发现新的可能性和创新点，因为它不受传统思维定式的束缚，能够跳出框架进行思考。然而，横向思维的缺点是深度不够，需要与其他思维方式相结合，以充分发挥其优势。

纵向思维则是从对象的不同层面切入，进行递进式、深入式的思考。它注重从事物的不同发展阶段和特征进行考量、比照和分析，以揭示事物的本质和规律。纵向思维具有深刻性、连贯性和系统性的特点，能够帮助人们对问题进行深入剖析，把握事物的内在联系和发展趋势。这种思维方式在科学研究、决策制定等领域具有重要应用价值，因为它能够使人们更加准确地预测和判断事物的未来走向。

在实际应用中，横向思维和纵向思维并不是相互排斥的，而是可以相互补充、相互促进。通过横向思维，人们可以发现新的切入点和思考角度；而纵向思维则可以帮助人们深入剖析新的想法和观点，验证其可行性和有效性。因此，在面对复杂问题时，我们应该灵活运用这两种思维方式，以取得更好的思考效果，产生创新成果。

总的来说，横向思维和纵向思维是两种重要的思维方式，它们在处理问题和推动创新方面都具有独特的作用。通过培养和提高这两种思维能力，人们可以更加全面、深入地思考问题，发现新的解决方案和可能性，从而推动个人和社会的发展进步。

2.2.4　求同思维与求异思维

在人类的思维方式中,求同思维与求异思维犹如车之两轮、鸟之双翼,共同推动着人们认识世界、解决问题。

求同思维是指在解决问题的过程中尽可能利用已有的知识和经验,将各种信息聚合起来,朝着一个方向思考,从而得出一个正确答案或最佳解决方案。在学习数学公式推导时,我们依据已学的公理、定理,按照逻辑规则逐步推导,最终得出唯一正确的结论,这便是求同思维的体现。它的优点在于能够快速、高效地解决常规问题,让我们在熟悉的框架内稳步前行,就像沿着既定轨道行驶的列车,安全且有序。

而求异思维则是对已知信息进行多方向、多角度的思考,突破常规,从不同途径寻求新的答案。比如,艺术家在创作时不局限于传统的表现手法,大胆尝试新的材料、风格,力求展现独特的艺术魅力。求异思维让我们敢于突破思维定式,发现新的可能性,如同在未知的丛林中开辟新的道路,充满了挑战与惊喜。

在日常生活中,求同思维和求异思维都发挥着重要作用。在团队合作完成项目时,求同思维有助于成员达成共识,明确目标与方向,使成员齐心协力朝着共同目标努力;当团队遇到技术难题时,求异思维则促使成员从不同角度提出创新的解决方案,为问题的解决带来新的契机。

求同思维和求异思维并非孤立存在的,而是相互补充、相辅相成的。求同思维为求异思维提供基础,让我们在已有知识体系的基础上进行拓展;求异思维则为求同思维注入活力,推动知识的更新与进步。缺乏求同思维,我们的思考将陷入混乱,难以构建稳定的知识结构;没有求异思维,我们会被传统束缚,无法实现创新与突破。

在学习与工作中,我们应合理运用这两种思维方式。面对常规任务,借助求同思维提高效率;遇到复杂难题或追求创新时,激发求异思维的创造力。只有将二者有机结合,我们才能在思维的广阔天地中自由翱翔,不断探索未知,创造更加精彩的未来。

单元 2.3　创新思维方法训练

2.3.1　逻辑思维

逻辑思维是人的一种理性认识,人们运用概念、判断、推理等思维来发现事物本质与规律。在逻辑思维中,概念是思维的细胞,人们通过概念把握事物的本质属性;判断是对事物

情况的断定,它揭示了事物之间的联系和关系;推理则是从一个或几个已知的判断出发,推导出另一个新判断的过程。

创新思维方法训练

可以从以下几个方面入手,提高逻辑思维能力。

1)学习基本的逻辑知识

了解形式逻辑的基本原理,如命题逻辑、谓词逻辑等,掌握基本的逻辑结构和推理规则。这有助于我们在思考问题时遵循正确的逻辑顺序和规律。

2)进行逻辑推理训练

通过大量的逻辑推理题目训练,提高我们的逻辑推理能力。这种训练方式能够帮助我们熟悉各种逻辑陷阱和谬误,提升我们思维的敏捷性和准确性。

3)阅读与分析

阅读各类文章、书籍,尤其是慢读,能够帮助我们理解并解构作者的论证过程,从而提升自己的逻辑分析和理解能力。同时,尝试对阅读的内容进行批判性思考,分析其中的逻辑合理性和论据的充分性。

4)参与讨论和辩论

在讨论和辩论中,我们需要清晰地表达自己的观点,并有理有据地进行论证。这不仅能够锻炼我们的口头表达能力,还能提高我们的逻辑思维水平。

5)制订计划和组织信息

在日常生活中,尝试制订详细的计划并有序地组织信息。例如,使用思维导图或列表来整理复杂的任务或项目,这有助于我们更好地理解和解决问题。

6)培养批判性思维

学会独立思考,不盲目接受他人的观点。对于新的信息或观点,要进行深入的分析和判断,形成自己的见解。

总的来说,训练逻辑思维需要持续地努力和实践。通过结合多种方法并不断积累经验,可以逐渐提高我们的逻辑思维能力。

2.3.2　想象思维

想象思维是人体大脑通过形象化的概括作用,对脑内已有的记忆表象进行加工、改造或重组的思维活动。它是形象思维的具体化,是人脑借助表象进行加工操作的最主要形式。想象思维可以分为再造想象思维和创造想象思维。再造想象思维基于经验记忆,在头脑中再现客观事物的表象,而创造想象思维则能创造出全新的形象。

要训练想象思维,可以尝试以下方法。

1)积累知识与经验

丰富的知识和经验是想象思维的基础,通过广泛阅读、观察和实践,不断积累各种信息和表象,可以为想象提供充足的素材。

2)练习形象化思考

尝试将抽象的概念、想法或问题转化为具体的形象或图像。这有助于激活右脑的形象思维能力,提高想象的清晰度和生动性。

3)进行联想训练

联想是想象思维的重要组成部分,通过相似联想、对比联想、关联联想和逻辑联想等训练,可以拓展思维的广度和深度,提高想象的丰富性和创造性。

4)创设情境与场景

为自己设定特定的情境或场景,并尝试在其中展开想象。这可以激发我们的想象力,帮助我们创造出更加独特和新颖的形象或情节。

5)保持好奇心与探索精神

对未知的事物保持好奇心,勇于尝试和探索新的领域和可能性,这可以激发我们的创造力和想象力,推动我们不断突破自己的思维局限。

6)艺术与创作实践

参与艺术创作活动,如绘画、写作、音乐等,可以锻炼我们的想象力和创造力。这些活动要求我们运用想象思维来创作出独特的作品,从而不断提高我们的想象能力。

总的来说,训练想象思维需要持续的努力和实践。通过结合多种方法并不断积累经验,可以逐渐提高我们的想象力水平。

2.3.3　联想思维

联想思维是指人脑记忆表象系统中,某种诱因导致不同表象之间发生联系的一种没有固定思维方向的自由思维活动。这种思维形式具有自由性、灵活性、多样性和创造性等特点,它能够帮助人们从一个事物或概念联想到另一个相关的事物或概念,从而产生新的想法和解决方案。

要训练联想思维,可以尝试以下方法。

1)相似联想训练

相似联想训练是指通过寻找事物之间的相似之处来建立联系。例如,当我们看到一只猫时,我们可以联想到其他与猫相似的事物,如老虎、豹子等。这种训练可以帮助我们发现不同事物之间的共同点和相似之处,拓宽我们的思维视野。

2)对比联想训练

对比联想训练是指通过对比不同事物之间的差异来建立联系。例如,当我们想到白天时,我们可以联想到黑夜;当我们想到大海时,我们可以联想到高山。这种训练可以帮助我们发现事物之间的对比关系,增强我们对事物的辨别能力。

3)接近联想训练

接近联想训练是指通过寻找在时间或空间上相互接近的事物来建立联系。例如,当我们听到"春天"这个词时,我们可以联想到与春天相关的景象,如花开、鸟鸣等。这种训练可以帮助我们把握事物之间的联系和脉络,形成更加系统的思维模式。

4)因果联想训练

因果联想训练是指通过思考事物之间的因果关系来建立联系。例如,当我们想到"污染"这个词时,我们可以联想到它可能带来的后果,如环境恶化、健康问题等。这种训练可以帮助我们深入理解事物之间的内在联系,提高我们的预测和决策能力。

5)多角度联想训练

多角度联想训练是指尝试从多个不同的角度对同一事物进行联想。例如,对于同一个物品,我们可以从它的形状、颜色、功能等多个方面进行联想。这种训练可以帮助我们打破思维定式,激发我们的创新思维和想象力。

此外,还可以通过一些具体的实践活动来训练联想思维,如参加头脑风暴会议、进行创意写作、解决复杂问题等。这些活动都需要运用联想思维来产生新的想法和解决方案,从而不断提高参与者的联想思维能力。

总之,训练联想思维需要持续的努力和实践。通过结合多种方法并不断积累经验,可以逐渐提高我们的联想思维能力,并将其应用丁日常生活和工作。

2.3.4　直觉思维

直觉思维是指对一个问题未经逐步分析,仅依据对内因的感知迅速地对问题答案做出判断、猜想、设想,或者在对疑难百思不得其解之中突然对问题有灵感和顿悟,甚至对未来事物的结果有预感、预言等。这种思维形式具有自由性、灵活性、自发性、偶然性、不可靠性等特点,它可以帮助人们迅速把握事物的本质和规律,提出新的猜想和假设,是创造性思维的重要组成部分。

要训练直觉思维,可以尝试以下方法。

1)沉淀思考

沉淀思考是指通过梳理脑海中的问题或思考的事情,从概念和观点入手进行抽象思考,逐渐深化对话题的认识。这有助于培养对问题的敏感性和直觉力。

2)读心术

读心术是指观察身边的人,尤其是熟悉的人,注意他们的言谈举止中的信息或动态。通过锻炼这种观察力,可以提高对他人情感和意图的直觉敏锐度。

3)直感猜测

直感猜测是指在无法确定正确答案的情况下,尝试通过自身的直觉来猜测答案。例如,在看棋或比赛时猜想胜利方,或者通过音乐来猜想曲子的旋律。这种练习可以增强对未知事物的直觉感知能力。

4)梦境启示

梦境启示是指利用梦境来锻炼直觉:在入睡前想象一下明天可能会发生的事情,然后在梦中调动直觉力量猜测预测结果。这种方法可以激发潜意识中的直觉能力。

■ 案例

凯库勒发现苯分子结构

背景:19 世纪,有机化学领域对苯分子的结构感到困惑,科学家们知道苯的化学式是 C_6H_6,但无法确定其分子结构。

灵感闪现:德国化学家凯库勒长期研究苯分子结构,却一直没有头绪。 一天晚上,他在书房中打瞌睡,梦中看到碳原子和氢原子在眼前跳动,形成了一条蛇,蛇身不断扭曲,最后蛇咬住了自己的尾巴,形成了一个环(图 2-5)。

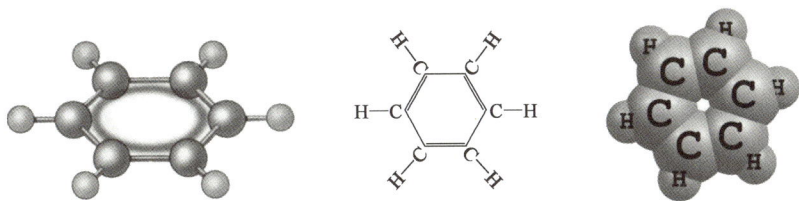

图 2-5　苯分子结构

解决问题:凯库勒从这个梦境中获得灵感,他认为苯分子可能是一个环状结构,经过进一步研究和验证,他提出了苯分子的环状结构理论,为有机化学的发展奠定了重要基础。

5）静心冥想

静心冥想是指通过冥想闭目静修，使精神更加平衡，思想更加清晰，感觉力更加敏锐。专注于不同的观察对象，如呼吸、声音或内在感觉，可以进入沉静的状态，从而增强直觉力。这种方法有助于提高直觉的准确性和清晰度。

此外，还可以通过广泛阅读、积累知识和经验来丰富自己的直觉库，因为直觉往往是基于已有的知识和经验进行的快速判断。同时，保持开放和好奇的心态，勇于尝试和接受新事物，也有助于激发和拓展直觉思维。

需要注意的是，直觉思维虽然具有重要的作用，但它也有局限性。因此，在做出重要决策时，还需要结合其他思维方式进行综合分析和判断。

2.3.5　灵感思维

灵感思维是指人们在科学研究、科学创造、产品开发或问题解决过程中突然涌现、瞬息即逝，使问题得到解决的思维过程。它具有偶然性、突发性、创造性等特点，是一种三维的思维方式，产生于大脑对接收到的信息的再加工。灵感思维能够突破常规，跳出固有的思维模式，以更大的视野观察问题，分析问题，从而找到创新的解决方案。

要训练灵感思维，可以尝试以下方法。

1）逆向思考

逆向思考是指打破传统的思维定式，从相反的角度来思考问题。这有助于发现新的观点和解决方案，激发灵感思维的闪现。

2）变换用途

变换用途是指尝试将事物原本的功能转移到其他用途上，以产生出乎意料的效果。这种思维方式可以拓宽视野，触发灵感的产生。

3）调整认知

调整认知是指通过调整对事物的认知，赋予其新的意义和价值，从而激发崭新的创意。这需要以新的眼光和心态来看待问题，发现其中隐藏的机遇和可能性。

4）拼图重组

拼图重组是指将旧的元素重新组合，以创造出全新的东西。这种思维方式能够激发灵感，产生独特的创意和解决方案。

5）发散联想

发散联想是指通过自由联想和发散思维，尽可能地拓展与问题相关的各种可能性和方案。这有助于打开思路,触发灵感的迸发。

此外,还可以通过以下方式提升灵感思维:①培养良好的性格特质,如乐观、积极、勇于面对挫折等,这些特质有助于保持开放的心态,接受新的想法和观点。②形成张弛有序的生活方式,如在长时间思考问题而无进展时,可以尝试换个问题或放松一下,让大脑得到休息和恢复,这有助于灵感的产生。③学习先进经验。积累丰富的知识和经验,包括前人的智慧和创意案例,这些都可以为灵感思维提供素材和启发。④善于捕捉灵感。灵感往往具有突发性和短暂性,因此需要及时捕捉并记录下来。可以随身携带笔记本或手机等工具,随时记录闪现的灵感。

总之,训练灵感思维需要持续地努力和实践。通过结合多种方法并不断积累经验,可以逐渐提高自己的灵感思维能力,并在日常生活和工作中发挥出其独特的价值。

□ 思考题

1. 用逻辑思维方式推理真假:有三个人,分别是甲、乙、丙,他们每人要么说真话,要么说假话。已知甲说:"乙和丙都说假话。"乙说:"我只说真话。"丙说:"乙在说假话。"请问,三人中说真话的是谁?

2. 举出一个生活中联想思维的例子。

3. 分析曹冲称象应用了什么思维方式。

模块 3

创新思维的理论与创新方法

■ 单元 3.1 创新思维的理论及应用案例

创新思维的理论基础包括以下几种。

吉尔福德的智力结构理论:提出发散思维和聚合思维的概念,强调创新需要广泛联想和逻辑整合。

德·波诺的横向思维:主张跳出传统逻辑框架,采用非线性的思考方式,如"六顶思考帽"方法。

西蒙顿的创新随机组合理论:认为创新是已有知识的随机重组,如爱迪生的发明过程就是不断试错和组合的结果。

阿奇舒勒的 TRIZ 理论(发明问题解决理论):总结出 40 个创新原则和矛盾矩阵,帮助系统化解决问题。

这里主要介绍 TRIZ 理论。

3.1.1 发明问题解决理论——TRIZ

苏联海军专利局专利审核员、发明家根里奇·阿奇舒勒及一批研究人员经过多年努力,在分析研究世界上大量高水平专利的基础上,提出和创建了发明问题解决理论(拉丁文:Teoriya Rezheniya Izobretatelskikh Zadatch,TRIZ)。阿奇舒勒先生从 1946 年开始组织领导 1500 人经过多年的努力工作,对 20 万份专利进行了分析,并从中选出有代表性的 4 万份真正有突破创新的专利进行了深入研究,发现了技术发展进化所遵循的趋势、规律,提炼出解决各种技术矛盾和物理矛盾的创新原理和法则,即 TRIZ(图 3-1)。因此,TRIZ 强调解决实际问题,特别是发明问题,并由此最终实现创新。

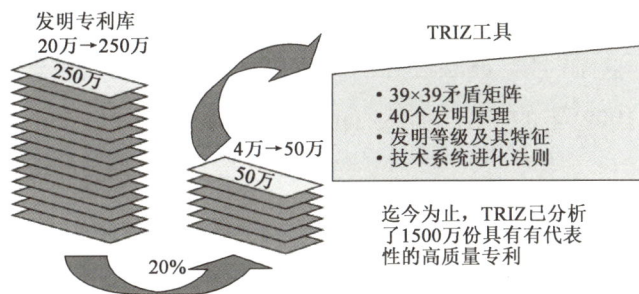

图 3-1 TRIZ 的产生

TRIZ 解决了发明问题解决的流程、分析方法和支持工具等难题,已被公认为世界级的创新方法,是目前绝大部分国际大公司(如国内的华为、中兴、广州无线电集团及国际的三星、摩托罗拉、通用电气等)采用的创新方法。

国际 TRIZ 协会(MATRIZ)的 TRIZ 理论研究开发委员会(TRIZ R&D Council,TRDC)认为:TRIZ 是研究工程及其他人工系统进化的应用学科、开发方法和工具,以实现指导(引导)工程系统依据它们的进化模式进行进化,保证它们高效发展,以最有效和最快速的方式解决问题及其他障碍。同时,TRIZ 提高人类的能力以实现产生创新的想法/发明以及成为高效的思考者的目标。

1)TRIZ 的发展简史

TRIZ 被公认为"使人聪明"的理论,曾作为苏联国家机密和专有创新技术,在军事、工业、航空航天等领域发挥着巨大的作用。苏联解体前,美国等西方国家惊诧于苏联在军事工业领域的创造能力和创新奇迹,曾围绕 TRIZ 理论展开了长久的情报谍战。随着苏联解体,大批 TRIZ 大师和 TRIZ 研究者移居美欧等西方国家,传播和发展 TRIZ,使 TRIZ 受到了世界各国极大的重视,使得 TRIZ 的研究和实践得到了迅速普及和发展。

按照 TRIZ 发展的内容及时间,TRIZ 划分为经典 TRIZ 和现代 TRIZ。经典 TRIZ 是指由阿奇舒勒自己以及他的弟子开发并经过他认可(从 20 世纪 40 年代中期到 80 年代中期)的相关 TRIZ 的理论及工具。现代 TRIZ 则是指从苏联的经济政治体制改革(从 20 世纪 80 年代中期至今)开始研究和发展的 TRIZ 理论方法和工具。区分现代 TRIZ 和经典 TRIZ 的两个主要方面为:现代 TRIZ 侧重于企业/商业应用,而不仅仅在于技术问题的解决;侧重于开发具有实际意义的创新产品和技术,而不仅仅是有创造性的想法。

(1)TRIZ 理论的发展阶段[①]

第一阶段:创立阶段。这个时期主要是创新和完善了 TRIZ 理论,并在苏联应用。但由于苏联的封锁,外界很少知道该理论。这个时期的主要理论有 40 个发明原理、发明问题解决算法(ARIZ)、最终理想解、科学效应库、物-场模型、标准解和进化法则等。

第二个阶段:传播阶段。20 世纪 90 年代,苏联解体后,大量科学家分散到美国和欧洲,创办了一系列的公司(如 Invention Machine),开发了基于 TRIZ 理论的软件系统,并为一些公司提供咨询服务。这个时候,苏联以外的工程师才开始接触到该理论,少量的公司开始引入 TRIZ 理论,如 1992 年的 P&G 引入 TRIZ 理论,1998 年的三星公司(Samsung)引入 TRIZ 理论。

第三阶段:开始应用阶段。从 2005 年开始,一些大公司开始引入 TRIZ 理论,并开始在内部推广,如通用电气公司、西门子公司、英特尔公司、飞利浦公司等。中国的企业,特别是一些国有大企业也开始积极行动起来,利用 TRIZ 理论来培训自己的员工,解决项目中的技

---

① 参见《中国大百科全书》(第三版)网络版词条。

术难题。

（2）TRIZ 在中国的传播与发展

1999 年,我国学者牛占文等人发表了《发明创造的科学方法论——TRIZ》,这是较早系统全面地向我国引入 TRIZ 的文章。2000 年以后,俄罗斯的 TRIZ 研究人员陆续从东北进入我国,他们把 TRIZ 理论向我国传播,2008 年科学技术部批准成立创新方法研究会,负责在国内 TRIZ 理论的研究与传播,并开始在国内进行 TRIZ 工程师的认证。随后,国内各省市相继成立了本省的创新方法研究会,TRIZ 理论在国内广泛传播,得到了华为、中兴等高端企业的认可。TRIZ 理论在我国的发展大大推进了我国企业的创新水平。

2）TRIZ 的创新理论体系

每一个具有创意的专利,基本都是在解决"创意性"问题。所谓"创意性"问题,包含着"需求冲突"的问题,主要焦点是发现、了解、强化与消除矛盾。TRIZ 认为,技术系统向着通过最少引入外部资源消除矛盾和提高理想度的方向进化发展。因此,TRIZ 创新理论体系的基础是技术系统进化法则（Trends of Engineering System Evolution,TESE）。

对于创造性问题（发明问题）的解决,TRIZ 提供了一种辩证的思考方式:将问题当作一个系统加以理解,首先设想其理想解,然后设法解决相关矛盾。因此,TRIZ 包含了一整套用于分析问题、解决问题的工具和方法,创新思维方法以及基于科学知识的理论,构成了完整的 TRIZ 创新理论体系,如图 3-2 所示。

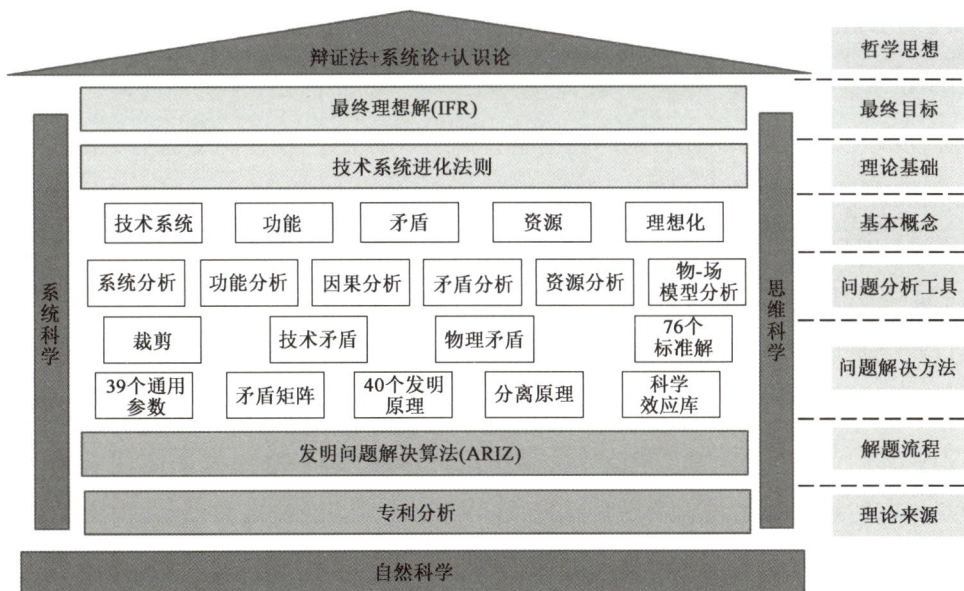

TRIZ创新理论简介

图 3-2　TRIZ 的理论体系

经典 TRIZ 分析工具包括发明问题解决算法(Algorithm for Inventive-Problem Solving, ARIZ)、物-场分析、矛盾分析,现代 TRIZ 分析工具增加了功能模型与功能分析、因果链分析。通过应用分析工具对待解决的技术系统问题进行分解分析,建立相应的问题模型,然后选择相应的解决问题工具来获取问题解决方案,包括:消除问题、增加专利可以使用技术系统裁剪工具;应用 39 个工程参数、矛盾矩阵和 40 个发明原理来解决技术矛盾问题;应用分离原理、满足矛盾、绕开矛盾等工具来解决物理矛盾;应用物-场模型和 76 个标准解,以期实现对系统实施最小改变来解决问题;通过因果链分析找出根源问题;应用 S 曲线分析及技术系统进化法则,可以预测下一代产品,实现渐进式创新或突破性创新。而对于相对比较模糊的问题,可以采用 ARIZ 算法和功能导向搜索(Function Oriented Search, FOS)寻求解决方案;如果问题的解决需要领域外知识,可以借助科学效应与知识库、功能导向搜索来完成。

为帮助工程技术人员突破思维定式,拓展创新思维,TRIZ 理论体系还包括了相应的创新思维工具,包括最终理想解(Ideal Final Result, IFR)、资源分析法(Resource Analysis)、九屏幕(九窗口)法(Nine Screen Approach)、聪明小人法(Smart Little People)、尺寸-时间-成本法(Operator STC, STC 算子, Size/Time/Cost)、资源-时间-成本法(RTC)以及金鱼法等。

现代 TRIZ 中最为人们熟知的创新工具有扩展的产品和流程功能分析,包括增量式改善、极端改善、价值分析、专利规避和向超系统扩展、裁剪和极端裁剪(Trimming and Radical Trimming)、因果链分析(Cause-Effect Chains Analysis)、科学知识库(Scientific Database)、功能导向搜索(Function Oriented Search)、特性传递(Feature Transfer)、流分析(Flow Analysis)、现代技术系统进化法则(Advanced Trends of Engineering System Evolution)。

3)TRIZ 的核心思想

工程技术人员所面对的 90% 的问题已于其他地方解决过,很多问题已有类似答案。由此推论,如果能拥有早期解决方案的知识,创新发明将会更加容易,而不必采用试错法和其他直觉创新方法。TRIZ 作为创造性地解决发明问题的理论工具,其核心思想包括以下几个。

(1)问题及其解在不同的工业部门及不同的科学领域重复出现。

通过对大量创新专利的分析研究,TRIZ 总结出创新的规律性:不同行业中的问题,采用了相同的解决方法。通过专利分析发现,99.7% 的发明都应用已知的原理,这些原理在不同的工业部门及不同的行业、领域被反复使用。TRIZ 中的 40 个发明原理指导工程技术人员寻找相应的解决方案。应用发明原理很多时候可以实现突破性创新,找出系统特定的创新解决方案。

(2)技术进化模式在不同的工业部门及不同的科学领域重复出现。

技术系统/产品是按照一定规律发展的,技术系统进化法则经统计规律证实,描述了技术系统从一种状态自然进化到另一种状态的进化发展过程,即 S 曲线进化法则。不同的工业部门及不同的科学领域,技术系统向其他已被证明成功的技术方向进化发展。

(3)发明经常采用不同领域存在的效应。

在 TRIZ 研究的早期阶段,阿奇舒勒就已经验证:对于一个给定的技术问题,可以运用各种物理、化学、生物和几何效应使解决方案更理想和更简单地实现。同时,他发现高等级专利经常采用的解决方案均应用了不同的科学效应。

4)TRIZ 的适用范围

TRIZ 源于专利,应用 TRIZ 进行工程问题求解所获得的解决方案又可以申请相应专利,因此 TRIZ 和专利相辅相成、密切关联。由于 TRIZ 的产生来源于专利,而专利是工程技术领域发明创造的直接表述,TRIZ 从一出现就应用于解决技术领域的发明问题,而不是说 TRIZ 是"什么问题都可以解决"的"万能工具"。因此,TRIZ 有其自身应用的边界。由于技术领域非常宽泛,即使是在技术领域内,TRIZ 也有其自身应用的边界。

TRIZ 应用体现在以下四个方面:

(1)难题攻关:行业专家无法解决的技术问题。

(2)技术预测:对行业、集团的产品进行进化预测。

(3)专利对抗:专利规避设计及专利布局设计。

(4)研发流程的改进:对 6 Sigma DMADV 流程的改进。

现代 TRIZ 最广泛的应用领域如下:

(1)解决工程技术问题。

(2)竞争专利规避。

(3)TRIZ 与产品研发体系的集成,如 DFSS。

(4)失效预测分析(TRIZ for FEMA)。

(5)可持续设计(Green TRIZ)。

(6)技术预测(Technology Forecasting)。

3.1.2　TRIZ 的发明等级

在人类进化发展的历史长河中,无数先贤利用其创造力推动了人类社会的发展。今天回顾历史的时候,我们往往只注意到那些给人类社会发展带来巨大影响的发明创造。例如,制陶技术为人类提供了最早的人造容器;冶炼技术为人类提供了早期的金属制品——青铜器;十进位计数法为科学的发展奠定了基础;造纸术对人类文化传播产生了广泛、久远的影响;指南针对航海产生了深远的影响;火药改变了整个世界事物的面貌和状态;等等。

但很少有人会注意那些对已有事物进行的修修补补式的小发明、小创造。而正是有了这些小发明、小创造,才有了现在我们所看到的各种各样功能相对完善、结构相对简单的生产工具和生活用品。所以,伟大的发明给社会的发展提供了巨大的推动力,而那些小的发明创造却是伟大发明的基础,只有在无数小发明、小创造的推动下,伟大的发明才得以出现,并逐步趋于完善。

1)五个发明级别

阿奇舒勒认为,发明等级 L1 非常简单,大量低水平的发明远远小于一个高等级发明的贡献;而发明等级 L5 属于发现(Discovery)级别,是可遇不可求的。因此,对于发明等级 L2～L4类专利进行深入研究,正是 TRIZ 专利分析的根基,并最终从 L2～L4 专利中总结出这些专利背后隐藏的规律。由此,通过 TRIZ 获取的专利和发明等级也就确定了其处于 L2～L4 的范围,L1 级别的问题可以不需要应用 TRIZ 解决,而对于 L5 级别的问题 TRIZ 又无能为力。

(1)第一级发明

这级发明是指在本领域的正常设计,或仅对已有系统做简单改进与仿制所做的工作。这一类问题的解决主要依靠设计人员自身掌握的常识和一般经验就可以完成,是级别最低的发明,即不是发明的发明。利用试错法解决这样的问题,通常只需要进行 10 次以下的尝试。

例如,增加隔热材料,以减少建筑物的热量损失;将单层玻璃改为双层玻璃,以增强窗户的保温效果和隔音效果;用大型拖车代替普通卡车,以实现运输成本的降低;普通开瓶器需要双手才能开启瓶盖,改进为单手开瓶器(图 3-3)。该类发明大约占人类发明总数的 32%。

图 3-3　普通开瓶器改进为单手开瓶器

(2)第二级发明

这级发明是指在解决一个技术问题时,对现有系统某一个组件进行改进,是解决了技术矛盾的发明。这一类问题的解决主要采用本专业内已有的理论、知识和经验,设计人员需要具备系统所在行业中不同专业的知识。解决这类问题的传统方法是折中法。这种发明能小幅度地提高现有技术系统的性能,属于小发明。利用试错法解决这样的问题,通常需要进行 10 ~ 100 次尝试。

例如,在气焊枪上增加一个防回火装置;把自行车设计成可折叠状;螺丝刀从单用途改进为双用途到组合式,如图 3-4 所示。该类发明大约占人类发明总数的 45%。

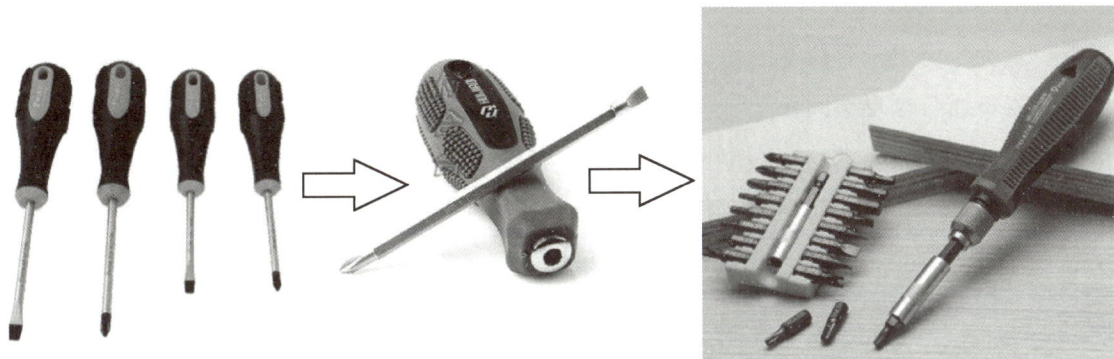

图 3-4　组合式螺丝刀

(3)第三级发明

这级发明是指对已有系统的若干个组件进行改进。在发明过程中,人们必须解决系统中存在的技术矛盾。设计人员拥有来自其他行业的知识。

这些是解决了物理矛盾的发明。如果系统中的一个组件彻底改变,就是很好的发明(如改变某物质的状态,由固态变成液态等)。可以用一些组合的物理效应(可能是不为人们所熟知的)来解决这类问题,在解决问题的过程中也可以巧妙地利用一些人们熟知的物理效应。例如,利用电动控制系统代替机械控制系统;汽车上用自动换挡系统代替机械换挡系统(图 3-5);在冰箱中用单片机控制温度;将用机械能(手摇)实现连续射击的加特林机枪改进为用化学能(火药气)推动实现连续射击的马克沁机枪;将普通步枪改进为可以拐弯射击的步枪;等等。

这级发明能从根本上提升现有技术系统的性能,属于中级发明。利用试错法解决这样的问题,通常需要进行 100 ~ 1000 次尝试。该类发明约占所有发明的 19%。

(4)第四级发明

这级发明一般是在保持原有功能不变的前提

图 3-5　自动换挡

下,用组合的方法构建新的技术系统,属于大发明,通常是采用全新的原理来实现系统的主要功能,属于突破性的解决方案,能够全面升级现有的技术系统。

由于新的功能组合需要运用跨学科的方法开发出新的技术系统,所以给人的错觉是新技术系统在发明过程中并没有克服技术矛盾。实际上并非如此,因为在原有的技术系统——系统原型中是有技术矛盾的,这些矛盾通常是由其他科学领域的方法来消除的,设计人员需要拥有来自不同科学领域的知识。需要多学科知识的交叉,主要是从科学底层的角度而不是从工程技术的角度出发,充分挖掘和利用科学知识、科学原理来实现发明。

图 3-6　集成电路

在解决第四级发明问题时所找到的原理通常可以用来解决属于第二级发明和第三级发明的问题,如内燃机替代蒸汽机,核磁共振技术代替 B 超和 X 光技术,世界上第一台内燃机的出现,集成电路(图 3-6)的发明,充气轮胎的发明,等等。

利用试错法解决这样的问题,通常需要进行 1000 ~ 10000 次尝试。该类发明在所有发明中所占比例小于 4% 。

（5）第五级发明

这级发明催生了全新的技术系统,推动了全球的科技进步,属于重大发明。利用试错法解决这样的问题,通常需要进行 10 万次以上的尝试。

这里,问题的解决方法往往不在人们已知的科学范围内,是通过发现新的科学现象或新物质来建立全新的技术系统的。

对于这类发明来说,首先要发现问题,然后探索新的科学原理来完成发明任务。本级发明中的低端发明为现代科学中许多物理问题的解决带来了希望。支撑这种发明的新知识为开发新技术提供了保证,使人们可以用更好的方法来解决现有的矛盾,使技术系统向最终理想迈进了一大步。

一般的设计人员通常没有能力解决这级问题。这级问题的解决主要是依据人们对自然规律或科学原理的新发现,如计算机、蒸汽机、激光、晶体管等的首次发明,又如轮子、半导体、形状记忆合金、X 光透视技术、微波炉、蒸汽机、飞机(图 3-7)。该类发明占人类发明总数的不到 0.3% 。

绝大多数发明是对原有系统的不同程度的改进,使系统得到完善。发明不是高深莫测的,绝大多数发明都是利用同一个原理,在不同领域和行业的发明创新。通过对发明等级的掌握,可以对发明水平、获得发明所需要的知识以及发明创造的难易程度有一个量化概念,同时对发明等级有全新的认识。

图3-7　各种飞机

2）发明级别的特征

发明级别使发明的水平、获得发明所需要的知识以及发明创造的难易程度等有了一个量化的概念。总体上看，"发明级别"有以下几方面的特征。

（1）发明的级别越高，完成该发明时所需的知识和资源就越多，这些知识和资源涉及的领域就越宽，搜索所用知识和资源的时间就越多，因此就要投入更多、更大的研发力量。

（2）随着社会的发展、人类的进步、科技水平的提高，已有发明级别也会随时间的变化而不断降低。因此，原来级别较高的发明逐渐变成人们熟悉和容易掌握的东西。而新的社会需求又不断促使人们去做更多的发明，生成更多的专利。

（3）对于某种核心技术，人们按照一定的方法论，按照年份、发明级别和数量分析该核心技术的所有专利以后，可以描绘出该核心技术的 S 曲线。S 曲线对于产品研发和技术的预测有着重要的指导意义。

（4）统计表明，一、二、三级发明占了人类发明总量的96%，这些发明仅仅是利用了人类已有的跨专业的知识体系。由此，也可以得出一个推论，即人们所面临的96%的问题都可以利用已有的某学科内的知识体系来解决。

（5）四、五级发明只占人类发明总量的4%左右，却决定了人类社会科技进步的方向，利用了整个社会的、跨学科领域的新知识。因此，跨学科领域的知识获取是非常有意义的工作。

3）发明级别划分的意义

阿奇舒勒通过专利分析发现,不同的发明专利所蕴含的科学知识、技术水平存在很大的差异,衡量这些专利的知识含量、技术水平、应用范围及对人类的贡献比较困难。鉴于此,有必要对不同的发明进行等级(级别)划分(表3-1)。

TRIZ 对发明等级的划分   表3-1

级别	发明等级	标准	解决方案的来源	实验次数	比例(%)
1	明显的解决方案	使用某一组件实现设计任务,并未解决系统的矛盾	狭窄的专业领域	数次	32
2	改进	稍加改进现有系统,通过移植相似系统的方案解决了系统的矛盾	技术的某一分支	数十次	45
3	范式内的发明	从根本上改变或消除至少一个主要系统组件来解决系统的矛盾,解决方案存在于某一个工程学科	其他技术分支	数百次	19
4	范式外的发明	运用跨学科的方法解决了系统矛盾,开发了新系统	科学——鲜为人知的物理、化学现象等	数千次	<4
5	科学发现	解决了系统矛盾,产生了一个开创性的发明(往往是根据最新发现的现象)	超越了科学的界限	10万次以上	<0.3

当遇到技术难题时,人们不仅要在本专业内寻找答案,也应当向专业外拓展,寻找其他行业和学科领域已有的、更为理想的解决方案,以求获得事半功倍的效果。人们从事创新,尤其是进行重大的发明时,要充分挖掘和利用专业外的资源,正所谓"创新设计所依据的科学原理往往属于其他领域"。而 TRIZ 提供了突破专业束缚,开阔创新视野的全套方法和工具。

我国专利分类与 TRIZ 发明等级的对应关系及 TRIZ 解决问题的适用范围如图 3-8 所示。

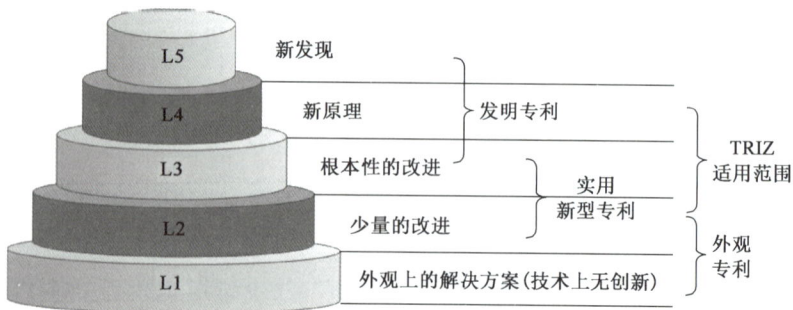

图 3-8　发明等级与 TRIZ 的适用范围

TRIZ 源于专利,服务于生成专利(应用 TRIZ 产生的发明结果多数可以申请专利),TRIZ 与专利有着密不可分的关系。充分领会和认识专利的发明级别,可以让人们更好地学习和领悟 TRIZ 的知识体系。

3.1.3   TRIZ 问题模型与工具

TRIZ 广泛应用于解决工程技术问题。工程技术问题求解一般包含六个步骤:定义问题→分析问题→产生可能的解→分析解→选择解→实施规划。这是一个逐级反馈的求解过程,各种创新技法应用主要集中在产生可能的解这一步骤中。图 3-9 为 TRIZ 求解流程。对于通常性工程技术问题,通过建立数学模型、仿真模型等分析工具,参照教科书、技术杂志、手册或咨询领域专家获得问题的可能解。而对于发明问题,即包含矛盾的系统问题,则需要在定义问题和分析问题阶段甄别问题的类别,即建立问题的模型,然后通过根源分析或因果链分析等分析工具,确定影响这类问题求解的关键问题是什么,即建立关键问题模型。TRIZ 中常见问题模型有四类,见表 3-2。对于每一类问题模型,TRIZ 提供了相应的工具,通过工具的使用可以快捷地得到问题解决方案模型。

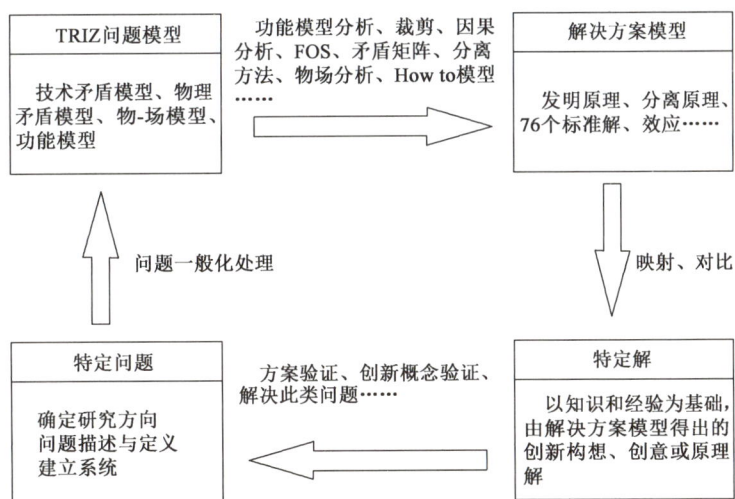

图 3-9   TRIZ 求解流程

TRIZ 中常见问题模型   表 3-2

问题模型	工具	解决方案模型
技术矛盾	矛盾矩阵	40 个发明原理
物理矛盾	分离方法	分离原理、满足矛盾、绕开矛盾
物-场	物场分析	76 个标准解、40 个发明原理
功能	How to 模型	效应和功能导向搜索

对于比较难以界定的模糊问题(具有相当的难度和复杂性),若难以归类为四类问题模型,则可以采用 TRIZ 理论体系中的发明问题解决算法 ARIZ 来求解。因此,ARIZ 特别适合求解那些问题情境复杂、矛盾不明显的非标准发明问题。ARIZ 基于技术进化法则,进化发展是客观的、经数据统计分析的趋势法则,因此 ARIZ 的解决方案具有较高的可信度及有效性。同时,ARIZ 结合了基于 TRIZ 的其他问题解决工具(表 3-3),包括标准解、发明原理和科学效应等。实际上,ARIZ 是 TRIZ 工具的应用集成器。

TRIZ 工具   表 3-3

工具	作用
功能模型分析	清楚认识每个部件的真正作用,发现工程系统中的问题
裁剪分析	降低成本、稳健设计、消除问题、增加专利
因果分析	发现解决问题的入口,防止问题重复出现
功能导向搜索	产品初期设计工具,用于开发团队对问题没有思路时
矛盾	经典 TRIZ 核心,应用 40 个发明原理,产生突破性创新
76 个标准解	Mini Prob,通过系统的最小变化来解决问题
技术进化趋势	预测下一代产品。定位产品发展阶段,采用合适的战略
总体	与 QFD、DFSS 等其他方法工具结合,增强 TRIZ 操作性

应用 TRIZ 求解特定的工程问题时,首先必须对工程问题进行定义和描述;然后将特定问题转化成一般性的 TRIZ 问题,即建立 TRIZ 问题模型;接着按照表 3-3 对应的问题模型,选取相应的 TRIZ 工具,获得对应问题模型的解决方案模型,即 TRIZ 一般问题的通用解;最后,通过映射、比对等方法获得对应特定的工程问题的特定解,并对特定解进行相关的验证、评估。

3.1.4　TRIZ 应用流程

图 3-10 展示的 TRIZ 应用流程是 TRIZ 求解工程问题的通用流程。由于 TRIZ 体系复杂,内容繁多,工程技术人员在应用 TRIZ 进行求解的过程中往往觉得不知从何入手,全面学习和掌握 TRIZ 需要化费相当长的时间,从而影响了 TRIZ 的推广和应用。因此,有必要从 TRIZ 应用流程研究入手,简化 TRIZ 应用的复杂性。

通用问题求解流程为发现和定义问题、分析问题和解决问题。与之对应的 TRIZ 应用流程则是问题识别、问题解决和概念验证三个阶段。TRIZ 应用流程具体如下。

1)工程问题选择与描述

爱因斯坦曾说过:"提出问题往往比解决问题更为重要。"将问题描述清楚,是找出正确问题的关键,同时反映出我们对问题理解的深度。例如,为了在太空中记录数据,需要能够在太空失重状态下写字的笔。如果将该问题描述为"开发一种可以在太空中写字的圆珠笔",则后续的问题求解将变得比较困难,原因是我们必须解决圆珠笔在失重状态下依然能够让墨水(油墨)流出的问题。而如果将问题描述为"能够在太空中写字的笔",则求解将变得相对简单,因为书写痕迹介质可以不采用墨水(油墨)。

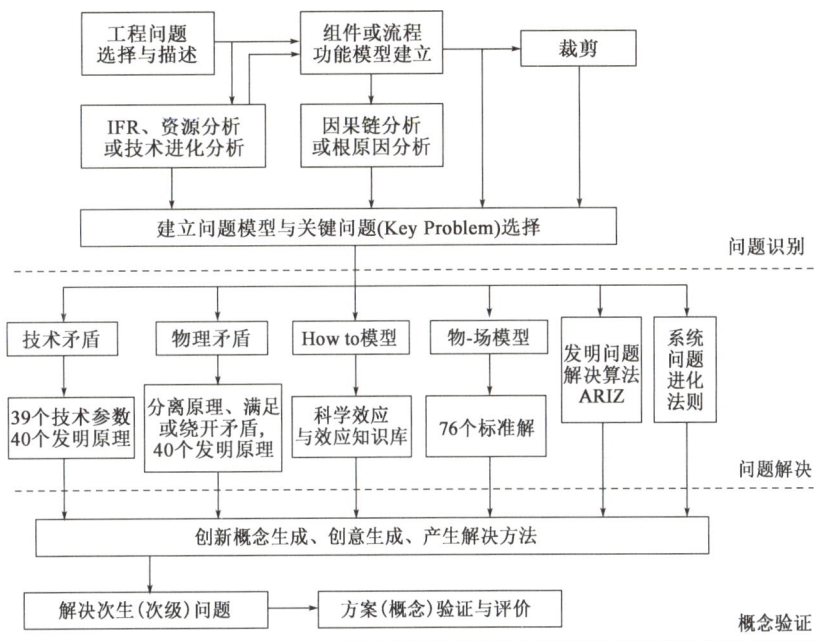

图 3-10　TRIZ 应用流程

另外,在描述和定义问题时,需要了解问题的范围和自由度,即存在哪些限制条件或约束条件;了解技术系统中的哪些部分是可控的,哪些是不可控的,哪些是不能改变的。

2) IFR、资源分析或技术进化分析

当得到了清晰的问题定义与描述之后,需要确定技术系统或超系统中哪些资源可以利用。除常规意义上的资源外,TRIZ 更多时候在寻求解决方案时可能需要的是物质、场或物-场属性这些资源。了解清楚系统现状,然后就可以设定系统理想状态或者应该具备的状态了,即理想解。或者分析系统所采用的技术成熟度,分析技术系统进化趋势,以确定问题的根本解决方案是否可从新技术取代方向来进行。

3) 组件或流程功能模型建立

可以从组件或流程的角度来建立技术系统的功能模型并进行功能分析,从功能的角度而不是单纯技术角度来分析系统、子系统和组件,探寻组件之间、组件与超系统组件之间的相互作用,得到正常功能、不足功能、过剩功能和有害功能,以帮助工程师更详细地理解技术系统中部件之间的相互作用。其目的是优化技术系统功能,简化技术系统结构,以便对系统进行较少的改变就能解决技术系统的问题,并最终实现技术系统理想度

的提升。

功能模型分析可以明晰系统功能问题。系统功能问题可以通过 How to 模型进行功能导向搜索来求解,也可以直接转化为相应的 TRIZ 问题模型进行求解,或者进行裁剪将初始问题转化为裁剪问题,或者通过因果链分析(根原因分析)找出产生该问题的根本原因。

4)裁剪

如果技术系统需要删减其某些组件,同时保留这些组件的有用功能,从而降低成本,提高系统理想度,则可以对技术系统实施裁剪。裁剪后的系统模型称为裁剪模型,包含为实施裁剪模型一系列需解决的裁剪问题。

5)因果链分析(根原因分析)

从系统存在的问题入手,层层分析形成此现象的原因,直到分析到最后不可分解为止。如果能够从根本原因上解决问题,优选根本原因;如果根本原因不可能改变或控制,那么沿着原因链从根本原因到问题逐个检查原因节点,找到第一个可以改变或控制的原因节点;如果消除不良影响的结果的成本比消除原因低,那么选择结果节点;在上述操作后,如果有多个原因节点,那么可以选择其中容易解决、周期较短、成本较低、技术成熟的节点。

6)建立问题模型与关键问题选择

通过上述分析过程,可以得到许多问题,接下来需要确认阻碍系统进化、影响系统主要性能等的关键问题是什么。解决了关键问题,其他非关键问题可能随之消失或变得对系统影响不显著。

7)技术矛盾和物理矛盾

如果关键问题或问题模型属于矛盾问题,即可以采用通用的"IF...THEN...BUT..."模型来描述问题,则可以应用 39 个技术参数(见附录 A)、发明原理(见附录 B)、矛盾矩阵(见附录 C)和分离原理(见附录 D)来进行求解。由此得到的每一个解决方案都是一个建议,应用这些建议可以使系统产生特定的变化,从而消除矛盾。

8)物-场模型与 76 个标准解

物-场模型分析是 TRIZ 理论中的重要的问题构造、描述和分析的工具。在使用物-场模型分析和解决问题的过程中,根据模型所描述的问题类型来确定问题的性质,为设计人员提供解决问题的方向。同时,结合应用物-场模型对系统功能分析的结果,进而参考 76 个标准解(见附录 E),为设计者产生创新思维创造条件。

9)科学效应与效应知识库

TRIZ 理论基于对世界专利库的大量专利的分析,总结了大量物理、化学和几何效应,每一种效应都可能用来解决某一类问题,每一种效应的应用都可能是某类问题的原理解。

10)发明问题解决算法 ARIZ

在工程问题选择与描述中,对于那些问题情境复杂、矛盾不明显的非标准发明问题,很难用 TRIZ 的四类标准问题模型来表达,可以使用 ARIZ 帮助选择正确的 TRIZ 工具集并按最有效的步骤来求解问题(见附录 F)。

单元 3.2　创新方法及训练

3.2.1　创新方法概述

在知识爆炸、技术飞速发展的今天,创新已成为推动社会进步的核心动力。无论是国家层面的战略部署,还是企业日常的经营管理,乃至个人职业生涯的发展,创新都在其中扮演着举足轻重的角色。而要有效地实施创新,掌握和运用科学的创新方法就显得尤为重要。本节旨在概述创新方法的内涵,为后续的深入学习与实践奠定基础。

创新方法,顾名思义,是指用于实现创新目标的一系列思维、策略、技巧和工具的总称。它涵盖了从创新思想的产生到创新成果的实现的全过程,包括创新思维的激发、创新策略的制定、创新资源的整合以及创新成果的评估等多个环节。创新方法不仅强调创新活动的系统性和整体性,还注重创新过程中的灵活性和创造性。

创新方法的内涵可以从以下几个方面来理解:

首先,创新方法是一种思维方式。它要求我们在面对问题时打破常规,跳出固有的思维框架,以全新的视角和思维方式寻找解决方案。这种思维方式具有开放性、多元性和创造性,能够激发我们的创新潜能。

其次,创新方法是一种策略选择。在创新过程中,我们需要根据问题的性质和目标的需求,选择合适的策略和方法来解决问题。这些策略和方法可能涉及市场分析、技术研发、团队协作等多个方面,需要我们在实践中不断摸索和总结。

最后,创新方法是一种工具运用。创新方法的实施离不开各种工具的支持和辅助。这些工具可以是具体的软件、硬件设备,也可以是抽象的方法论、模型等。它们能够帮助我们更高效地收集信息、分析数据、制订方案,从而提升创新活动的效率和成果。

3.2.2　团体创新方法

在创新的过程中,团队的力量是不可或缺的。通过集思广益,团队成员能够共享知识、经验和创意,从而推动创新活动的深入发展。团体创新方法正是为了最大化团队的创新潜能而设计的。其中,头脑风暴法是一种广泛应用的团体创新方法,它通过自由思考、畅所欲言的方式,激发团队成员的创新思维,产生新的想法和解决方案。

1)头脑风暴法概述

头脑风暴法是一种激发集体智慧和创意的团体创新方法。其基本原理是通过营造宽松、自由的讨论氛围,鼓励团队成员畅所欲言,提出各种可能的想法和解决方案。头脑风暴法强调在思考过程中不进行评价和批判,以保持思维的流畅性和创新性。

在头脑风暴法的实施过程中,通常需要遵循以下步骤:

(1)明确主题和目标

明确讨论的主题和要达成的目标,以便团队成员有针对性地展开思考。

(2)准备阶段

团队成员可以提前收集相关资料和信息,为讨论做好充分准备。

(3)设定规则

明确讨论的规则,如保持积极态度、不批评他人的想法、鼓励自由思考等。

(4)开展讨论

团队成员围绕主题自由发言,提出自己的想法和观点。其他人可以在此基础上进行补充和完善。

(5)记录和总结

由专人记录讨论过程中的所有想法和观点,并在讨论结束后进行总结和归纳。

头脑风暴法的优点在于能够激发团队成员的创新思维,产生大量的想法和解决方案。同时,头脑风暴法能够促进团队成员之间的交流和合作,增强团队的凝聚力和向心力。然而,头脑风暴法也存在一些局限性,如可能产生过多的无效想法,或者在讨论过程中出现偏离主题的情况。因此,在使用头脑风暴法时,需要注意把握讨论的节奏和方向,确保讨论能够高效、有序进行。

2)头脑风暴法的类型

头脑风暴法在实际应用中根据具体的目标和情境可以衍生出多种不同的类型。这些类型各有特色,适用于不同的创新场景。以下是几种常见的头脑风暴法类型。

(1)直接头脑风暴法

直接头脑风暴法是最经典、最基础的头脑风暴形式。使用这种方法时,团队成员围绕特定主题或问题,直接提出各自的想法和建议。这种方法适用于目标明确、主题集中的讨论场景。采用直接头脑风暴法,重要的是保持思维的开放性和自由性,鼓励团队成员表达自己的想法,即使这些想法看起来不太成熟或与众不同。

（2）反向头脑风暴法

反向头脑风暴法是一种从相反角度或对立面进行思考的方法。使用这种方法时,团队成员不是直接寻找解决方案,而是先提出问题的反面或对立面,然后在此基础上展开思考。这种方法有助于打破常规思维,发现新的视角和可能性。它特别适用于那些需要突破传统观念或行业惯例的创新场景。

（3）质疑头脑风暴法

质疑头脑风暴法强调对已有想法或观点的质疑和挑战。使用这种方法时,团队成员不仅要提出自己的想法,还要对其他人的想法进行质疑和反驳。通过不断地质疑和反驳,团队成员可以发现原有想法的不足之处,进而深入思考和完善思路。这种方法适用于需要深入剖析问题、挖掘潜在问题的创新场景。

（4）组合头脑风暴法

组合头脑风暴法是一种将不同领域的想法、概念或技术进行组合的方法。使用这种方法时,团队成员可以来自不同的专业领域或拥有不同的背景,他们通过分享各自领域的知识和经验,产生跨领域的创新想法。这种方法有助于打破行业壁垒,实现跨领域的合作与创新。它特别适用于那些需要整合多领域资源、实现综合创新的场景。

除了上述几种常见的头脑风暴法类型外,还有许多其他形式的头脑风暴方法,如可视化头脑风暴法、角色扮演头脑风暴法等。这些方法各有特色,可以根据具体的创新需求和团队特点进行选择和应用。

3）实施头脑风暴法的注意事项

在应用头脑风暴法时,还需要注意以下几点:

首先,要确保团队成员充分了解头脑风暴法的原理和规则,以便能够积极参与讨论并发挥自己的创造力。

其次,要营造宽松、自由的讨论氛围,鼓励团队成员表达自己的想法,同时要尊重他人的意见和观点。

最后,要对讨论过程中产生的想法进行整理和分析,筛选出有价值的创意和解决方案,并进一步进行深入的研究和实施。

综上所述,头脑风暴法是一种有效的团体创新方法,通过激发团队成员的创新思维和集体智慧,能够产生大量的创意和解决方案。在实际应用中,可以根据具体的创新需求和团队特点选择不同类型的头脑风暴法,并注意营造宽松、自由的讨论氛围和进行后续的分析整理工作。

通过这样的头脑风暴讨论方案,不仅可以收集到丰富多样的创意,还能促进团队成员之间的深入交流与合作,为解决实际问题提供新的视角和解决方案。

■ 案例

"未来可持续城市交通问题解决方案"的头脑风暴讨论方案

以下是一个关于"未来可持续城市交通问题解决方案"的头脑风暴讨论方案,旨在激发团队成员的创新思维和合作能力。 这个方案可以根据实际情况进行调整以适应不同的主题或需求。

目标:

(1)探索并提出创新的、可行的城市交通问题解决方案,以促进环境可持续性发展,提高交通效率,减少拥堵和污染。

(2)增强团队成员的沟通与协作能力。

(3)培养团队成员的创新思维和问题解决能力。

准备阶段:

(1)确定参与者:邀请拥有不同背景(如城市规划师、环保专家、交通工程师、科技企业家、政策制定者等)的参与者,以确保视角的多样化。

(2)资料收集:提前分享相关研究报告、成功案例、行业趋势等资料,让参与者有所准备。

(3)场地与工具准备:选择一个宽敞、便于交流的场地,准备足够的白板、记号笔、便笺纸以及电子设备,用于记录想法。

讨论流程:

(1)开场介绍(10 分钟):简要介绍讨论主题、目标、规则及流程,强调开放思维、积极贡献、尊重他人观点的重要性。

(2)暖场活动(15 分钟):

①"未来城市愿景"速写:每人用 3 分钟快速画出自己想象中未来城市的交通景象,然后简短分享。

②目的:激发想象力,快速进入讨论状态。

(3)问题定义与现状分析(20 分钟):主持人引导团队成员讨论当前城市交通面临的主要问题(如拥堵、污染、能源消耗等)。 团队成员分组讨论,每组总结并分享一个关键问题及其影响。

(4)头脑风暴环节(60 分钟):

①分组讨论:将参与者分成小组,每组分配一个具体子主题(如"绿色能源交通工具""智能交通管理系统""城市空间优化"等)。

②轮流发言:采用"头脑风暴帽"法,每人轮流戴上"创意帽"提出一个想法,不论想法多么异想天开。

③记录与整理:使用白板或电子工具记录所有想法,鼓励团队成员相互补充和完善。

(5)想法筛选与评估(30 分钟)

①每组选出最具潜力的 2~3 个想法,进行全班展示。

②使用 SWOT(优势、劣势、机会、威胁)分析或投票的方式评估每个想法的可行性和影响力。

（6）方案设计与细化(45 分钟)：

①针对选出的想法，小组再次集合，设计具体实施方案，包括技术、资金、政策等方面的考虑。

②强调方案的创新性和可持续性。

（7）成果展示与反馈(30 分钟)：每组展示其设计方案，其他组成员和专家提供反馈和建议。 鼓励正面、建设性的批评，促进方案的进一步优化。

结束阶段：

总结与反思：主持人总结讨论成果，强调团队合作的价值，鼓励持续关注和参与相关议题。

后续行动：建立一个在线平台或群组，便于参与者继续交流，跟踪方案进展，甚至寻求合作机会。

注意事项：

（1）保持讨论的开放性和包容性，鼓励所有声音被听见。

（2）强调时间管理，确保每个环节都能顺利进行。

（3）鼓励创意的同时，也要引导团队考虑实际操作的可行性。

3.2.3　设问型创新方法

设问型创新方法是一种通过提出一系列问题来引导创新思维的方法。它通过设问的方式,激发思考者的探索欲望,促使他们从多个角度审视问题,进而发现新的解决问题的思路和创新点。设问型创新方法在实际应用中具有广泛的领域,如产品设计、流程优化、市场营销等。下面我们将介绍两种典型的设问型创新方法:奥斯本检核表法和和田十二法。

设问型创新方法——
开启多维度创新思维

1) 典型方法——奥斯本检核表法

奥斯本检核表法是由美国创新技法大师奥斯本提出的一种设问型创新方法。它通过一系列问题来启发思考者的创新思维,帮助他们从多个角度审视问题,寻找创新的突破口。

奥斯本检核表法包含了一系列问题,这些问题涵盖了创新活动的各个方面,具体如下。

（1）能否他用

思考现有事物是否有其他用途,或稍加改进后能否用于其他领域。例如,凡士林最初作为机器润滑油使用,后来发现它可用于护肤、润唇等。

（2）能否借用

借鉴其他领域的原理、方法、技术或经验,引入新的思路或创意。比如,通过借鉴荷叶表面的纳米结构,发明了具有自清洁功能的涂料。

（3）能否改变

对事物的形状、颜色、气味、结构等进行改变,以产生新的效果。例如,将传统的黑色自行车车架改为彩色,增加了产品的美观度,增强了其市场吸引力。

（4）能否扩大

考虑在现有事物的基础上,增加一些元素、功能、尺寸或时间等,以拓宽其应用范围或提升性能。比如,手机不断增加新的功能,如高清拍照、指纹识别、面部解锁等,就是扩大功能的体现。

（5）能否缩小

思考能否对事物进行简化、缩小、减轻或分割,使其更便于使用或具有新的特性。例如,微型计算机、折叠自行车等产品都是通过缩小尺寸而获得了更广泛的应用。

（6）能否替代

寻找可以替代现有事物的其他材料、方法、技术或人员等,以降低成本、提高效率或解决问题。例如,用塑料替代金属制造某些零部件,既减轻了重量又降低了成本。

（7）能否调整

对事物的顺序、布局、程序等进行调整,以产生不同的效果或优化流程。比如,企业调整生产流程或员工工作安排,可能会提高生产效率和产品质量。

（8）能否颠倒

将事物的正反、上下、左右、前后等关系颠倒过来,从相反的角度思考问题,可能会发现新的创意。例如,传统的电风扇是风叶转动,外壳不动,而有的设计师将其颠倒过来,设计出外壳转动、风叶不动的电风扇,给人以全新的视觉感受和使用体验。

（9）能否组合

将不同的事物、元素、功能、原理等进行组合,创造出全新的产品或解决方案。比如,将手机与相机功能组合,产生了具有强大拍照功能的智能手机;将自行车与电动机组合,发明了电动自行车。

思考者主要面对 9 个大问题,通过回答这些问题,能够跳出原有的思维框架,从不同的角度审视问题,发现新的解决思路和创新点。奥斯本检核表法的优势在于其系统性和全面性,它能够帮助思考者全面考虑问题的各个方面,避免遗漏重要的创新点。

案例

以杯子为例的奥斯本检核表

表 3-4 是一个以杯子为例的奥斯本检核表。

杯子的奥斯本检核表　　　　　　　　　　　　　　　　　　表 3-4

检核项目	具体问题	新设想
能否他用	除了喝水,杯子还有其他用途吗?	可以作为花瓶、笔筒、收纳容器等
能否借用	能否借鉴其他物品的特点或功能?	借鉴保温杯的保温功能,制作保温水杯;借鉴旅行壶的便携性,设计便于携带的杯子
能否改变	能否改变杯子的形状、颜色、材质等?	设计成异形杯子,如动物造型;采用彩色玻璃材质;用可降解材料制作杯子
能否扩大	能否增加杯子的功能或尺寸?	增加过滤功能,方便泡茶叶;制作超大容量的杯子,适合多人共用
能否缩小	能否减小杯子的尺寸或重量?	开发迷你型杯子,用于品尝小杯咖啡或饮用药剂;采用轻质材料,减轻杯子重量
能否替代	能否用其他材料或方法来制作杯子?	用陶瓷替代玻璃,或者使用 3D 打印技术制作个性化杯子
能否调整	能否调整杯子的结构或使用方式?	设计可折叠杯子,方便收纳;调整杯盖结构,使其更易开合
能否颠倒	能否将杯子的某些部分或功能颠倒?	将杯子的把手设计在杯底,或者使杯子底部可加热,用于加热饮品
能否组合	能否将杯子与其他物品组合在一起?	与温度计组合,方便查看水温;与手机支架组合,方便在使用手机时放置杯子

在实际应用中,奥斯本检核表法可以用于各种创新场景。例如,在产品设计过程中,可以利用奥斯本检核表法来审视产品的各个方面,发现潜在的改进空间和创新点;在市场营销中,可以利用该方法来探索新的市场机会和推广策略;在流程优化中,可以利用该方法来发现流程中的瓶颈和改进空间等。

2)引申方法——和田十二法

和田十二法是由我国学者提出的一种设问型创新技法,是对奥斯本检核表法的一种引申和发展。它同样通过提出一系列问题来引导创新思维,但更注重问题的针对性和实用性。

和田十二法包括加一加、减一减、扩一扩、缩一缩、变一变、改一改、联一联、学一学、代一代、搬一搬、反一反和定一定等方面的问题。这些问题旨在引导思考者从不同的角度审视问题,发现创新的可能性。例如,"加一加"就是考虑能否在现有产品或服务的基础上增加某些功能或元素,以提升其价值和吸引力;"减一减"则是思考是否可以简化产品或服务的某些方面,以降低成本或提高效率;"联一联"则是探索不同事物之间的联系,以发现新的创新点等。

和田十二法的优势在于其针对性和实用性。通过针对性地提出问题,和田十二法能够帮助思考者快速聚焦问题的关键所在,找到创新的突破口。同时,和田十二法的问题具有很强的实用性,能够直接引导思考者思考具体的创新方案和实施步骤。

在实际应用中,和田十二法同样具有广泛的应用领域。无论是产品设计、流程优化还是市场营销,都可以利用和田十二法来发现问题、提出创新方案并推动实施。通过回答这些问题,思考者能够更深入地理解问题的本质,发现潜在的创新机会,并提出具有针对性的解决方案。

综上所述,设问型创新方法通过提出一系列问题来引导创新思维,帮助思考者从多个角度审视问题,发现新的解决思路和创新点。

奥斯本检核表法和和田十二法作为设问型创新方法的典型代表,各自具有独特的优势和适用范围。在实际应用中,我们可以根据具体问题和需求选择合适的方法或方法组合,以达到更好的创新效果。

设问型创新方法的实践应用,可以激发团队的创造力和想象力,推动创新的不断发展。无论是在产品设计、市场营销还是流程优化等领域,设问型创新方法都能够为我们提供有力的支持和指导。因此,我们应该积极学习和掌握设问型创新方法,将其应用于实际工作,为组织的创新和发展贡献力量。

需要注意的是,设问型创新方法并非万能的,它需要结合具体问题和情境进行灵活运用。同时,我们需要保持开放的心态和创新的思维方式,勇于尝试新的方法和思路,不断挑战自我,以推动创新的不断发展。

在未来的创新实践中,我们应该继续探索和完善设问型创新方法,结合实际应用场景和需求进行改进和创新。通过不断学习和实践,我们可以不断提升自己的创新能力,为组织的创新和发展做出更大的贡献。

3.2.4 类比型创新方法

类比型创新方法是一种通过比较和借鉴不同领域的知识、原理或技术,来寻找新的创新点或解决方案的方法。这种方法的核心在于跨越领域的界限,将不同领域的知识进行融合和重组,从而创造出新的价值。类比型创新方法在科学研究、产品设计、市场营销等多个领域都有广泛的应用。下面详细介绍两种典型的类比型创新方法:综摄法和模拟法。

1)典型方法——综摄法

综摄法是一种典型的类比型创新方法。它强调从不同领域、不同角度和不同层面去审视问题,通过类比和借鉴来寻找新的解决方案。综摄法的核心在于打破思维定式,鼓励思考者跳出原有的领域和框架,去探索更广阔的知识和资源。

在综摄法的实践中,思考者首先需要明确问题和目标,然后运用类比思维去寻找与问题相关的其他领域的知识和技术。这些领域可能与原问题看似毫无关联,但正是这种跨领域的类比,能够激发新的创新点。例如,在产品设计领域,可以将自然界中的生物形态、结构或功能进行类比,设计出更具创意和实用性的产品。

综摄法的优势在于其开放性和灵活性。它不受限于特定的领域或框架,能够充分利用各种资源和知识来解决问题。同时,综摄法强调团队合作和集体智慧,通过集思广益来激发更多的创新想法。

然而,综摄法的实施也面临一些挑战。首先,它需要思考者具备跨领域的知识储备和学习能力,以便能够进行有效的类比和借鉴。其次,综摄法需要思考者具备开放的心态和敢于尝试的精神,能够接受新的思想和观点。

2)引申方法——模拟法

模拟法是一种基于类比思维的引申创新方法。它通过模拟自然界或已有事物的原理、结构或功能来创造新的产品或解决方案。模拟法的核心在于借鉴和模仿,通过模仿已有的成功模式或原理,快速实现创新。

模拟法的应用非常广泛。在产品设计领域,设计师可以通过模拟自然界中的生物形态或结构,设计出具有独特功能和美观性的产品。例如,仿生学就是模拟法在产品设计领域的一个典型应用,通过模仿动植物的形态、结构和功能,来创造新的产品和技术。

除了产品设计,模拟法在商业领域也有广泛的应用。例如,在市场营销中,企业可以模拟成功品牌的营销策略和手段,来提升自己的市场竞争力。通过模拟已有的成功模式,企业可以更快地找到适合自己的发展道路。

模拟法的优势在于其快速性和实用性。通过模仿已有的成功模式或原理,企业可以快速地实现创新,降低创新的风险和成本。同时,模拟法能够帮助企业更好地理解和学习他人的成功经验,从而提升自己的能力和竞争力。

然而,模拟法也存在一定的局限性。首先,如果过度依赖模仿而忽视原创,可能导致创新的乏力和同质化。其次,模拟法需要思考者具备敏锐的观察力和分析能力,以便能够准确地识别和借鉴他人的成功经验和原理。

综上所述,类比型创新方法通过比较和借鉴不同领域的知识和技术,为创新提供了新的思路和解决方案。综摄法和模拟法作为类比型创新方法的典型代表,各自具有独特的优势和适用范围。在实际应用中,我们可以根据具体问题和需求选择合适的方法或方法组合,以实现更好的创新效果。

　　未来,随着科技的不断进步和知识的不断积累,类比型创新方法将在更多领域得到应用和发展。我们应该积极学习和掌握这些方法,将其应用于实际工作,为组织的创新和发展贡献力量。同时,我们需要保持开放的心态和创新的思维方式,不断探索新的类比方式和创新路径,以推动创新的不断发展。

　　通过类比型创新方法的实践应用,我们可以发现新的创新点和解决方案,推动组织的创新和发展。无论是在产品设计、市场营销领域还是在其他领域,类比型创新方法都能够为我们提供有力的支持和指导。因此,我们应该充分发挥类比型创新方法的优势,将其融入日常工作,不断提升组织的创新能力和竞争力。

　　需要注意的是,虽然类比型创新方法具有很多优势,但它并不是万能的。在实际应用中,我们需要结合具体问题和情境进行灵活运用,同时保持对其他创新方法的关注和学习。只有不断探索和实践,我们才能找到最适合自己的创新方法,推动组织的持续发展。

3.2.5　列举型创新方法

　　列举型创新方法是一种通过列举事物的各种属性、缺点或可能性,来激发创新思维和寻找创新点的方法。这种方法的核心在于对问题进行全面、系统的分析,通过列举和分类来发现潜在的改进空间和创新机会。下面介绍两种典型的列举型创新方法:属性列举法和缺点列举法。

1)典型方法——属性列举法

　　属性列举法是一种通过列举事物的各种属性来寻找创新点的方法。它要求思考者从多个角度审视问题,尽可能全面地列举出事物的各种属性,包括物理属性、功能属性、经济属性等。通过对这些属性的分析,思考者可以发现潜在的改进空间和创新机会。

　　在应用属性列举法时,首先需要明确要解决的问题或要改进的对象;然后,通过观察、调查和实验等方式,收集与问题或对象相关的各种属性信息;最后,对这些属性进行分类和整理,以便更好地进行分析和比较。在列举属性的过程中,要注意保持开放的心态,不要过早地排除某些属性,以免错过潜在的创新点。

　　通过分析列举出的属性,思考者可以发现一些属性之间存在的不协调或矛盾之处,从而提出改进或创新的方案。例如,在产品设计领域,通过属性列举法可以发现产品在外观、性能、成本等方面的潜在改进空间,进而提出新的设计方案。

　　属性列举法的优点在于其全面性和系统性。通过对事物各种属性的列举和分析,思考者可以更加深入地了解问题的本质和潜在的创新点。同时,这种方法能够帮助思考者从多个角度思考问题,打破思维定式,激发创新思维。

然而,属性列举法也存在一定的局限性。由于需要列举和分析大量的属性信息,可能会消耗较多的时间和精力。此外,对于某些复杂问题或对象,可能难以全面、准确地列举出所有属性。

2)引申方法——缺点列举法

缺点列举法是一种通过列举事物的缺点或不足来寻找创新点的方法。它要求思考者关注问题或对象的不足之处,通过分析和克服这些缺点来实现创新。这种方法的核心在于从问题或对象的缺陷出发,寻找解决方案和改进措施。

在应用缺点列举法时,首先需要明确要解决的问题或要改进的对象;然后,通过观察、调查和实验等方式,收集与问题或对象相关的缺点信息;最后,对这些缺点进行分类和整理,以便更好地进行分析和改进。在列举缺点的过程中,要尽可能客观、全面地描述问题或对象的不足之处。

通过对缺点的分析和改进,思考者可以提出针对性的解决方案和创新措施。例如,在产品改进过程中,通过缺点列举法可以发现产品在性能、可靠性、易用性等方面的不足之处,进而提出改进措施来提升产品的整体质量。

缺点列举法的优点在于其针对性和实用性。通过关注问题或对象的缺点和不足,思考者可以更加精准地找到问题的根源和解决方案。同时,这种方法能够帮助思考者快速定位问题,减少无效的努力和浪费。

然而,应用缺点列举法也需要注意一些问题。首先,在列举缺点时要保持客观和公正的态度,避免个人偏见或主观臆断。其次,要深入分析缺点的根源和原因,以便提出有效的改进措施。最后,要注意缺点列举法并不是万能的,有些问题可能无法通过简单地列举缺点来解决,需要结合其他创新方法进行综合应用。

综上所述,列举型创新方法通过全面、系统地列举事物的属性或缺点来激发创新思维和寻找创新点。属性列举法和缺点列举法作为列举型创新方法的典型代表,各自具有独特的优点和适用范围。在实际应用中,我们可以根据具体问题和需求选择合适的方法或方法组合,以实现更好的创新效果。

在运用列举型创新方法时,我们还需要注意保持开放的心态和创新的思维方式。通过不断地观察、调查和实验,收集更多的信息和数据,以便更加全面、准确地列举事物的属性或缺点。同时,我们要敢于挑战传统观念和思维模式,勇于提出新的想法和解决方案,以推动创新的不断发展。

未来随着科技的进步和社会的发展,列举型创新方法将在更多领域得到应用和发展。我们应该积极学习和掌握这些方法,将其融入日常工作和生活,不断提升自己的创新能力和竞争力。同时,我们要不断探索和创新,结合实际情况灵活运用各种创新方法,为组织的创新和发展贡献自己的力量。

3.2.6　组分型创新方法

在创新实践中,我们常常需要将不同的元素、概念或技术进行组合,以创造出新的产品或解决方案。这种通过组合不同组分来实现创新的方法,我们称为组分型创新方法。下面详细介绍四种典型的组分型创新方法:信息交合法、同类组合法、异类组合法和主体附加组合法。

1)信息交合法

信息交合法是一种通过不同信息的交叉融合来产生新思想、新观点的创新方法。它强调信息的多样性和互补性,通过不同领域、不同角度的信息交汇,激发出创新的火花。

在信息交合法的实践中,我们首先需要收集来自不同领域、不同方面的信息。这些信息可以是技术、市场、文化、社会等多方面的数据或知识。然后,我们需要对这些信息进行分类、整理和分析,找出它们之间的关联性和互补性。最后,通过信息的交叉融合,我们可以产生新的思想、观点或解决方案。

信息交合法的优势在于其开放性和创新性。它不受限于特定的领域或框架,能够充分利用各种信息和资源来激发创新。同时,信息交合法能够帮助我们打破思维定式,从不同的角度和层面思考问题,发现新的创新点。

然而,信息交合法也需要我们具备广泛的知识储备和敏锐的洞察力,以便能够准确地识别和筛选有用的信息,并有效地进行信息的交叉融合。

2)同类组合法

同类组合法是一种将相同或相近的元素进行组合,以形成新的整体或系统的创新方法。这种方法强调元素的相似性和互补性,通过同类元素的组合,实现功能的增强或结构的优化。

同类组合法在实践中具有广泛的应用。例如,在产品设计领域,设计师可以通过将具有相同或相近功能的部件进行组合,创造出具有更多功能或更好性能的新产品。在市场营销中,企业也可以通过将相同或相近的目标客户群体进行组合,开展更精准的营销活动。

同类组合法的优势在于其简单易行和效果明显。通过将相同或相近的元素进行组合,我们可以快速实现功能的增强或结构的优化,提高产品或系统的整体性能。同时,同类组合法能够帮助我们更好地利用现有资源和技术,降低创新成本和风险。

然而,应用同类组合法时需要注意避免简单地堆砌和重复,要确保组合后的整体具有更高的价值和竞争力。

3）异类组合法

异类组合法与同类组合法相反,它强调将不同领域、不同性质、不同功能的元素进行组合,以创造出全新的产品或解决方案。这种方法打破了传统的界限和框架,通过跨领域的组合,实现创新的突破。

异类组合法的应用广泛而多样。例如,在科技领域,通过将不同学科的知识和技术进行组合,可以创造出具有颠覆性的新产品或技术。在文化创意产业中,通过将不同文化、不同艺术形式的元素进行组合,可以创造出具有独特魅力的新作品。

异类组合法的优势在于其创新性和突破性。通过跨领域的组合,我们可以打破传统的思维模式和框架,创造出全新的产品或解决方案。同时,异类组合法能够促进不同领域之间的交流和融合,推动创新的跨界发展。

然而,异类组合法也需要我们具备跨领域的知识和洞察力,以便能够准确地识别和选择有用的元素进行组合。同时,组合的元素之间存在较大的差异性和不确定性,因此需要在实践中不断地进行试验和优化。

4）主体附加组合法

主体附加组合法是一种在原有主体上附加新的功能、部件或技术,以实现创新的方法。这种方法以原有主体为基础,通过添加新的元素或技术,来增强主体的功能或性能。

主体附加组合法在实际应用中具有很强的实用性。例如,在汽车制造业中,在汽车上添加智能驾驶系统、新能源汽车技术等,可以提升汽车的安全性和环保性能;在电子产品领域,通过为手机添加更多功能和应用,可以满足用户多样化的需求。

主体附加组合法的优点在于它能够在不改变原有主体基本结构的情况下,通过添加新的元素或技术来实现创新。这种方法既能够保留原有主体的优点和特性,又能够增加新的功能和价值。同时,主体附加组合法拥有相对较低的风险和成本,因为它不需要对原有主体进行大规模的改造或重新设计。

然而,应用主体附加组合法时也需要注意避免盲目添加功能和部件,要确保附加的元素与原有主体在功能和性能上相协调、相融合。同时,需要关注附加元素可能带来的新问题和挑战,如成本增加、复杂性提升等。

综上所述,组分型创新方法通过不同组分的组合来实现创新,具有灵活性和多样性的优势。信息交合法、同类组合法、异类组合法和主体附加组合法作为典型的组分型创新方法,各具特色和应用场景。在实际应用中,我们可以根据具体问题和需求选择合适的方法或方法组合,以实现更好的创新效果。同时,我们需要不断学习和探索新的创新方法和技术,以适应不断变化的市场和技术环境。

□ 思考题

1. 举例说明认识工具在解决问题中存在的必要性。

2. 阿奇舒勒的发明等级划分,对技术创新有什么指导意义?

3. TRIZ 在解决技术难题时有什么独特之处?

4. 建立笔筒的奥斯本核检表,分析笔筒的新用途。

5. 用和田十二法分析新生宿舍的上下床的改进方案。

模块 4

大学生胜任力模型

单元 4.1　胜任力概述

4.1.1　胜任力的概念

胜任力(Competency)是指个体在特定工作情境中,通过知识、技能、态度、价值观等综合特质,有效完成工作任务并达成卓越绩效的能力。美国心理学家戴维·麦克利兰(David McClelland)于1973年发表了《测量胜任力而非智力》一文,胜任力收到极大关注。胜任力是用于区分高绩效者与普通绩效者的关键特征。

胜任力的概念使当代的人才观发生了巨大转变,由单纯以智力高低为标准转变为以个人综合素质为标准,将人员的素质特征与实际岗位特点直接联系起来,突出了实际工作中解决问题的能力,从而回答了在实际工作中许多拥有高智商的个体不能胜任某些实际工作的问题。

4.1.2　胜任力的特征

经过近50年的发展,目前对胜任力的共识是胜任力有四个重要特征:
(1)与岗位绩效有密切关系。
(2)与任务情境相联系,具有动态性。
(3)能够区分业绩优秀者与业绩一般者。
(4)个体潜在的深层次特征。
只有同时满足这四个重要特征,才认为是胜任力。

综上所述,胜任力就是用行为方式描述出来的员工需要具备的知识、技能、能力和特质,是个体能够达到某个职位的绩效要求的一种状态或综合品质,具有可指导、可观察和可衡量三个特征。

4.1.3　胜任力的分类

一般将胜任力分为三类。
(1)门槛类胜任力:指为保证工作取得成功而界定出的一些最低标准要求。一般来说,提高门槛类胜任力与取得更高的绩效之间并没有太大的关系,它通常包括基本的技能、基础知识和专业知识等,是进入某个职业最基本的素质,也是能力继续提升的基础素质。
(2)区辨类胜任力:指那些能将同一职位上的高绩效者和绩效平平者区分开来的素质,如主动性、影响力和结果导向等。它并不是一成不变的,而是可以通过特定的方法来加以影响和改善,如通过相关的培训来提高。

(3)转化类胜任力:指管理人员和员工普遍都缺乏的那些胜任素质,一旦他们的这种胜任力得到改善和提高(如"开发他人""系统思考""复原力"等),那么将会大大提高工作绩效。

单元 4.2　胜任力模型的建立

4.2.1　胜任力模型的概念

胜任力模型是指担任某一特定任务的角色需要具备的胜任力的总和,是一种包含多种胜任特征的结构,是针对特定职位表现要求组合起来的一组胜任力。

企业根据对岗位人才的要求去构建各个岗位人才的胜任力模型。但是在一个单位或组织中,不同岗位的职务要求员工具备的胜任力和水平是不同的;在不同组织和不同行业中,在相同的或类似的工作岗位上,员工的胜任力特征也不尽相同。这就要求企业针对行业特点、岗位特点以及企业的实际状况来建立自己企业的胜任力模型。

大学生胜任力构建

4.2.2　胜任力模型的类型

胜任力模型主要分为冰山模型和洋葱模型。

1)冰山模型

冰山模型认为,胜任力分为表象要素和潜在要素。表象要素包括行为、知识与技能,是可以被直观展现的要素,容易被人观察,处于冰山模型水面;潜在要素包括价值观与态度、自我形象、个性与品质、内驱力与社会动机,不容易被人观察,处于冰山模型水面下。冰山模型如图 4-1 所示。

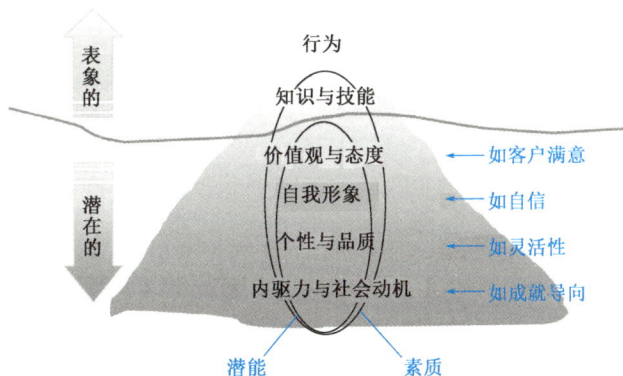

图 4-1　冰山模型

（1）行为：外在的行动和表现。

（2）知识与技能：对特定领域的了解和对实践的掌握。

（3）价值观与态度：对特定事物的偏好和判断。

（4）自我形象：一个人对自己的看法，即内在的自我认同。

（5）个性与品质：持续而稳定的行为与心理特征。

（6）内驱力与社会动机：内心自然持续而强烈的想法或偏好，它将驱动、引导和决定一个人的外在行动。

2）洋葱模型

洋葱模型认为，人的个性与品质、内驱力与社会动机往往不容易被自己观察到，所以难以评价，且不能后天习得，处于模型中心；人的自我形象、价值观与态度会被人们埋在心里，虽然不会被人直观感受，但可以通过学习、培训加以影响，处于模型的中层；人所掌握的知识与技能会通过受教育经历、个人的表现展现出来，容易进行评价，通过自己的学习、组织的培养就可以获得。洋葱模型如图4-2所示。

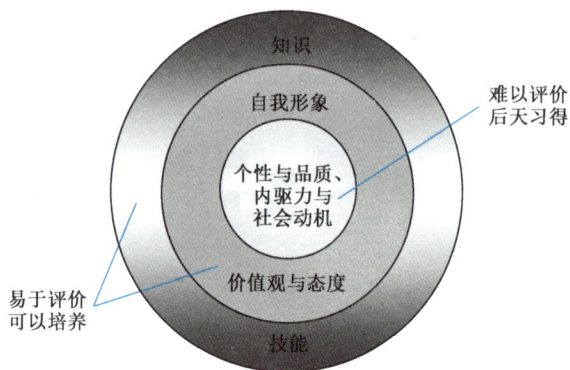

图4-2　洋葱模型

大学生在进行职业规划的过程中首先要了解胜任力的内容，结合自己未来职业的取向，有计划地培养自己的胜任力；其次要了解胜任力模型，针对自身发展优势与劣势进行调整优化，提前为自己的职业规划做好准备，到岗后方能快速适应工作环境，为自己的职业发展铺平道路。

单元4.3　大学生胜任力的构成要素与胜任力模型

4.3.1　大学生胜任力的构成要素

大学生胜任力的构成要素包括职业岗位所需要的知识、技能、职业素养、工作经验等各项任职资格的内容。大学生需要通过这些内容的指引，提高自身的胜任力，达到企业员工实现企业岗位工作目标所需要的能力。大学生胜任力的构成要素如图4-3所示。

知识、技能、职业素养等岗位胜任要素之间具有严密的内在逻辑关系。知识是人才发挥作用的基础要求，没有良好的知识底蕴，专业化的程度会大大降低。我们在工作中看到的有些人满腔热情，但是缺少方法，最后的工作成效并不理想就是因为没有良好的知识底蕴。技能是在知识的基础上,综合运用知识的能力,是大学生胜任力模型里面第二个组成要素,如果没有对知识的综合运用能力——技能,知识就不能发挥作用,这也就是我们经常看到的高学历、低能力的现象。知识与技能就如同树干与树根一样,共同构成职业素养体系,如图4-4所示。

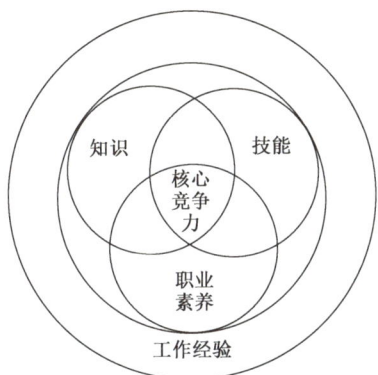

图4-3　大学生胜任力的构成要素

图4-4　职业素养体系

大学生在校学习除了应当掌握知识、技能,最重要的就是培养过硬的职业素养。有了良好的知识基础、技能,并不一定符合未来入职公司的要求。通常,员工职业素养与公司职业素养不一致,会使其在工作中难以实现工作目标,甚至会带来更大的负面效果。这就是说,良好的知识、技能必须通过符合公司要求的职业素养发挥出来。不同层级的岗位以及公司在不同的发展阶段对岗位胜任力的要求和侧重点不同。例如,经营管理层(高层)除了要具备应有的知识、技能,更为重要的是具备良好的职业素养。因为职业素养具有强烈的引导和示范效应,良好的职业素养会形成优秀的企业文化。

4.3.2　大学生的胜任力模型

根据以上分析,大学生的胜任力模型主要包含职业素养、知识积累、技能才能、教育背景、工作经验等要素。以教育背景为基础,以知识积累、技能才能为支撑,以职业素养为顶盖,形成了大学生胜任力模型的框架,而丰富的工作经验将成为大学生胜任工作岗位的敲门砖。大学生的胜任力模型如图4-5所示。

1)胜任力模型的教育背景部分

教育背景按学历分为初中、高中、中职、专科、本科、研究生(硕士研究生、博士研究生)等

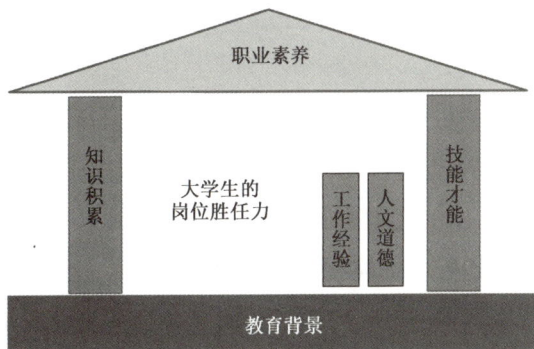

图4-5　大学生的胜任力模型

级别。教育背景级别见表4-1。

教育背景级别 表4-1

级别	定义	级别	定义
一级	初中、高中、中职	三级	本科
二级	专科、高职	四级	硕士研究生及以上

2）胜任力模型的知识积累部分

知识指人们在工作实践中所获得的认识和经验的总和。

一个员工要有以下四个类别的知识：

（1）公司知识：指对自己公司的了解程度。

（2）专业知识：指对专业知识掌握程度，主要包括战略知识、营销知识、人力资源知识、财务知识、法律知识、生产知识、专业技术知识、质量管理知识、安全与环境管理知识等。

（3）专业外语知识：指掌握外语的程度。

（4）计算机及信息系统知识。

3）胜任力模型的技能才能部分

技能才能指运用资源解决问题的某一方面的能力。

在评价一个员工的技能时，其技能至少包括以下六个方面：

（1）计划：指安排自己及他人有效地完成某一任务，合理配置各项资源的能力。

（2）决策：指根据备选的方案在规定时间内选择一个自己认为最优的方案的能力。

（3）沟通：指通过口头和书面方式表达、交流思想的能力。

（4）理解：指在工作中对事物或别人思想的把握程度的能力。

（5）领导：指在工作中组织、协调内部关系，指导他人完成目标任务的能力。

（6）创新：指在工作中能够运用新的思想、方法解决问题的能力。

4）胜任力模型的职业素养部分

职业素养是职场人士必备的综合素质，评价一个员工的职业素养可以从以下几方面进行。

（1）职业道德：包括诚实守信、尊重他人、客观公正、保守机密等基本道德规范，是职业活动中的行为准则。例如，财务人员需严守财务制度，软件工程师需保证代码安全。

（2）职业技能：指从事特定职业所需的专业知识与技能，需通过系统学习与实践积累获得，如教师需掌握教学方法，程序员需精通编程语言。

（3）职业行为习惯：通过长期职业实践形成的行为模式，包括工作态度、沟通方式、时间管理等。良好的职业行为习惯能提升工作效率，如定期总结工作流程、主动反馈问题。

（4）职业意识：包括主人翁精神、责任感、团队协作意识等，体现对职业的认知和态度，如主动承担项目责任、配合团队成员完成目标任务。

（5）职业作风：指工作态度的稳定性和一致性，如严谨细致、积极进取、抗压能力等。

5）胜任力模型的工作经验部分

工作经验是指从事本岗位工作必须具备的在专业工作实践中积累的知识和能力，可通过经验证据证明。经验证据是指从事过该岗位或在该行业从事过该项工作的证明和工作绩效成果。工作经验分为岗位经验和行业经验。岗位经验是指从事过与本岗位职责要求相近的工作，行业经验是指从事过与本公司同行业的工作。工作经验一般按从事工作时间分为七个级别，见表4-2。

工作经验级别　　　　表4-2

级别	一级	二级	三级	四级	五级	六级	七级
工作时长	1 年以下	1～2 年	3～4 年	5～7 年	8～9 年	10～14 年	15 年以上

大学生作为未来企业的员工，只有将自己的知识、技能、职业素养等三个要素有机融合，以工作经验作为胜任力的外围支撑，才能形成自己的核心竞争力。为此，大学生应当从入校开始就做好准备，通过大学期间的学习，实现自己的职业目标。

单元4.4　主要职业岗位胜任力要求与构建

下面就企业主要岗位（高层管理人员、中层管理人员、财务人员、生产人员、研发人员）的胜任力要求进行列表说明。

1）高层管理人员

企业高层管理人员是企业中的关键人物，他们需要具备一系列的能力来确保企业的顺利运营和成功。这些能力包括领导能力、战略规划能力、组织管理能力、人际关系管理能力、决策能力、创新精神和学习能力。只有具备这些能力的高层管理人员才能够在竞争激烈的商业环境中取得成功。高层管理人员胜任力要求见表4-3。

高层管理人员胜任力要求　　　　表4-3

项目	内容
知识	公司知识、战略知识、人力资源知识、财务知识、质量管理知识，其他知识根据不同的岗位进行体现
技能（能力）	决策、计划、创新、领导、理解、沟通［排序表示技能（能力）的优先级，下同］
职业素养	职业道德、职业技能、职业行为习惯、职业意识、职业作风

2）中层管理人员

企业的中层管理人员是企业内部最为重要的一环，他们是实施企业战略、管理中层员工的重要力量。为了胜任企业内部管理工作,中层管理人员需要具备的胜任力要求见表4-4。

中层管理人员胜任力要求   表4-4

项目	内容
知识	基本知识、公司知识、人力资源知识、战略知识、财务知识、法律知识、计算机及信息系统知识、环境管理知识、营销知识、质量管理知识
技能(能力)	创新、计划、理解、沟通、领导
职业素养	职业道德、职业技能、职业行为习惯、职业意识、职业作风

3)财务人员

企事业单位的健康发展离不开规范的财务管理工作,财务管理工作能够顺利开展离不开财务人员的科学工作。企业的财务人员应充分了解财务行业的基本知识,并学会运用新技术和方法来调整自己的工作风格与角色,以剖析企业的财务状况,有效提出并实施相应的财务策略,促进公司未来的发展。财务人员胜任力要求见表4-5。

财务人员胜任力要求   表4-5

项目	内容
知识	基本知识、公司知识、财务知识、法律知识、财务管理经验、计算机及信息系统知识
技能(能力)	计划、理解、沟通、创新
职业素养	职业道德、职业技能、职业行为习惯、职业意识、职业作风

4)生产人员

企业的生产人员是一个企业的主力,他们的工作直接影响企业产品的生产与客户对产品的满意度。生产人员胜任力要求见表4-6。

生产人员胜任力要求   表4-6

项目	内容
知识	基本知识、公司知识、专业技术知识、质量管理知识、生产知识、环境管理知识、现场处理经验
技能(能力)	理解、沟通、创新、计划
职业素养	职业道德、职业技能、职业行为习惯、职业意识、职业作风

5)研发人员

企业的研发人员应对技术开发流程具备深刻理解,能帮助企业搭建好产品开发流程,保证企业开发的产品在满足客户及市场需求的前提下,按质按量低成本生产。研发人员不但要有本专业需要的知识能力,还需要对市场有敏锐的洞察力。研发人员胜任力要求见表4-7。

研发人员胜任力要求   表4-7

项目	内容
知识	基本知识、公司知识、专业技术知识、质量管理知识、专业外语知识、生产知识、计算机及信息系统知识、经验

续上表

项目	内容
技能（能力）	创新、计划、理解、沟通
职业素养	职业道德、职业技能、职业行为习惯、职业意识、职业作风

　　企业的各个岗位都有各自对胜任力的要求,每个岗位的胜任力又有各自的侧重点。企业在进行人才培养、人才选择时会根据岗位的需求设置其岗位胜任力模型,而职业素养往往是各个岗位共同要求的胜任力,因此大学生要在职业素养方面塑造自己。

思考题

　　1.企业高层管理团队的主要成员需具备哪方面的胜任力?

　　2.大学生应从哪几个方面提高自己的胜任力?

　　3.建立胜任力模型需要哪几个步骤?

　　4.选择国内成功的有代表性的企业,如国内知名公司作为考察对象,了解他们的人才选拔机制,查询他们的人才招聘选才理念、选才用才的核心能力要求。

　　5.根据自己学习的专业,对岗位的职业要求进行分析,形成适合岗位的胜任力要素,然后对标以上各个岗位胜任力,建立未来胜任力模型。

模块 5

创业者与创业团队建设

单元 5.1　创业者概述

5.1.1　创业者的内涵与特征

1）创业者的内涵

创业者承载着无数梦想与激情,他们是社会的先行者,是时代的引领者。他们凭借敏锐的眼光,捕捉到那些常人难以觉察的信息、资源、机会或技术,通过巧妙转化与创造,实现财富与价值的倍增。他们不仅仅是在追求个人的经济利益,更是在实现一种更高层次的目标和追求。

2）成功的创业者具备的特征

（1）善于与周围的人分享自己的激情

创业者深知,创业不是一个人的战斗,而是一个团队的事业。因此,他们努力与团队成员分享相似的价值观,共同为企业的成功而奋斗。这种激情不仅激发了团队成员的积极性,也为企业客户带来了积极的体验。

案例

用激情点燃团队的火花——李娜的社交媒体创业之旅

李娜从小就对社交媒体充满了热情,她深信社交媒体有着连接人与人、传递信息与价值的巨大潜力。毕业后,她决定不走寻常路,创立一家专注于社交媒体营销的公司。

在创业的初期,李娜面临着诸多的挑战:市场竞争激烈、客户对新兴社交媒体平台的认知度不高、团队成员对项目的热情不足等。 然而,李娜并没有被这些困难吓倒,她选择用自己的激情去感染和影响团队。

每天,李娜都是最早到公司的人。 她不仅深入研究社交媒体的最新动态和趋势,还时常与团队成员分享自己的见解和体验。 每当她谈论起社交媒体时,她的眼中总是闪烁着兴奋的光芒,语气里充满了对未来的期待。

为了激发团队成员的热情,李娜组织了一系列的团建活动,包括社交媒体使用培训、案例分享会以及创意头脑风暴等。 在这些活动中,她不仅传授了知识,更传递了自己对社交媒体的热爱和信念。

此外,李娜还鼓励团队成员积极参与社交媒体的使用和推广。 她创建了一个公司内部的社交媒体群组,鼓励团队成员在群里分享有趣的内容、交流使用心得,甚至开展一些小型的社交媒体营销实验。 这些举措极大地提升了团队成员对社交媒体的熟悉度和兴趣。

随着时间的推移,李娜的激情开始逐渐影响到整个团队。 团队成员开始对社交媒体产生浓厚的兴趣,并积极参与到公司的各项业务中来。 他们一起策划了多个成功的社交媒体营销活动,为客户带来了良好的体验，获得了丰厚的回报。

如今，李娜的公司已经成为行业内知名的社交媒体营销机构，她也成为众人眼中的社交媒体专家。每当有人问她成功的秘诀时，她总是笑着说："其实没有什么秘诀，就是善于与周围的人分享自己的激情。当你能够用自己的激情点燃团队的火花时，成功就会自然而然地到来。"

（2）具有坚持不懈、不屈不挠的精神

创业是一场漫长的马拉松，充满了未知与变数。只有那些能够克服重重困难，坚持到底的人，才能最终赢得市场的青睐。创业者不会因为一时的挫折而气馁，他们会从失败中吸取教训，不断调整策略，直至取得最后的胜利。

■ 案例

坚韧不屈的创业者——赵明的智能家居梦想

赵明是一个充满热情和创造力的创业者，他始终坚信只有坚持不懈、不屈不挠，才能成就一番事业。他的企业是一家专注于智能家居领域的创新企业，致力于为消费者提供智能、舒适、便捷的居家生活体验。

在创业的初期，赵明面临着巨大的困难和挑战。由于市场上智能家居品牌众多，竞争异常激烈，他的初创企业在资金、品牌知名度和市场份额等方面都处于劣势地位。然而，赵明并没有被这些困难打倒，相反，他以更加坚定的信念和执着的精神投入到创业中。

为了推广自己的产品，赵明亲自拜访潜在客户，向他们介绍智能家居的优势和特点。他经常遭受拒绝和冷落，但他从不气馁，总是以积极的心态面对挫折。他相信，只要自己坚持下去，总有一天会打动客户，赢得他们的认可和支持。

除了市场推广，赵明还面临着产品研发和生产方面的压力。智能家居技术不断更新换代，他必须保持敏锐的市场洞察力和创新能力，不断推出满足消费者需求的新产品。为了实现这一目标，他组建了一支高效的研发团队，与团队成员密切合作，共同攻克技术难关。

在赵明的带领下，他的团队不断壮大，产品线逐渐丰富，市场份额也逐渐扩大。他的智能家居产品以卓越的性能和稳定的品质赢得了广大消费者的喜爱和信赖。同时，他积极参与社会公益活动，用自己的行动传递着对社会的关爱和责任。

如今，赵明的智能家居企业已经成为行业内的佼佼者，他也成为众多创业者学习和崇拜的榜样。他的成功不仅仅是因为他的商业才能和战略眼光，更是因为他具有坚持不懈、不屈不挠的精神。正是这种精神支撑着他一路走来，克服重重困难，最终实现了自己的创业梦想。

（3）善于采取行动

创业者不会被别人的质疑和否定所影响，而是坚定地按照自己的计划前行。他们深知，行动是治愈恐惧和犹豫的最好良药。只有通过实际行动，才能将梦想变为现实。

（4）能够承受不确定性带来的风险

创业者具备较强的风险承受能力，能够在面对未知时保持冷静和理智。他们明白，成功往往伴随着风险，只有敢于冒险，才能抓住机遇，实现突破。

（5）富有远见

创业者能够预测未来的市场趋势和机遇，发现那些被忽视的领域和潜力。他们具备强烈的好奇心和创新精神，不断推动自己和团队向前发展。

（6）自信满满

自信，无疑是创业者不可或缺的关键特质。创业者必须对自己的产品深信不疑，坚信它能够满足市场的需求，从而发现并利用市场机遇，开拓崭新的商业领地。在创业道路上，创业者不仅要有勇气挑战现有的、普遍认可的观念和做法，更要敢于推翻传统，勇于创新。

研究者将这种自信特质形容为一种源自特殊使命的坚定信念。这种信念让创业者即便面对充满风险的外部环境，也能保持冷静与理智，进行深入的调查与研究，确保自己有足够的信心去完成每一项任务，从而将风险降至最低。

因此，对于创业者而言，拥有这种特殊使命感的自信是至关重要的。它不仅能够激发创业者的内在动力，还能帮助他们在面对挑战和困难时保持坚韧不拔的精神，最终实现创业梦想。

5.1.2 创业者的基本素质与必备能力

创业者的成功并非偶然，而是建立在一系列基本要素和必备能力之上。

1）创业者的基本素质

首先，创业者需要具备良好的心理素质。他们需要有坚定的信念和强大的自信，相信自己能够克服一切困难，实现创业梦想。同时，他们需要具备较高的情绪稳定性，能够在面对压力和挫折时保持冷静和理智。

其次，创业者需要具备良好的身体素质。创业过程往往伴随着长时间的工作和高强度的压力，只有具备健康的身体，才能应对这些挑战。因此，创业者需要注重锻炼和休息，保持充沛的精力。

2）创业者必备的能力

除了心理素质和身体素质外，创业者还需要具备一系列必备能力。

一是敏锐的应变能力。在快速变化的市场环境中，创业者需要迅速捕捉市场机遇和风险，并做出正确的决策。他们需要具备敏锐的洞察力和判断力，以应对各种复杂情况。

二是情绪控制能力。创业者在面对困难和挫折时，需要保持冷静和理智，避免情绪化的决策。他们需要学会调整自己的情绪,以积极的心态面对挑战。

三是领导力。创业者作为企业的核心人物,需要引领团队朝着共同的目标前进。他们需要具备出色的沟通和协调能力,能够激发团队成员的积极性和创造力。同时,他们需要具备战略眼光和决策能力,为企业制定正确的发展方向和战略。

5.1.3　创业者与创业团队的关系

创业者与创业团队之间是相互依存、相互促进的关系。创业者需要组建一个高效的团队,共同实现创业目标。而团队成员则需要在创业者的引领下,发挥自己的专长和优势,为企业的成功贡献力量。

一个优秀的创业团队应该具备多样化的技能和背景,以便更好地应对各种挑战和机遇。团队成员之间应该相互信任、相互支持,形成一种紧密团结的团队文化。同时,团队成员需要具备创新思维和学习能力,以适应不断变化的市场环境。

创业者作为团队的核心人物,需要积极发挥领导作用。他们需要为团队设定明确的目标和愿景,制定合理的工作计划和策略。同时,他们需要关注团队成员的成长和发展,为他们提供必要的支持和帮助。

创业者是社会的宝贵财富,他们通过创业活动为社会创造巨大的经济价值和社会价值。然而,创业并非易事,需要创业者具备一系列独有的特征和必备能力。在未来的发展中,应该进一步加强对创业者的培养和支持,为他们提供更多的资源和平台,激发他们的创新精神和创业热情。同时,创业者应该注重创业团队的建设和管理,打造一种高效、协作、创新的团队文化,共同推动企业的成长和发展。

总之,创业是一个复杂而重要的课题。通过深入研究创业者的特征和必备能力,以及创业团队的建设和管理,可以更好地理解和支持创业活动,为社会的繁荣发展做出更大的贡献。

单元5.2　创业团队概述

5.2.1　创业团队的内涵与特征

创业团队作为现代商业社会中的重要力量,其内涵与特征值得我们深入探索。

从定义上来看,创业团队是由一群具备不同技能、彼此互补的创业者组成的。他们认同一个明确的目标,并愿意为实现这一目标而共同努力。在这个过程中,每个成员都愿意承担自己的责任,并在团队中发挥自己的专长。这种以目标为导向、技能互补、责任共担的特质,使得创业团队的成员能够高效地协同工作,共同面对各种挑战。

需要注意的是,创业团队并不仅仅是人数的简单叠加,更需要通过有效的沟通和协作,形成一个具有强大凝聚力和执行力的共同体。在这个共同体中,每个成员都能够充分发挥自己的优势,为团队的共同目标贡献自己的力量。

此外,创业团队还具有高度的灵活性和创新性。由于团队成员来自不同的领域,拥有不同的背景,他们能够带来多样化的思维和观点,为团队的创新提供源源不断的动力。同时,在面对市场变化和竞争压力时,创业团队能够迅速调整策略,灵活应对各种挑战。

5.2.2　创业团队的作用与意义

创业团队在现代商业社会中发挥着举足轻重的作用,其意义深远。

首先,创业团队能够汇聚各种资源和优势,形成强大的合力。团队成员通过共同努力,可以整合各种资源,包括资金、技术、人才等,为企业的快速发展提供有力保障。

其次,创业团队能够激发团队成员的积极性和创造力。在共同目标的引领下,团队成员能够相互激励、相互支持,不断挖掘自身的潜力,实现个人和团队的共同成长。

再次,创业团队还能够提高企业的创新能力和市场竞争力。

最后,创业团队对于培养创业精神和推动社会创新具有重要意义。通过参与团队创业,成员能够深刻体验到创业的艰辛与快乐,培养坚韧不拔、敢于创新的创业精神。同时,创业团队的成功经验能够为其他创业者提供借鉴和启示,推动整个社会的创新和发展。

创业团队作为现代商业社会中的重要力量,其内涵与特征、作用与意义都值得我们深入研究和探索。在未来的发展中,我们应该更加重视创业团队的建设和管理,为企业的快速发展和社会的进步做出更大的贡献。

单元 5.3　创业团队的组建

5.3.1　组建创业团队遵循的原则

在企业的成长过程中,良好的团队和创业文化、优质的资源与坚实的制度基础以及有利的产业机会与组织前景,无疑是三大不可或缺的基石。而在这三者之中,团队成员的能动性显得尤为突出,他们如同活跃的细胞,为企业注入源源不断的生命力。对于初创企业而言,组建一个合适

创业者与创业
团队建设

的、战斗力强的创业团队,是团队首领的首要任务。通过对成功企业的深入剖析,我们不难发现,创业团队的组建往往遵循着以下四个核心原则。

1)合伙人原则

传统企业多是通过招聘员工来开展工作的,而创业团队则更侧重于招募合伙人。因为合伙人所追求的不仅仅是一份工作,更是一份事业。只有当团队成员将工作视为事业时,他们才有可能全身心地投入,与企业共同成长。同时,企业应将员工视为合伙人,这样才能激发员工的积极性和创造力,推动企业快速发展。因此,创业团队在组建之初,就需要明确价值分配机制,吸引那些愿意与企业共担风险、共享成果的合伙人加入。

2)激情原则

激情是创业成功的催化剂,是驱动团队成员不断前行的动力源泉。在创业初期,团队成员往往需要投入大量的时间和精力,甚至可能面临长时间的高强度工作。因此,选择对项目有高度热情、愿意为事业付出努力的成员至关重要。这种激情不仅能够感染整个团队,还能够激发团队的创造力,帮助企业在激烈的市场竞争中脱颖而出。

3)团队原则

团队是企业发展的基石,是凝聚力的源泉。一个成功的创业团队应该具备强烈的团队意识和一体感,成员之间能够同甘共苦、共同进退。在团队中,成员应将个人的价值体现在对团队整体价值的贡献上,而不是单纯地追求个人利益。团队成员需要为了团队的长期成功而牺牲个人的短期利益,将团队利益置于个人利益之上。这种团队精神的培养和塑造需要团队成员之间的相互信任、理解和支持。

4)互补原则

一个优秀的创业团队,其成员之间应该具备互补的能力和优势。这种互补性不仅体现在专业技能上,还包括性格、经验、思维方式等多个方面。团队成员之间的互补有助于弥补彼此的不足,提升团队的整体实力。同时,互补性能够促进团队成员之间的交流和合作,激发团队的创新能力。因此,在组建创业团队时,创业者需要充分考虑团队成员之间的互补性,确保团队能够形成合力,共同应对各种挑战。

5.3.2　组建创业团队的注意事项

除了以上四个核心原则,创业团队的组建还需要注意以下几点。

1)明确目标

一个成功的创业团队,需要有明确的目标和愿景。团队成员应该共同认同这些目标和愿景,并为之努力奋斗。只有目标一致,团队成员才能形成合力,共同推动企业的发展。

2)注重沟通

沟通是团队合作的基础。团队成员之间需要保持良好的沟通渠道,及时分享信息、交流想法、解决问题。只有通过充分的沟通,才能确保团队成员之间的协同作战,提升团队的执行力和战斗力。

3)培养信任

信任是团队精神的基石。团队成员之间需要建立相互信任的关系,彼此支持、理解、包容。只有建立了信任关系,团队成员才能更加紧密地团结在一起,共同面对各种困难和挑战。

4)持续学习

创业是一个不断学习和成长的过程。团队成员需要保持开放的心态,不断学习新知识、新技能,提升自己的能力和素质。同时,团队需要定期回顾和总结过去的经验教训,不断优化和改进工作方式和方法。

总之,组建一个合适的、具有战斗力的创业团队是创业成功的关键。在组建过程中,创业者需要遵循合伙人原则、激情原则、团队原则和互补原则等核心原则,并注重目标设定、沟通协作、信任培养和持续学习等方面的工作。只有这样,才能打造一个高效、协同、创新的创业团队,为企业的快速发展提供有力的保障。

单元 5.4　创业团队的管理

在创业的浪潮中,团队是航行在大海上的船只,而管理则是引导这艘船乘风破浪的舵手。创业团队的管理不仅关乎团队的凝聚力、创新力和执行力,更直接决定了创业项目的成败。因此,深入探讨创业团队的管理策略和方法,对于每一位创业者来说都是至关重要的课题。

5.4.1　创业团队成员的激励

激励是团队管理中的核心要素,它涉及激发团队成员的积极性和创造力,使之为共同的目标而努力。在创业环境中,有效的激励策略尤为重要。

1)目标激励

设定明确、具有挑战性的目标是激发团队动力的关键。这些目标应该既符合团队的整体战略,又能反映每个成员的个人贡献。通过目标的设定和分解,团队成员可以清晰地看到自己的工作与团队成功之间的联系,从而更加投入地追求这些目标。

为了实施有效的目标激励,管理者需要与团队成员共同讨论并制定目标,确保它们既具有挑战性又切实可行。同时,需要定期对目标进行评估和调整,以适应不断变化的市场环境,满足团队需求。

2)物质激励

合理的薪酬和福利体系是吸引和留住人才的基础。在创业初期,企业资金可能相对紧张,但管理者仍然需要确保团队成员得到与其贡献相称的回报。这不仅可以激励团队成员更加努力地工作,还可以增强他们对团队的忠诚度和归属感。

除了基本的薪酬和福利,管理者还可以考虑设立奖金制度、股权激励计划等额外的物质激励措施。这些措施可以进一步激发团队成员的积极性和创造力,促进团队的快速发展。

3)精神激励

精神激励主要涉及对团队成员的认可、赞扬和荣誉赋予。当团队成员感到自己的工作得到了认可和尊重时,他们的自豪感和成就感会大大增强,从而更加投入地工作。

为了实施有效的精神激励,管理者需要及时发现和表扬团队成员的优秀表现,给予他们充分的肯定和鼓励。同时,可以通过举办团队活动、庆祝重要里程碑等方式来增强团队的凝聚力和向心力。

4)成长激励

提供培训和发展机会是提升团队成员长期忠诚度的关键。在创业过程中,团队成员不仅需要面对当前的工作挑战,还需要不断提升自己的能力和技能以适应未来的发展。

因此,管理者需要定期评估团队成员的培训和发展需求,为他们提供有针对性的培训计划和职业发展路径。通过帮助团队成员实现个人成长和职业发展,管理者可以提升他们对团队的长期忠诚度,增强其归属感。

■案例

李昊和他的智能科技团队

李昊是一位年轻的创业者,他创立了一家专注于人工智能技术的创新企业。 在创业的初期,他意识到一个强大的团队是实现梦想的关键,因此他精心挑选了一批有才华、有激情的年轻人加入他的团队。

然而，随着项目的推进，李昊发现团队成员的士气逐渐低落，工作效率也大幅下降。他意识到，单纯的工资和福利已经不足以激励这些年轻人，他们需要更多的认可和动力。

为了改变这一状况，李昊决定采取一系列激励措施。首先，他组织了一次团队建设活动，让成员在轻松的氛围中增进了解、建立信任。在活动中，他鼓励每个人分享自己的故事和梦想，让团队成员感受到彼此的价值，产生共鸣。

其次，李昊制订了一个创新奖励计划。他鼓励团队成员提出新的想法和解决方案，并给予那些敢于创新、勇于尝试的人物质和精神上的奖励。这一举措极大地激发了团队成员的创新热情，他们开始积极投身于各种挑战性任务。

再次，李昊注重为团队成员提供个人成长的机会。他定期安排内部培训和外部学习，帮助团队成员提升专业技能和领导能力。

最后，李昊鼓励团队成员参与决策过程，让他们感受到自己的意见和贡献被重视。

这些激励措施的实施让李昊的团队焕发出了新的活力。团队成员的工作积极性大幅提高，他们开始主动承担责任、寻求解决方案。在李昊的引导下，他们共同攻克了一个又一个技术难关，最终成功将智能科技产品推向市场。

这个案例告诉我们，对创业团队成员的激励是创业成功的重要因素之一。多元化的激励手段可以激发团队成员的潜能和创造力，增强团队的凝聚力和战斗力。只有当团队成员受到充分的激励时，他们才能释放出最大的能量，共同为创业梦想而努力奋斗。

5.4.2　创业团队的矛盾协调

在创业过程中，团队成员之间难免会出现矛盾和冲突，有效地协调这些矛盾是维护团队稳定和促进团队发展的关键。

1）建立沟通机制

沟通是解决一切问题的前提。在创业团队中，营造开放、坦诚的沟通氛围是至关重要的。管理者需要鼓励团队成员积极表达自己的观点和感受，尤其是当他们对某些决策或做法持有异议时。真诚的沟通可以增进彼此的理解，减少误解和隔阂。

为了实现有效的沟通，管理者需要定期组织团队会议、一对一沟通等活动，为团队成员提供充分的交流机会；同时，需要建立有效的信息反馈机制，确保团队成员能够及时获取关于自己工作的反馈和建议。

2）培养团队精神

团队精神是凝聚团队力量的重要因素。当团队成员对团队的使命、愿景和价值观有共同的认识和追求时，他们更容易站在团队的角度思考问题，而不是局限于个人的得失。这种团队精神可以在团队内部形成一股强大的凝聚力,帮助团队克服各种困难,应对各种挑战。

为了培养团队精神,管理者需要在团队中积极倡导共同的价值观和行为准则。同时,管理者可以通过举办团队建设活动、分享成功案例等方式来增强团队成员对团队的认同感和归属感。

3)处理冲突的技巧

当矛盾升级为冲突时,管理者需要迅速介入并采用合适的方式和方法进行调解。处理冲突的技巧包括倾听、同理心、非暴力沟通等。倾听可以让管理者了解冲突双方的真实诉求和感受;同理心可以帮助管理者站在冲突双方的角度思考问题;非暴力沟通则可以让管理者以平和、理性的方式化解冲突。

在处理冲突时,管理者需要保持中立和公正的态度,避免偏袒任何一方。同时,管理者需要注重保护团队成员的自尊心,避免在冲突解决过程中造成的伤害。

4)及时调整和反馈

对于团队中出现的矛盾和问题,管理者需要及时进行调整和反馈,不要让小问题积累成大问题,要在问题刚刚出现时就及时介入和处理。同时,管理者需要定期对团队的工作进行评估和总结,及时发现问题并进行改进。

在调整和反馈的过程中,管理者需要与团队成员进行充分的沟通和协商,共同找到解决问题的最佳方案。及时调整和反馈,可以确保团队始终保持最佳的工作状态和氛围。

总之,创业团队的管理是一项复杂而艰巨的任务,它要求管理者既懂得如何激励团队成员,又善于协调团队内部的矛盾。实施有效的激励策略和矛盾协调方法,可以打造出一个高效、和谐、富有战斗力的团队,为创业的成功奠定坚实的基础。

□ 思考题

1.给你一个服务社区留守老人的任务,你会如何建立一支创业团队?

2.你的班级由于助学金评选发放问题,产生了分歧,形成两种意见:一种意见是以现实表现为评选等级标准;另一种意见要求综合考虑家庭情况。你将如何进行协调把评选工作完成?

3.三国时期,刘备集团是采用了什么方式形成了创业初期团队建设?

4.分析一下《西游记》中取经团队采用了哪些激励机制才完成了十万八千里的取经大业。

模块 6

创业机会与创业风险分析

单元6.1　创业机会概述

6.1.1　创业机会的概念及特征

在经济发展的浪潮中,创业已成为一种重要的社会现象和社会发展的推动力量。而创业机会作为创业活动的起点和核心,对于创业者来说具有至关重要的意义。那么,什么是创业机会,它又具有哪些特征呢?

1)创业机会的概念

创业机会,简而言之,就是指在市场中存在的、尚未被开发利用的、具有潜在经济价值的需求或问题。这些需求或问题可能是技术的创新、消费者偏好的变化、政策法规的调整等各种因素所导致的。创业者通过识别、把握这些机会,可以创造出新的产品、服务或业务模式,从而实现价值创造和财富增长。

2)创业机会的特征

(1)时效性

创业机会具有一定的时间窗口,即机会的存在是暂时的。创业者需要在一定的时间内迅速识别并把握机会,否则机会可能会消失或被其他竞争者抢占。

(2)潜在性

创业机会往往隐藏在市场的表象之下,不易被察觉。创业者需要具备敏锐的洞察力和丰富的经验知识,才能从纷繁复杂的市场信息中挖掘出有价值的机会。

(3)不确定性

创业机会伴随着风险和不确定性。虽然机会具有潜在的经济价值,但实现这一价值的过程充满了未知和挑战。创业者需要具备风险承受能力和创新精神,勇于面对并克服不确定性带来的困难。

(4)独特性

每个创业机会都是独一无二的,具有自身的特点和要求。创业者需要根据机会的具体情况制定个性化的创业策略,以实现机会的最大化利用。

(5)价值性

创业机会的最终目标是创造价值。创业者通过把握机会,提供满足市场需求的产品或服务,从而实现价值的创造和财富的增长。这也是创业活动的根本动力和意义所在。

总之,创业机会是创业活动的起点和核心,具有时效性、潜在性、不确定性、独特性和价值性等特征。对于创业者来说,识别和把握创业机会是实现创业成功的关键一步。因此,创业者需要不断提升自身的洞察力、风险承受能力和创新能力,以更好地发现和利用市场中的创业机会。

6.1.2　创业机会的来源及类型

1)创业机会的来源

创业机会的来源多种多样,主要可以归结为以下几个方面。

(1)市场需求

市场中未被满足或尚未被完全满足的需求是创业机会的重要来源。这些需求可能来自消费者、企业或其他组织,通过提供新的产品或服务来满足这些需求,创业者可以创造商业价值。

(2)技术创新

新技术的出现和应用往往带来新的创业机会。技术创新可以创造新的市场需求,提高生产效率,降低成本,从而为创业者提供竞争优势。

(3)政策变化

政策法规的变化也会带来创业机会。例如,政府出台的新政策可能鼓励某些行业的发展,限制某些行业的活动,从而为创业者提供新的商业机会。

(4)社会趋势

社会趋势的变化,如人口结构变化、消费观念变化等,也会带来新的创业机会。创业者需要敏锐地捕捉这些趋势,并调整自己的商业策略以满足市场需求。

2)创业机会的类型

根据创业机会的来源和特点,可以将其分为以下几种类型。

(1)问题型创业机会

这类机会来源于市场中存在的问题或痛点。创业者通过提供解决方案或改进现有产品来满足市场需求,从而创造价值。

(2)趋势型创业机会

这类机会来源于市场或技术的发展趋势。创业者通过预测未来趋势并提前布局,以获取先发优势。

(3)政策型创业机会

这类机会来源于政策法规的变化。创业者需要密切关注政策动态,及时调整自己的商业策略。

(4)技术创新型创业机会

这类机会来源于新技术的创新和应用。创业者需要具备技术背景和创新能力,以开发新产品或提供新服务。

总之,创业机会的来源和类型多种多样,创业者需要具备敏锐的市场洞察力和创新能力,以发现和把握有价值的商业机会。同时,创业者需要充分了解市场需求、政策法规、技术趋势等因素,以制定科学的商业策略,降低创业风险。

6.1.3 识别创业机会

识别创业机会是创业成功的关键一步。以下是一些建议,可以帮助创业者更好地识别和把握创业机会。

1)市场调研

进行深入的市场调研是识别创业机会的基础。通过了解目标市场的规模、增长趋势、消费者需求、竞争格局等,创业者可以发现潜在的商业机会。与潜在客户、行业专家、竞争对手等进行交流,收集第一手资料,有助于创业者更准确地把握市场脉搏。

创业机会识别与把握

2)关注社会趋势

社会趋势的变化往往会带来新的商业机会。创业者应关注人口结构、消费观念、环保意识等的变化,思考这些变化如何影响市场需求和产品创新。例如,随着人口老龄化的加剧,老年护理和健康产业可能迎来新的发展机遇。

3)分析技术进步

技术进步是推动创业机会产生的重要因素。创业者应关注新技术、新工艺、新材料等的发展动态,思考如何将这些技术应用于新产品或服务的开发。例如,人工智能、物联网、区块链等新兴技术的应用为创业者提供了广阔的创业空间。

4)挖掘政策红利

政府政策对创业活动具有重要影响。创业者应关注政府出台的相关政策,如税收优惠、资金扶持、产业规划等,了解政策背后的导向和支持力度。这些政策红利可能为创业项目提供有力支持。

5)倾听用户反馈

用户反馈是识别创业机会的重要途径。通过与用户互动、收集用户意见和建议,创业者可以发现用户的真实需求和痛点。针对这些需求和痛点,创业者可以进行产品改进或创新,从而满足市场需求并创造价值。

6)保持敏锐的洞察力

创业者需要具备敏锐的洞察力,善于从日常生活中发现问题并寻找解决方案。关注身边的小事、细节变化以及人们的抱怨等,这些都可能蕴含宝贵的商业机会。

7)建立人脉网络

建立广泛的人脉网络有助于创业者获取更多信息和资源。参加行业活动、加入专业组织、与同行交流等,都是拓展人脉的有效途径。通过人脉网络,创业者可以及时了解行业动态、市场需求以及潜在合作伙伴等信息。

总之,识别创业机会需要综合运用多种方法和技巧。通过市场调研、关注社会趋势、分析技术进步、挖掘政策红利、倾听用户反馈、保持敏锐洞察力和建立人脉网络等途径,创业者可以更好地发现和把握有价值的商业机会。

需要注意的是,创业机会的识别是一个持续的过程,需要创业者保持敏锐的市场触觉和不断学习的态度。同时,识别机会后需要进行深入的评估和分析,确保所选择的创业方向具有可行性和长期的发展潜力。

■ 案例

把握健康食品市场的创业机会——"健康绿源"有机蔬果连锁店

1. 背景

近年来,随着生活水平的提高和健康意识的增强,越来越多的消费者开始关注食品安全和健康饮食。有机蔬果因其无农药残留、高营养价值受到了广大消费者的青睐。 然而,在许多城市中,有机蔬果的供应并不充足,且存在价格较高、品质参差不齐等问题。

2. 创业机会

李华,一名大学毕业后在城市工作几年的年轻人,敏锐地捕捉到了有机蔬果市场的潜力。 他发现,尽管市场上存在一些有机蔬果的供应商,但由于缺乏品牌化、标准化和规模化经营,这些供应商难以满足日益增长的消费者需求。 于是,李华决定创办一家名为"健康绿源"的有机蔬果连锁店,致力于为消费者提供高品质、价格合理的有机蔬果。

3. 把握机会的过程

(1)市场调研与定位

李华首先进行了深入的市场调研,了解了目标消费者的需求、购买习惯和价格敏感度。 同时,他对竞争对手进行了详细的分析,确定了"健康绿源"的市场定位——提供高品质、中等价位的有机蔬果。

(2)寻找优质货源

为了确保蔬果的品质,李华亲自走访了多个有机农场,与农场主建立了紧密的合作关系。 他还聘请了专业的质检团队,对每一批次的蔬果进行严格的质量检测。

(3)品牌建设与推广

李华注重品牌的建设和推广。 他设计了独特的店铺形象和 Logo,并通过线上线下相结合的方式进行宣传。 此外,他还与一些健康饮食博主和意见领袖合作,通过社交媒体传播"健康绿源"的品牌理念。

（4）提升顾客体验

在店铺运营方面，李华注重提升顾客体验。他培训了一支专业的销售团队，为顾客提供个性化的购买建议。同时，店铺内设有免费试吃区和休息区，让顾客在购物的同时能够享受到舒适的环境。

（5）扩张与连锁经营

经过一段时间的运营，"健康绿源"逐渐在市场上树立了良好的口碑。李华开始考虑扩张和连锁经营。他制定了详细的加盟政策和管理标准，确保每一家连锁店都能保持高品质的服务和产品。

4.结果

如今，"健康绿源"已经发展成为一个拥有数十家连锁店的有机蔬果品牌。通过把握创业机会、精准市场定位、优质货源寻找、品牌建设与推广以及提升顾客体验等策略，李华成功地将一个创业想法转化为一家具有市场影响力和竞争力的企业。

单元 6.2   创业机会的评价

6.2.1   创业机会评价的内容

创业机会评价是对一个潜在创业项目的全面分析和评估，以确定其可行性和潜在成功性。评价的内容涵盖了多个方面，以下是一些主要的评价内容。

1）市场规模和增长潜力

评估目标市场的规模、增长速度和未来潜力。一个具有大规模和快速增长潜力的市场更有可能为创业者带来成功。

2）竞争状况

分析市场竞争对于的市场份额、优势和劣势。了解竞争环境有助于制定有效的市场进入和竞争策略。

3）客户需求和痛点

深入研究目标客户的需求和痛点，确保产品或服务能够解决这些问题。对客户需求的理解越深刻，产品或服务的市场接受度就越高。

4）技术可行性

评估所需技术的成熟度、可靠性和成本效益，确保技术能够支持产品或服务的开发、生产和交付。

5）商业模式和盈利能力

分析创业项目的商业模式、收入来源和成本结构。预测项目的盈利能力,确保商业模式具有可持续性和可扩展性。

6）团队能力和资源

评估创业团队的经验、技能和资源。一个具有相关经验和技能的团队更有可能成功实施创业计划。

7）法规和政策环境

了解与创业项目相关的法规和政策,确保项目的合法性和合规性;同时,关注政府支持政策和补贴,以获取可能的支持。

8）风险评估

识别和分析创业过程中可能面临的风险和挑战,如市场风险、技术风险、财务风险等,制定风险应对策略,降低潜在损失。

9）退出策略

考虑未来可能的退出方式,如上市、被收购或出售等。一个清晰的退出策略有助于规划创业项目的长期发展和价值实现。

综上所述,创业机会评价是一个综合性的过程,需要考虑多个方面。通过全面评估和分析,创业者可以更加明智地做出决策,选择具有潜力和可行性的创业项目。

6.2.2 创业机会的评价方法

仅凭粗略的初始判断并不足以完成机会评价工作。在条件允许的情况下,创业者还应当对创业机会进行更加科学完善的系统评估。这里主要介绍三大类评价方法,包括定性评价方法、定量评价方法、定性与定量相结合的评价方法。

1）定性评价方法

定性评价方法是指创业者根据自身的经验、直觉和商业敏感等对创业机会进行"质"的分析。这里主要介绍霍华德·史蒂文森的创业机会定性评价方法和贾斯汀·朗格内克的机会评价标准。

（1）霍华德·史蒂文森的创业机会定性评价方法

霍华德·史蒂文森等人认为,创业者在充分评价创业机会时,应当优先考虑以下问题:①机会的大小、机会存在的时间跨度和成长速度;②创业机会的潜在利润是否足够弥补资本、时间和机会成本;③该机会是否产生了额外扩张、多元化或综合的商业机会;④在可能的障碍面前收益是否会持久;⑤产品或服务是否真正满足了真实的需求。

（2）贾斯汀·朗格内克的机会评价标准

贾斯汀·朗格内克的机会评价标准包括以下几方面的内容:清晰地了解关于产品的市场需求,能够准确把握向市场推广产品的时机;创业项目能够形成持续的竞争优势,在未来一段时间内能够有效参与市场竞争;创业投资具有高回报,能够抵消创业投资中出现的某些失误;创业者与创业机会之间相互匹配;创业机会中不存在致命缺陷。

2）定量评价方法

定量评价方法是采用数学的方法处理收集的数据资料得出量化结果,从而基于数量化的结果对于创业机会进行价值判断。这里主要介绍矩阵打分法和西屋电气法。

（1）矩阵打分法

采用矩阵打分法需要识别影响创业成功的关键要素,即评价标准,然后由创业者或相关领域专家小组对每一个要素进行打分。3 分表示机会非常好;2 分表示机会比较好;1 分表示机会一般。基于分值分布情况,计算出每一个评价标准的加权平均分,并汇总得到此创业机会的总分。

（2）西屋电气法

西屋电气法通过将影响创业机会的相关因素的具体数值代入公式,计算出该机会的优先级,适用于创业者对多个创业机会进行横向比较。具体计算公式如下:

机会优先级 = 技术成功概率 × 商业成功概率 × 年均销售数量 × （价格 − 成本）× 投资生命周期 ÷ 总成本

其中,技术成功概率和商业成功概率均由创业者或专家小组分析得出;年均销售量为企业年度内销售的产品数量;价格为产品投放市场的销售价格;成本为单位产品的成本;投资生命周期为预期的年均销售数量保持不变的年限;总成本为预期的所有投入,包括研发成本、生产制造成本、市场推广成本等。

创业者可将不同创业机会的各因素数值代入公式,计算结果越大,说明该机会的优先等级越高,创业成功的可能性就越大。

3）定性与定量相结合的评价方法

杰弗里·蒂蒙斯教授提出了比较完善的创业机会评价指标体系。他认为,创业者应该从行业和市场、经济因素、收获条件、竞争优势、管理团队、致命缺陷问题、个人标准、理想与现实的战略差异八个方面评价创业机会的价值潜力,并围绕这八个方面形成了 53 项指标。

蒂蒙斯的创业机会评价指标体系是目前为止较全面的评价指标体系,但该体系的设计更便于为风险投资者建立风投标准。创业者若要运用该评价体系对创业机会进行评估,还需要结合自身条件、创业机会所属行业特征及机会自身的属性等进行重新分类、梳理、简化,只有这样才能提升该评价体系的使用效果。另外,仅仅用该评价体系进行评价,还难以对创业机会做出科学严谨的分析,因为该体系并没有对每个层级的指标进行准确量化并设置权重,创业机会评价的实际效果会受到影响。

单元 6.3　创业风险及其防范

6.3.1　创业风险的本质与防范措施

1) 创业风险的本质

创业风险的本质是创新活动的不确定性在商业领域的投射。当创业者将创意转化为商业实践时,其便开启了一场与未知的博弈。美国经济学家弗兰克·奈特在《风险、不确定性与利润》一书中指出,真正的创业风险源于不可量化的不确定性,这种不确定性恰是利润产生的根源。创业者如同在迷雾中航行的探险家,既要规避暗礁又要发现新大陆,这种双重挑战构成了创业风险的特殊性。

市场风险与技术风险是创业风险的两大核心维度。市场风险体现在需求验证的悖论中:创业者必须投入资源证明市场存在,但验证过程本身就在消耗生存资本。亚马逊创立初期连续 7 年亏损的案例表明,市场教育成本可能远超预期。技术风险则表现为"达·芬奇诅咒"——15 世纪的天才设计师留下的众多未完成手稿提醒我们,从技术原型到商业产品,二者之间横亘着巨大的"死亡之谷"。当代统计显示,90% 的实验室技术成果最终未能实现商业化,这一数据印证了技术转化过程中的高风险性。

风险管理能力区分了创业家与赌徒的本质。系统性创业者往往通过"最小可行产品"策略分解风险,如同爱迪生试验灯丝材料时的分批验证方法。风险投资行业的出现本质上是将创业风险证券化,Y Combinator 等孵化器采用投资组合策略,用成功项目的收益覆盖失败项目的损失。这种机制创新使硅谷能够承受 90% 的初创企业失败率,却仍能持续产出改变世界的企业。

创业风险的本质也是资源有限性与愿景无限性之间的紧张关系。日本经营学家野中郁次郎提出的知识创造理论指出,创业者通过隐性知识与显性知识的转换来降低创业风险。风险不是创业的障碍,而是筛选创新者的自然机制。在数字经济时代,风险形态从物理世界转向数据领域,但创业的基本命题未变:唯有那些能在不确定性中识别机会并构建控制框架的人,才能将风险转化为价值创造的契机。

2)创业风险的防范措施

创业过程中会面临多种风险,这些风险主要来源于市场、技术、财务、团队、法规等方面。为了有效防范这些风险,创业者需要采取一系列措施。

市场风险是创业过程中常见的风险之一。为了降低市场风险,创业者需要进行充分的市场调研,了解目标客户的需求、竞争对手的情况以及市场趋势。通过市场调研,创业者可以更好地制定产品或服务策略,避免盲目进入市场。

技术风险也是一个重要的考虑因素。创业者需要评估所需技术的成熟度、可靠性和成本效益,确保技术能够支持产品或服务的开发、生产和交付。同时,创业者需要关注技术的更新换代,以免因为技术落后而失去市场竞争力。

财务风险也是创业者需要关注的一个方面。创业者需要制订详细的财务计划,包括预算、资金来源和运用等。此外,创业者需要建立健全的财务管理制度,确保资金的合理使用和流动性。

团队风险也是创业过程中不可忽视的一个方面。创业者需要组建一个具有相关技能和经验的团队,并确保团队成员之间的合作和沟通。同时,创业者需要关注团队成员的流动性和稳定性,以免人员变动影响项目的进展。

法规风险也是创业者需要注意的一个方面。创业者需要了解所在行业的法律法规要求,并确保企业在合规的基础上开展业务。此外,创业者还需要关注政策变化对业务的影响,以便及时调整策略。

6.3.2 大学生创业过程中常见的风险

大学生在创业过程中常见的风险主要有以下几类。

1)项目选择风险

缺乏前期的市场调研和论证,只是基于个人兴趣或想象决定投资方向,可能会导致选择了不适合市场的项目。

2)技能缺乏风险

许多大学生创业者虽有热情,但缺乏实际操作和解决问题的能力,当创业计划转化为实际行动时,可能会面临无法应对的挑战。

3)资金风险

创业初期,资金往往是创业者面临的一大难题。企业创办、运营及发展过程中都需要足够的资金支持,资金流一旦中断,就可能对企业造成严重的威胁。

4)社会资源贫乏风险

创业过程中需要调动各种社会资源,如企业创建、市场开拓、产品推介等。对于大学生来说,由于缺乏社会经验和人脉,这方面的工作可能会显得尤为困难。

5)管理风险

尽管一些大学生在技术方面出类拔萃,但他们在理财、营销、沟通、管理等方面可能经验不足。这可能会导致企业内部运营不畅,甚至影响企业的生存和发展。

6)法律风险

法律风险包括知识产权侵权风险、合同纠纷风险、劳动用工风险等。大学生创业者在研发产品、签订合同、招聘员工等方面都需要对法律知识有一定的了解,否则可能会面临法律诉讼和纠纷。

以上这些风险并不是孤立出现的,它们之间相互影响、相互关联。大学生在创业过程中需要对这些风险有充分的认识,并制定相应的防范策略,以确保创业活动的顺利进行。

6.3.3 大学生创业风险防范对策

大学生创业风险防范对策主要包括以下几个方面。

1)加强市场调研与项目选择

在创业初期,大学生应该进行充分的市场调研,了解行业趋势、市场需求和竞争情况;基于调研结果,选择具有市场前景和潜力的创业项目,避免盲目跟风或选择不适合市场的项目。

2)提升创业技能与知识

大学生在创业前应积累相关领域的实践经验,通过实习、兼职或参与项目等方式,提升自己的专业技能和解决问题的能力。同时,大学生应积极参加创业培训、讲座等活动,学习创业知识和管理技巧。

3)多渠道筹集资金

大学生应了解各种融资渠道,包括银行贷款、天使投资、创业基金等,并根据项目需求和自身条件选择合适的融资方式。同时,大学生要合理规划资金使用,确保资金流的稳定。

4)拓展社会资源网络

大学生应积极参与各类社交活动,扩大人脉圈,与行业专家、企业家等建立联系。通过合作、交流等方式,大学生可以获取更多的社会资源和支持,从而为创业提供有力的保障。

5)完善企业内部管理

大学生创业时应建立健全企业管理制度和流程,包括财务管理、人力资源管理、市场营销等方面,通过规范化管理,降低企业内部运营风险,提高企业竞争力。

6)加强法律风险防范

大学生在创业过程中应了解相关的法律法规,如《中华人民共和国商标法》《中华人民共和国专利法》《中华人民共和国民法典》《中华人民共和国劳动法》等;在签订合同、处理纠纷等方面要谨慎行事,必要时可寻求专业法律人士的帮助。

7)培养风险意识与应对能力

大学生应认识到创业过程中风险的存在和不可避免性,培养风险意识;同时,要学会制定风险应对策略,如制订备用计划、建立风险储备金等,以应对可能出现的风险和挑战。

总之,大学生创业风险防范需要综合考虑多个方面,包括项目选择、技能提升、资金筹集、社会资源拓展、内部管理完善、法律风险防范以及风险意识与应对能力的培养等。全面的风险防范措施可以降低创业过程中的风险,提高创业成功率。

■ 案例

智能穿戴设备创业风险防范——智行未来科技公司

在智能科技飞速发展的时代背景下,智行未来科技公司由有电子工程专业背景的张涛创立,专注于为老年人提供健康监测的智能穿戴设备。面对一个既充满机遇又存在风险的市场,张涛采取了一系列策略来降低风险并确保企业的成功。

1. 创业风险

(1)市场竞争激烈

智能穿戴设备市场已经存在多个知名品牌,新进入者需要面对激烈的竞争。

(2)技术迅速更新

随着科技的发展,新技术和产品不断涌现,可能使公司产品迅速过时。

(3)用户需求多样化

不同用户对智能穿戴设备的需求差异很大,满足各种需求是一大挑战。

2. 风险防范措施

(1)精准市场定位

通过深入市场调研,张涛发现,老年人健康监测这一细分市场潜力巨大且竞争相对较小,于是决定专注于此。他组织团队对老年人群体的健康状况、需求和支付能力进行了详细分析,确保产品能够精准满足目标用户的需求。

（2）持续技术创新与知识产权战略

公司设立了研发中心，不断投入资源进行技术创新，并申请了多项专利，以保护其技术成果免受竞争对手的模仿和侵权。此外，张涛还积极与高校和研究机构合作，引进先进技术和人才，提升公司的研发能力。

（3）稳健的资金管理

为了确保资金流的稳定，张涛制订了详细的财务计划，并通过多种渠道筹集资金。他积极与投资者沟通，展示公司的市场潜力和盈利能力，成功吸引了多轮融资。同时，张涛注重与金融机构建立良好的合作关系，为公司未来的扩张提供了资金保障。

（4）战略合作伙伴网络构建

张涛意识到单靠自己的力量难以在竞争激烈的市场中立足，因此积极寻求与相关行业领先企业的合作。他与健康管理公司、医疗机构等建立了战略合作伙伴关系，共同开发新产品、拓展销售渠道并提供全方位的客户服务。这种合作模式不仅提升了公司的市场竞争力，还降低了运营风险。

（5）灵活应变的市场策略

面对市场的不确定性，张涛始终保持敏锐的洞察力和灵活的决策能力。他定期收集和分析市场反馈，及时调整产品功能、定价策略以及营销方式等，以确保公司始终能够紧跟市场趋势并满足变化的客户需求。

（6）法律风险防范

张涛非常重视企业的合规性，特别是在知识产权保护、消费者隐私保护等方面。他聘请了专业的法律顾问团队，确保公司的所有运营活动都符合相关法律法规的要求，避免违法违规行为引发的法律风险和经济损失。

3.结果

通过上述风险防范措施的有效实施，智行未来科技公司成功应对了创业过程中的各种风险挑战。他们的老年健康监测智能穿戴设备在市场上取得了极大的成功，赢得了用户的广泛好评和信赖。公司的业务范围逐渐扩大，市场份额稳步提升，成为智能穿戴设备领域的佼佼者之一。

思考题

1.列举现实生活中你所知的一个识别创业机会,成功创业的例子。

2.你是一名创业者,发现近年来"数字健康"领域快速发展,尤其是针对慢性病管理的智能硬件需求增长。经过初步调研,你计划开发一款智能血糖监测手环,主要功能包括无创血糖监测(通过光学传感器实时检测)、AI健康建议(基于用户数据提供饮食/运动推荐)、紧急预警系统(血糖异常时自动通知家属或医生)。

请回答以下问题,系统评估该创业机会的可行性:

（1）如何设计一个低成本实验,验证目标用户(如糖尿病患者)是否愿意为无创血糖监测支付溢价?

（2）现有竞品（如传统指尖采血仪、动态血糖仪）的替代性如何？你的产品能解决哪些未被满足的需求？

（3）无创血糖监测的技术成熟度如何？可能存在哪些技术风险（如精度不足、数据延迟）？

（4）若团队缺乏医疗硬件研发经验，如何弥补这一短板（合作、外包还是招募专家）？

（5）该产品涉及医疗数据，可能面临哪些监管要求（如 FDA 认证、数据隐私法）？预计合规周期多长？

（6）如何避免技术误差导致的医疗纠纷风险？

（7）列出该项目最大的 3 个风险点（如技术瓶颈、市场教育成本），并说明应对策略。

（8）如果项目前两年用户增长缓慢，有哪些可能的转型方向（如转向 B2B 医院合作、健康数据平台）？

模块 7

创业资源开发

■ 单元 7.1   创业资源概述

任何社会活动都需要资源的支持,创业活动也不例外。创业资源是创业活动的基石,包括人才、资本、技术、市场机会等关键要素。它不仅关乎资源的数量和质量,更强调资源的优化配置和高效利用。在激烈的市场竞争中,创业者需敏锐洞察资源动态,巧妙整合各方力量,以推动创新和发展。创业资源的内涵丰富且深刻,对创业者的智慧和能力提出了挑战。因此,深入理解并把握创业资源,是创业成功的关键所在,也是创业者不断学习和提升的重要方向。

7.1.1   创业资源的概念

资源是任何一个主体在向社会提供产品或服务的过程中所拥有或者所能够支配的,能够实现自己目标的各种要素以及要素组合。创业资源是新创企业在创造价值的过程中需要的特定资产,包括有形资产与无形资产,主要表现为创业人才、创业资本、创业机会、创业技术和创业管理等方面。对创业企业来说,创业者是其独特的资源,也是无法用钱买到的资源。

创业者的角色和影响力远超出一个简单的"资源"定义,他们是企业愿景的塑造者,是团队精神的凝聚者,更是创新思维的源泉。

(1)创业者的独特之处在于他们的个人品质和魅力。他们通常拥有坚定的信念和决心,能够在困难和挑战面前不屈不挠,为团队提供强大的精神支持。同时,创业者通常具备卓越的沟通能力和人际交往能力,能够吸引和留住优秀的团队成员,共同为企业的发展贡献力量。

(2)创业者的创新思维和决策能力。在快速变化的市场环境中,创业者需要时刻保持敏锐的市场洞察力,发现新的商业机会并快速做出决策。这种创新思维和决策能力不仅需要丰富的经验和知识积累,更需要一种独特的直觉和判断力,这是无法用金钱直接购买的。

(3)创业者还扮演着企业文化和价值观的传承者角色。他们通过自身的言行举止,传递着企业的核心价值观和理念,影响着团队成员的行为方式和思维方式。这种文化和价值观的传承和塑造,对于企业的长远发展至关重要,也是创业者作为独特资源的重要体现。

7.1.2   创业资源的分类

在创业的道路上,资源如同燃料,为企业的腾飞提供源源不断的动力。这些资源多种多样,各具特色,它们可以根据不同的标准进行分类。这里从资源的性质、来源和存在形态三个维度,对创业资源进行分类探讨。

1)按资源性质分类

(1)创业人才

人才是推动企业发展的核心力量。一个优秀的创业团队,往往能够凭借其卓越的创新能力和专业素养,引领企业在市场中脱颖而出。

(2)创业资本

资本是企业运营的血液。企业从初创期的启动资金,到成长期的扩张投资,再到成熟期的稳定运营,都离不开资本的支持。

(3)创业机会

机会是市场中的闪光点,也是创业者捕捉的目标。一个敏锐的创业者,往往能够在纷繁复杂的市场环境中,发现并利用稍纵即逝的商机。

(4)创业技术

技术是企业创新的基石。在科技日新月异的今天,掌握核心技术往往意味着掌握了市场的主动权。

(5)创业管理

管理是将各种资源有效整合的途径。科学的管理手段和方法能够帮助企业实现资源的优化配置,提高企业的整体运营效率。

(6)创业政策

政策是企业成长的保障。政府和相关机构通过制定优惠政策、提供创业支持等方式,为创业者创造良好的创业环境。

2)按资源来源分类

(1)内部资源

内部资源是创业者自身所具备的资源,包括个人的知识、技能、经验和资金等。这些资源是创业者起步的基础和持续发展的内在动力。

(2)外部资源

外部资源是企业从外部环境中获取的资源,如合作伙伴、市场机会、政策支持等。这些资源为企业的发展提供了更广阔的空间和更多的可能性。

3)按资源存在形态分类

(1)有形资源

有形资源是物质化的,如资金、设备、场地、原材料等。它们是企业正常运营的基础保障,也是企业实力的直观体现。

（2）无形资源

无形资源是非物质化的,如品牌、专利、商誉等。它们虽然看不见摸不着,却是企业核心竞争力的重要组成部分,对于企业的长期发展具有深远的影响。

综上所述,创业资源是多种多样的,它们以不同的方式支持着企业的创立、成长和发展。全面了解和掌握这些资源的分类和特点,将有助于创业者更加精准地识别、获取和利用各种资源,为企业的成功奠定坚实基础。

7.1.3　创业资源的作用

在创业的征程中,资源犹如航行者的指南针与风帆,引领并支持着新创企业驶向成功的彼岸。这些资源不论是实质性的要素还是环境因素,都在创业的每一个阶段发挥着不可替代的作用。

1）推动企业成长

要素资源,如资金、人才和技术,直接为企业的日常运营和创新发展注入动力。它们是新创企业腾飞的基石,确保了企业能够稳步推进产品研发、市场扩张以及品牌建设等重要任务。没有这些资源,企业的每一步都将变得异常艰难。

2）塑造有利环境

除了直接参与生产与运营的要素资源,环境资源也在潜移默化中影响着企业的发展。政策扶持、市场机遇以及社会文化氛围等因素虽不直接涉及企业的生产流程,却能够在关键时刻为企业带来转机。有利的外部环境可以为企业创造更多的成长空间和市场机遇,为企业的长远发展铺设平坦之路。

3）实现企业战略目标

创业资源不仅是企业日常运营的基础,更是其实现长期战略目标的保障。当企业志在扩大市场份额、提升品牌影响力或引领技术革新时,创业资源的积累和配置就显得尤为关键。这些资源确保了企业在激烈的市场竞争中保持领先地位,并朝着既定目标稳步前行。

4）提升生产效率与市场竞争力

通过有效地管理和利用创业资源,企业能够实现生产效率的提升和成本控制的优化。同时,这些资源能够增强企业在市场上的议价能力和竞争优势。无论是独特的技术专利、卓越的品牌形象,还是广泛的客户关系网络,都能够帮助企业在激烈的商业角逐中脱颖而出。

创业资源对于新创企业的重要性不言而喻。它们不仅是企业成长的必需品,更是引领企业走向成功的关键力量。因此,对于创业者而言,识别、获取并有效利用这些资源将是他们迈向成功的关键一步。

单元7.2　创业资源的整合

7.2.1　创业资源整合的内涵

创业资源整合不是简单地将资源聚集在一起,而是需要创业者运用战略思维,巧妙地将各种资源整合为一个有机整体,以创造出独特的价值和竞争优势。这个过程涉及多个层面,下面我们将详细探讨创业资源整合的内涵。

1) 动态变化的"舞蹈"

创业资源整合是一个高度动态的过程。在创业初期,创业者通常面临资源匮乏的困境,只有有限的资金、人才和市场渠道。然而,随着企业的不断发展和市场环境的不断变化,资源的种类和数量也会逐渐增加。因此,创业者需要时刻保持敏锐的市场"嗅觉",及时捕捉新的资源,并将其整合到企业资源中。这种动态变化的"舞蹈"要求创业者具备灵活的思维和快速反应的能力,随时调整资源整合策略,以满足企业不断发展的需求。

2) 优化配置的"交响乐"

在资源整合的过程中,创业者需要根据企业的战略目标和市场需求,对各种资源进行合理的配置和组合。这就像是一场交响乐演奏,每种资源都扮演着不同的角色,需要精心调配。创业者需要深入分析每种资源的特性和价值,确定它们在企业中的作用和地位,然后进行合理的配置和组合。这种优化配置的"交响乐"要求创业者具备全面的视角和系统的思维,能够洞察各种资源之间的内在联系和相互作用,以实现资源的高效利用和价值的最大化。

3) 协同作用的"合唱"

资源整合强调各种资源之间的协同作用。在整合过程中,创业者需要关注资源之间的关联性和互补性,通过协同作用实现资源的增值。例如,将技术资源与市场资源相结合,可以推动产品创新和市场拓展;将人才资源与资本资源相结合,可以提升企业的研发能力和创新能力。这种协同作用的"合唱"要求创业者具备敏锐的洞察力和卓越的整合能力,发现各种资源之间的潜在联系和合作机会,并将其巧妙地融合在一起。

4) 持续学习与创新的"独奏曲"

创业资源整合是一个持续学习和创新的过程。在整合资源的过程中,创业者需要不断学习和掌握新的知识和技能,以适应不断变化的市场环境和资源状况。同时,他们需要保持创新精神,不断探索新的整合模式和策略,以应对日益激烈的竞争与挑战。这种持续学习与创新的"独奏曲"要求创业者具备强烈的学习意识和创新能力,能够紧跟时代步伐,不断更新自己的知识储备和思维方式,以推动创业事业不断向前发展。

7.2.2　创业资源整合实践中的挑战与策略

在实际操作中,创业资源整合面临诸多挑战,如资金短缺、人才难求、市场渠道难以建立等。针对这些挑战,创业者可以采取以下策略。

1)建立人脉网络

通过搭建人脉平台,结识各界精英,获取有价值的资源信息和合作机会。

2)参加培训与会议

通过参加行业培训和会议,提升个人能力,结交同行专家,拓展资源渠道。

3)整合现有资源

对现有资源进行深入分析和挖掘,发现潜在的价值和合作空间,实现资源的优化配置和高效利用。

4)创新合作模式

探索新的合作模式,如特许经营、联合开发等,实现资源共享和优势互补。

总之,创业资源整合是一场复杂而精彩的"舞蹈""交响乐""合唱"和"独奏曲"的综合体现。它需要创业者具备全面的素质和能力,以战略的眼光和精巧的手法将各种资源整合在一起,创造出独特的价值和竞争优势。同时,在实践中不断学习和创新也是推动创业事业不断向前发展的关键所在。

7.2.3　创业资源整合的过程

创业资源整合是确保创业项目从构想到实施顺利过渡的核心环节。它不是资源的简单堆砌,而是一个策略性、系统性和持续性的过程。下面对创业资源整合各个步骤进行分析。

1)资源识别

(1)需求分析

创业者首先需要对创业项目的每一个环节进行深入分析,确定哪些资源是必需的,哪些是可选的。这包括评估项目的短期和长期需求,以及预测可能的市场变化带来的资源需求变化。

(2)资源清单

制定一个详细的资源清单,列出所有需要的资源类别,如资金、技术、人才、市场渠道等,并对每一类资源的数量和质量进行具体描述。

(3)缺口分析

对比已有资源和所需资源,明确资源缺口。这有助于创业者更准确地定位需要寻找的外部资源。

2)寻找资源供应方

(1)市场调研

通过市场调研,了解不同资源供应方的特点、优势和成本。资源供应方包括投资机构、合作伙伴、供应商和技术提供商等。

(2)网络拓展

利用个人和企业的社交网络,参加行业活动,加入相关组织,以扩大资源寻找的范围和增加找到合适供应方的机会。

(3)初步接触

与潜在的资源供应方进行初步接触,了解他们的合作意愿和条件,为后续的合作谈判奠定基础。

3)建立合作关系

(1)合作谈判

与选定的资源供应方进行深入谈判,明确合作的具体条款和条件。这包括资源的提供方式、使用权限、成本分摊、利润分配等。

(2)合同签订

在双方达成一致后,签订正式的合作合同。合同应详细规定双方的权利和义务,以及解决纠纷的机制。

(3)关系维护

合作关系的建立不仅仅是合同的签订,更需要双方在合作过程中相互信任、共同解决问题和持续发展。

4)资源整合

(1)资源调配

根据项目的实际进度和需求,合理调配已获取的资源。这包括资金的分配、人力资源的配置、技术的应用等。

(2)协同效应

在资源整合过程中,注重不同资源之间的协同效应。例如,将技术与市场渠道相结合,实现产品的快速推广和市场份额的扩大。

（3）风险控制

在资源整合过程中，密切关注可能出现的风险和问题，及时采取措施进行防范和应对。

5）持续优化和调整

（1）效果评估

定期对资源整合的效果进行评估，分析哪些资源得到了有效利用，哪些资源存在浪费或低效利用的情况。

（2）动态调整

根据评估结果和市场变化，及时对资源整合策略进行调整。这可能包括替换不合适的资源供应方、增加或减少某类资源的投入等。

（3）持续学习

创业者在资源整合过程中需要不断学习和积累经验，提升在未来资源整合的能力和效率。

7.2.4   创业资源整合的原则

创业资源整合需遵循资源互补、共享、资本整合、人际关系及系统优化等原则。通过寻找互补资源、共享降低成本、多渠道等集资金、建立人脉网络及优化资源配置，创业者可有效提升竞争力、加速发展。这些原则在创业过程中起重要的指导作用，有助于降低风险、实现成功。在创新资源整合中需要遵循以下原则。

1）资源互补原则

在创业过程中，很少有创业者或企业能够拥有所有所需的资源。因此，寻找与自己业务、技术或市场策略互补的资源供应方至关重要。例如，一个初创的技术公司可能拥有先进的技术，但缺乏市场推广的经验和渠道。这时，与技术公司互补的市场营销公司或拥有广泛市场网络的个人就可能成为理想的合作伙伴。通过资源互补，双方可以共同开拓市场，实现快速增长。

■ 案例

当智能硬件遇上健身 IP——一场资源互补的创业实验

2022 年初，硬件工程师王力和健身网红张悦在一次投资人酒会上相识。 王力的智能手环创业因同质化竞争失败，张悦的线上私教课程则面临缺乏实时反馈的困境。 两人决定联手打造"MirrorFit"智能健身镜项目。

王力的团队开发出能精准捕捉 20 个身体关键点的智能镜,误差控制在 2 厘米内。 张悦则将其专业健身知识转化为通俗指令,并贡献了自己的私教课程库。 就在产品即将量产时,他们发现 3999 元的定价超出了目标用户的消费能力。

转机出现在一次健身房考察后。 他们调整策略,推出"买三年课程送硬件"套餐,结果预售首月就获得 2000 份订单。 产品上市后,用户自发创作的内容反哺产品迭代,产后康复模式等新功能应运而生。 更意外的是,传统健身房也纷纷下单,某连锁品牌一次性采购了 500 台。

一年后,这个结合智能硬件和专业健身内容的项目成功迭代到第三代。 王力总结道:"我的硬件离开张悦的内容就是块玻璃,她的课程没有我们的反馈系统也难以差异化。"这场跨界合作证明,找到能互补短板的合伙人,有时比好创意更重要。

2) 资源共享原则

在创业初期,资金和资源往往都非常有限。因此,创业者需要寻找机会与其他创业者或企业共享资源,以降低成本,提高效率。例如,多个初创公司可以共享办公空间、设备和行政服务,从而减少各自的开销。此外,共享资源还可以促进创业者之间的交流和合作,使创业者们共同解决问题,推动整个创业生态的发展。

3) 资本整合原则

资金是创业成功的关键因素之一。然而,对于许多创业者来说,筹集资金是一个巨大的挑战。因此,创业者需要采取多种策略来整合资本,包括从天使投资人、风险投资基金、银行贷款、众筹平台等多种渠道筹集资金。在整合资本的过程中,创业者还需要仔细评估各种融资方式的利弊,确保自己的股权结构、经营策略和长期目标不会受到不利影响。

4) 人际关系原则

在创业过程中,人际关系网络是一个无形的资源宝库。通过与行业内的专业人士、投资者、顾问等建立良好的关系,创业者可以获得宝贵的建议、市场信息和资源支持。这些关系不仅可以帮助创业者解决问题,还可以为他们的企业带来信誉和声誉的提升。因此,创业者需要注重人际关系的建立和维护,积极参加行业活动,加入相关的组织和协会,扩大自己的人脉网络。

5) 系统优化原则

创业资源整合不是简单的资源叠加或堆砌,而是需要通过系统优化的方法来实现资源的最佳配置和利用。这要求创业者对各种资源进行全面评估和分析,了解它们的特性、价值和潜在风险,然后根据企业的战略目标和市场需求,制订详细的资源整合方案,确保各种资源能够相互支持、协同作用,共同推动企业的快速发展。在资源整合过程中,创业者还需要不断监控和调整资源的配置和利用方式,以适应市场变化,满足企业发展的需要。

综上所述,这些原则在创业资源整合过程中起着重要的指导作用。通过遵循这些原则,创业者可以更加有效地获取、配置和利用各种资源,降低创业成本,提高竞争力,加速企业发展。

单元7.3　创业资源的管理

创业资源管理对于任何初创企业而言都是至关重要的。它涵盖了从识别资源、计划获取到最终的保护和优化配置的整个过程。以下是对如何进行创业资源管理的细化描述。

1)识别并评估创业资源

(1)明确资源类型:详细列出创业所需的所有资源类型,如启动资金、运营资金、核心团队、技术支持、物理空间、市场数据等。

(2)需求量与成本分析:针对每种资源,预测其需求量,并估算获取这些资源的成本。这有助于创业者了解哪些资源是难以获得的,哪些是容易获得的。

(3)资源重要性评估:确定每种资源对创业项目的成功有多重要。这有助于在资源有限时做出优先决策。

2)制订资源计划

(1)资源来源确定:明确每种资源的潜在来源,如投资者、政府补助、合作伙伴、租赁或购买等。

(2)获取时间表:为每种资源设定一个合理的获取时间表,确保在需要时能够及时获得。

(3)预算与分配:根据资源的需求量和成本,制定详细的预算,并确定如何在不同部门和项目之间分配这些资源。

3)资源整合

(1)资源分类:将获取的资源按照其性质进行分类,如财务资源、人力资源、物质资源等。

(2)协调与统一:确保不同来源的资源能够协调一致地工作,形成一个有机的整体,支持创业项目的推进。

(3)建立资源数据库:将所有资源的详细信息记录在一个数据库中,方便随时查询和管理。

4）合理利用资源

（1）按需分配：根据项目的实际需求和市场变化，灵活调整资源的分配方案。

（2）提高效率：通过培训、引进新技术或优化流程等方式，提高资源的利用效率。

（3）避免浪费：建立节约资源的文化，鼓励员工在日常工作中节约使用各种资源。

5）保护资源

（1）建立管理制度：制定完善的资源管理制度，包括资源的申请、审批、使用、归还等制度。

（2）知识产权保护：对于技术、创意等无形资产，要加强知识产权保护，防止被竞争对手模仿或盗用。

（3）维护合作关系：与供应商、合作伙伴等建立良好的合作关系，确保资源的稳定供应和互利共赢。

6）优化资源配置

（1）持续监测：定期评估资源的利用情况和效果，了解哪些资源得到了有效利用，哪些资源存在浪费或低效利用的情况。

（2）动态调整：根据评估结果和市场变化，及时对资源配置进行调整，包括增加或减少某类资源的投入、替换不合适的资源等。

（3）创新利用：探索新的资源利用方式和方法，提高资源的附加值和利用率。例如，通过技术创新将废弃物转化为有价值的资源等。

总之，创业资源管理是一个复杂而系统的过程，需要创业者具备全面的素质和能力。通过有效的资源管理，创业者可以为企业创造更多的价值和发展机会，推动创业事业不断向前发展。同时，创业者要注意根据实际情况不断调整和完善资源管理策略，以适应不断变化的外部环境。

案例

"厨共享"的创业资源管理之路

在杭州城西的一个老旧小区里，32 岁的林涛正为他的第三次创业忙碌着。这位连续创业者前两次开餐厅都因房租和人力成本过高而失败，但这次，他有了新想法——"厨共享"社区厨房。

项目启动时，林涛手头只有 20 万元资金和 3 位合伙人：擅长运营的前餐厅经理张敏、懂食品安全的营养师王莉，以及会做小程序的程序员陈昊。他们盘下小区里一个闲置的仓库，改造成 6 个标准化厨房单元。

创业第一个月就遇到了资源分配的难题。有限的资金要先投在哪里？林涛决定采用"轻重分离"的策略：重金投入消防改造和卫生许可（占总资金 40%），厨房设备则采用租赁方式。陈昊用开源代码快速搭建预约系统，省下了大笔开发费用。

开业第三个月，新的资源瓶颈出现。虽然工作日午间档供不应求，但早晚时段闲置率达 70% 。张敏提出"时段切割"方案：早晨租给做早餐的摊主，下午给烘焙工作室，晚上则成为厨艺培训场地。这一调整让场地利用率提升到 85% 。

在人力资源方面，他们创新地采用了"技能入股"模式。小区里退休的李阿姨厨艺精湛但不会用智能手机，王莉就安排她负责品质控制培训，用技术股代替工资。三个月内，他们用这种方式吸引了 8 位社区达人加入。

最关键的转折出现在第六个月。某外卖平台提出收购要约，但团队评估后发现自身最值钱的不是硬件，而是积累的 37 个家庭食谱 IP 和稳定的社区用户群。他们拒绝收购，转而用这些资源与本地超市达成供应链合作，进一步降低了食材采购成本。

一年后，"厨共享"在杭州发展到 5 个网点，每个网点都根据社区特点配置资源。老年社区侧重家常菜共享，年轻社区则发展出"私厨派对"等新业态。林涛在周年庆上说："我们就像厨艺界的拼多多，不追求高大上，只把每份资源都用在刀刃上。"

这个案例生动展现了创业过程中的人力、物力和财力资源管理艺术，证明有限的资源通过创新配置也能产生最大效益。

单元 7.4　创业资源的开发方法

在充满机遇与挑战的时代，大学生创业已成为一股不可忽视的潮流。然而，创业并非易事，尤其是对于缺乏资源的大学生来说，如何有效地开发创业资源呢？下面，就让我们来探讨这个话题。

创业资源的
开发与整合

1）学校——创业的摇篮

学校不仅是知识的殿堂，更是创业的摇篮。在这里，大学生可以接触到前沿的创业理念和实践平台。通过参加创业课程，大学生可以系统地学习创业知识，掌握市场分析、商业模式设计等关键技能。而导师的指导，则能为大学生提供宝贵的建议和方向。此外，学校还常常设有创业实践平台，如创业实验室、孵化器等，为大学生提供真实的创业环境和实践机会。

案例

校园打印站的逆袭：一个大学生创业者的资源整合之路

大三那年，计算机系的张阳发现了一个校园里普遍的痛点：每次课程作业截止前，学校文印店总是大排长龙，打印价格还比校外贵 30%。这个看似平常的发现却成了他创业的起点。

张阳首先盘点自己拥有的资源：宿舍里闲置的 3 台打印机、编程技能以及学生会的宣传渠道。他联合室友推出了"闪电打印"服务：同学们通过微信小程序下单，他们利用课余时间配送，价格比文印店便宜 20%。

第一个月他们就遇到了资金瓶颈。张阳创新性地提出"预存优惠"方案：预存 100 元送 20 元，迅速回笼了 8000 元资金。他又用这笔钱以学生价批量采购纸张，成本再降 15%。

随着订单增多，张阳发现教学楼的空教室下午基本闲置。经过与教务处协商，他获得了 3 间教室下午 4：00—6：00 的使用权并将其改造成自助打印点，配备二手打印机，扫码即可自助取件。

最关键的突破是在期末考试季。张阳整合各科优秀笔记资源，推出"学霸笔记 + 打印装订"套餐，单周销售额突破 2 万元。毕业后，这个校园打印品牌已经拓展到周边 5 所高校，拥有 12 个自助打印点。

"其实学校处处是资源，"张阳总结道，"关键是要用学生的视角去发现，用创业的思维去重组。"这个案例证明，有限的校园资源经过创新整合，同样可以创造可观的价值。

2）人际网络——隐藏的宝藏

每个人的身边都隐藏着丰富的创业资源，关键在于大学生是否善于挖掘。亲朋好友、同学、老师等，都可能成为大学生创业路上的有力支持者。他们可能提供资金支持、项目合作、市场推广等帮助。因此，不要忽视这些人际网络中的宝藏，主动与他们交流，分享自己的创业想法和计划。

3）政府与社会——强大的后盾

政府和社会各界对大学生创业给予了高度关注和支持。通过了解相关政策，大学生可以申请创业基金，获得税收减免等优惠。同时，社会各界提供了各种形式的支持，如企业合作、媒体宣传等。因此，大学生要密切关注政府和社会动态，及时把握机遇。

4）网络平台——便捷的桥梁

在互联网时代，网络平台成为大学生创业的重要桥梁。通过专门的创业网站、社交媒体等渠道，大学生可以获取创业资讯、结识志同道合的伙伴、寻找投资人等。这些平台打破了地域和时间的限制，为大学生创业提供了前所未有的便利。

5）创业竞赛——闪耀的舞台

参加创业竞赛是展示自己才华和吸引资源的有效途径。在竞赛中，大学生可以与来自全国各地的优秀创业者同台竞技，接受业界专家和投资人的评判。通过竞赛，大学生不仅可以获得奖金和荣誉，更重要的是能够结识业界精英，为自己的创业项目积累人脉和资源。

综上所述，大学生创业资源的开发需要多方面的努力和积累。大学生只有充分利用学校资源、挖掘人际网络中的宝藏、把握政府和社会提供的机遇、善用网络平台以及积极参与创业竞赛等方式,才能为自己的创业之路奠定坚实的基础。

□ 思考题

1. 假设你正在校园内开展一个二手教材交易平台创业项目,学校图书馆、学生会、校内快递点都可以成为合作伙伴。你如何设计一个资源整合方案,使这些主体愿意参与并形成共赢模式?

2. 你的团队获得了一笔 50 万元的种子资金,但需要在产品开发、市场推广、团队招募三个关键领域进行分配。请制定一个资源分配策略,并说明如何动态调整以应对早期用户增长不及预期的情况。

3. 你发现大学生群体对"技能共享"(如摄影、编程、口语陪练)有需求,但缺乏信任机制和交易平台。请设计一种低成本的资源开发方法,验证这一市场的可行性,并吸引早期用户。

模块 8

创业市场与营销

单元 8.1　创业市场认知

市场是商品经济运行的载体,是市场主体活动的领域,也是国家宏观调控的对象。市场经济的所有功能都通过市场实现。市场没有任何行政边界和国界,哪里有商品经济,哪里就有市场。

8.1.1　市场类型的划分

1)按市场的主体划分

(1)按购买者的购买目的和身份划分

①消费者市场:指为满足自身需要而购买的一切个人和家庭构成的市场。消费者通过货币交换商品或服务,以满足生活消费需求。

交易特点:购买人数众多且分散;购买频率高,单次购买量小;需求多样化、个性化;购买行为具有可诱导性,容易受广告、促销等因素影响。

常见交易商品或服务涵盖食品、服装、家电、日用品、旅游、教育、医疗服务等各类生活消费品和服务。例如,人们日常购买洗发水、外出就餐、购买智能手机等行为都发生在消费者市场。

②生产商市场(工业使用者市场或工业市场):指为了生产、取得利润而购买的个人和企业所构成的市场。生产商购买产品或服务是为了将所购产品或服务投入生产过程,制造出其他产品或提供服务。

交易特点:购买者数量相对较少,但购买规模大;购买决策过程复杂,涉及技术、质量、价格、交货期等多方面因素;需求具有派生性,即取决于消费者对其最终产品的需求;供需双方关系密切且长期稳定。

常见交易商品或服务包括机械设备、原材料、零部件、工业耗材、生产性服务(如物流服务、技术咨询服务等),如汽车制造企业购买钢铁、橡胶等原材料,以及自动化生产设备等。

③转卖者市场(中间商市场):指为了转卖、取得利润而购买的批发商和零售商所构成的市场。中间商从生产商或其他供应商处采购商品,再转售给其他商家或消费者。

交易特点:购买目的是转售盈利;注重商品的价格、款式、供应及时性等;对不同供应商的产品进行组合采购;交易频繁,交易规模大小不一。常见交易商品或服务包括各类批发和零售的商品,如服装批发、电子产品零售等。例如,大型服装批发市场的批发商从服装厂进货,再批发给各地的零售商;超市从供应商处采购各类商品,再销售给消费者。

④政府市场:指各级政府为了开展日常政务活动或为公众提供公共服务,以及为了应对各种紧急情况而采购商品和服务构成的市场。

交易特点:采购规模大,资金来源主要是财政拨款;采购过程严格遵循法律法规和采购程序,强调公开、公平、公正;采购决策受政治、社会等多种因素影响;对供应商的资质、信誉等要求较高。

常见交易商品或服务包括办公用品、交通工具、工程建设、公共服务(如环保服务、医疗服务外包等),如政府部门采购办公桌椅、公务用车,招标建设城市基础设施项目等。

(2)按企业的角色划分

①购买市场:以企业作为购买者,采购原材料、设备、劳动力、技术、信息等生产要素,为生产经营活动提供基础。

交易特点:采购批量大,涉及大额资金。选择供应商时,除价格外,还重视质量、供应稳定性和交货及时性,采购决策需多部门协同评估。

影响因素:企业生产计划和规模、宏观经济形势、行业竞争态势。例如,电子制造企业生产新款手机、采购芯片等零部件时会综合考量供应商供货能力、产品质量和价格。

②销售市场:把企业作为销售者,将产品或服务推向市场,实现价值转化,购买主体包括消费者、其他企业和政府机构。

交易特点:企业需开展广告宣传、促销、品牌建设等营销活动,销售价格受产品成本、市场需求、竞争对手价格策略影响,销售渠道多样。

影响因素:消费者需求变化、竞争对手动态、宏观政策法规。例如,服装企业通过线上线下结合销售,根据市场需求和竞争对手价格调整产品价格,提升竞争力。

(3)按产品或服务供给方的状况(市场上的竞争状况)划分

①完全竞争市场:理想化市场,有大量买者和卖者,产品同质,厂商是价格接受者,市场信息对称,资源自由流动,企业可自由进出市场。

市场特点:价格由供求情况决定,单个企业产量不影响价格,产品无差异,消费者基于价格决策,企业只能获取正常利润,信息透明。

代表行业:如小麦、大米等农产品市场,农户多,产品同质,只能按市场价格销售。

②完全垄断市场:唯一供给者,产品无相近替代品,其他企业难进入,垄断企业控制价格和产量。

市场特点:企业有绝对市场权力,按利润最大化定价,常获超额利润,产品独特,市场进入壁垒高。

代表行业:城市供水、供电等公用事业,前期投入大,存在规模经济,政府会监管。

③不完全竞争市场：介于完全竞争和完全垄断之间，包含垄断竞争和寡头垄断市场，企业对价格有一定的控制力，产品有差异，有竞争但不激烈。

市场特点：产品在质量、品牌等方面有差异，消费者有偏好，企业可通过差异化影响价格，面临向下倾斜需求曲线，企业数量较多。

代表行业：洗发水、牙膏等日常消费品市场，各品牌靠差异和宣传吸引消费者，有定价权。

④寡头垄断市场：由少数大型企业控制，产品可同质或有差异，企业相互依存，决策需考虑对手反应。

市场特点：进入壁垒高，竞争与合作并存，既争夺份额也可能合作，价格相对稳定。

代表行业：汽车、钢铁行业，几家大企业占主导，推出新车型或调价时需考虑对手。

2) 按消费客体的性质不同划分——按交易对象划分

(1) 按交易对象的最终用途划分

①生产资料市场：为满足生产性需求，提供各类生产所需物质要素与服务，连接生产和生产性消费。

产品特性：专业性强、耐用且技术含量高，如大型机械设备、工业原材料，需按企业特定需求定制或采购，对生产效率和产品质量影响大。

市场特点：购买者多为生产企业，采购量大、金额高，决策复杂，需多部门协同。需求具有派生性，依赖下游产品需求，如房地产热带动建材市场。供需关系稳定，买卖双方倾向于长期合作。

市场参与者：供应方有生产资料生产企业、经销商等；需求方主要是工业、农业、建筑企业等；还有物流、金融等服务机构提供支持。

②生活资料市场：又称消费品市场，满足个人或家庭生活消费需求，直接面向消费者，是社会再生产最终环节。

产品特性：种类丰富，涵盖生活各方面，具有多样性、流行性和便利性，更新换代快，注重品牌、包装和售后。

市场特点：购买者多且分布广，购买频繁、量小，需求个性化、多样化。市场竞争激烈，企业靠广告、促销、创新吸引消费者。

市场参与者：供应方包括消费品生产企业、零售商等；需求方为广大消费者；还有广告公司、市场调研机构等提供服务。

(2) 按交易对象是否具有物质实体划分

①有形市场：交易对象有物质实体，人们能直观感知商品形态，买卖双方可直接看到、

触摸商品。

交易对象特征:商品具有物理形态和可触性,如食品、服装等实物产品,其质量、规格等可通过观察和检测确定,如买衣服能看颜色、摸质地。

市场特点:有固定交易场所,如商场、农贸市场,便于展示销售,方便消费者选购。交易直观,买卖双方可面对面沟通,监管也相对容易,便于质量检查和计量。

典型例子:大型综合超市,商品丰富,消费者可自由挑选;汽车 4S 店,消费者能试驾体验。

②无形市场:交易对象无物质实体,以服务、技术、金融产品等无形形式存在,通过网络等虚拟渠道交易,双方无须直接接触。

交易对象特征:多为非物质产品或服务,如软件服务、金融衍生品,其价值体现为知识、信息等无形要素,如软件只能通过使用感受价值。

市场特点:交易场所虚拟,不受时空限制,交易便捷。但过程复杂,需专业知识评估价值和风险,如投资金融产品要了解投资策略和风险等级。监管难度大,需完善监管体系。

典型例子:在线教育平台,提供无形教学服务;股票交易市场,通过软件网上交易,股票是虚拟资产凭证。

(3)按交易对象的具体内容划分

①商品市场:进行实物商品交易,涵盖生活消费品和生产资料,连接生产者与消费者。

交易对象:有日常生活用品和生产资料,具备物质实体,特性直观。

市场特点:交易规模大、商品多,需求受多种因素影响,竞争激烈,价格波动频繁。

典型交易场景:超市里消费者选购日用品,钢材市场中建筑企业采购钢材。

②技术市场:技术商品交换场所,助力技术成果转化,促进创新与应用结合。

交易对象:专利技术、计算机软件等技术成果,具无形性与高附加值。

市场特点:交易复杂,涉及技术评估、产权保护等环节,技术价格难衡量,依赖科技创新和产权保护体系。

典型交易场景:科技企业转让新型材料生产技术,供需双方协商并签订合同。

③劳动力市场:劳动力供求双方转让与购买劳动力使用权,是人力资源配置重要机制。

交易对象:劳动者劳动能力,包含不同技能、背景的人才。

市场特点:供求受经济、产业、人口结构影响,劳动力价格取决于技能、供求和法规,市场有流动性和灵活性。

典型交易场景:人才招聘会上企业与求职者交流,达成意向后签订劳动合同。

④金融市场:资金融通市场,连接供需双方,是现代经济核心。

交易对象:货币、债券等金融资产与工具,代表未来现金流索取权或风险分担工具。

市场特点:交易规模大、速度快,价格受多种因素影响,风险高且复杂,须严格监管和规划。

典型交易场景:投资者在证券交易所买卖股票,企业发行债券筹资。

⑤信息市场:信息商品交换场所,促进信息流通与价值实现。

交易对象:市场调研报告、咨询服务等信息产品和服务,具有无形、时效性、共享特点。

市场特点:生产和传播成本低,质量和价值评估难,需求多样,依赖信息技术和基础设施。

典型交易场景:企业购买行业分析报告辅助决策。

(4)按市场的时间标准划分

①现货市场:买卖双方达成交易协议后,当天或 3 个营业日内完成实物商品、金融资产交割的市场,交易与交割紧密衔接。

交易对象:涵盖实物商品,如农产品、原材料、耐用消费品;金融领域包括股票、债券等以现实形式交易的金融工具。

市场特点:

即时性:交易和交割迅速,满足双方对商品或资金的即时需求,如超市采购水果次日完成交付结算。

价格真实性:受当下供需、商品品质和市场预期影响,能准确体现商品当下价值。

交易灵活性:交易方式多样,规模不限,个人交易与企业交易均可。

交易流程:采购方找供应商,协商商品细节,签订合同,供应商按时交货,采购方验收后付款。

风险特点:主要有商品质量风险和价格波动风险,相对期货市场,价格波动风险在时间维度上有限。

②期货市场:交易双方签订标准化期货合约,约定未来特定时间、价格交割商品或金融资产的市场,合约关键要素标准化。

交易对象:各类期货合约,包括农产品、金属、能源等商品期货合约,以及股指、利率、外汇等金融期货合约。

市场特点:

交易预期性:参与者根据对未来价格走势的预期操作,如原油企业担心油价下跌可提前卖期货合约锁定价格。

保证金交易:投资者缴纳 5% ~15% 保证金就能控制数倍价值的合约,高杠杆放大收益与风险。

风险对冲功能:企业可利用期货市场对冲风险,如大豆加工企业买期货合约防止大豆价格上涨。

交易流程:投资者先在期货经纪公司开户并缴纳保证金,通过交易软件分析市场后买卖合约,可随时平仓,若持仓至交割月且符合条件,按约定实物或现金交割。

风险特点:除价格波动风险外,还有杠杆风险、到期交割风险,且受宏观经济、政策法规、国际局势等影响,不确定性高。

(5)其他市场分类方式

除了以上分类方法还有以下分类方式:

①按人文标准分可以分为妇女市场、儿童市场、老年市场。

②按地理标准(或空间标准)(根据市场的地理位置或商品流通的区域)可以分为城市市场、农村市场、地方市场、全国市场、国际市场。

③按国内划分为北方市场、南方市场、沿海市场等。

④按国际划分为国别市场和国际区域市场等。

8.1.2　市场的要素与主要特征

1)市场的要素

市场由具有特定欲望和需求且愿意并能够通过交换满足需求的潜在顾客构成,它不仅是交易场所,更是经济关系的集合。

市场公式为市场 = 消费主体 × 购买力 × 购买欲望。

各要素含义如下。

消费主体:涵盖个人、企业、政府等。不同主体需求偏好与消费行为不同。个人注重实用和个性,企业采购关注质量、价格与供应稳定性。

购买力:指消费主体购买商品或服务的经济能力,取决于收入、资产和信贷等。购买力影响市场规模与消费层次,经济发达地区高端需求大,欠发达地区更偏爱性价比高的产品。

购买欲望:对商品或服务的需求意愿,受产品宣传、消费观念和社会文化影响,如时尚潮流、广告可激发购买欲。

■ 案例

高端化妆品市场

消费主体:某一线城市,年龄为 20 ~ 45 岁的中高收入女性群体约有 200 万人,她们是高端化妆品的消费主体。

购买力：这些女性平均每人每月愿意花费 2000 元用于购买高端化妆品，这体现了她们较强的购买力。

购买欲望：受到社交媒体上美妆博主的推荐、品牌新品发布以及明星代言等因素影响，大约 60% 的女性有较强的购买欲望，会定期购买高档化妆品。

市场规模：按照市场公式计算，该城市高端化妆品市场的月规模为

市场 = 200 万(消费主体) × 2000 元(购买力) × 60%(购买欲望) = 24(亿元)。

2）现代市场的主要特征

（1）市场的统一性

打破地区和行业壁垒，商品和要素自由流动。消费者购物选择更多，企业能拓宽采购与销售渠道，降低成本。例如，电商平台让消费者能买全球商品，企业也能触达全球市场。

（2）市场的开放性

国内外市场融合，企业可与各地同行竞争合作。国内企业借此学习先进技术和管理经验，提升竞争力，推动经济发展。例如，中国汽车市场开放后，本土企业在与外企竞争中不断进步。

（3）市场的竞争性

竞争是市场的核心驱动力，各经济主体为获得更多利益，在产品质量、价格、服务、品种等方面创新改进。充分竞争促使企业提高生产效率、降低成本、推动创新，如智能手机市场竞争促使厂商不断升级技术与功能。

（4）市场的有序性

依托行政执法、行业自律、舆论监督和群众参与的监管体系。行政执法打击违法，行业自律制定规范，舆论监督曝光不良行为，群众参与举报。有序市场保障平等竞争、公平交易，保护各方权益，如食药监管部门保障消费者饮食用药安全。

8.1.3　市场的交易原则

市场的交易必须遵守以下的原则。

1）自愿原则

市场交易中，买卖双方在平等的地位上，按自身意愿交易，互不强迫，是交易基于真实意愿达成的前提。

自愿原则主要体现为消费者能自由选商品和商家，商家也能自主决定售卖和定价。例如，买手机时，消费者可挑选不同品牌型号的手机，商家不能强卖。

违背后果：会出现强买强卖现象，侵犯消费者权益、破坏市场秩序，引发法律纠纷，损害

商家信誉。

对市场秩序的重要性:保障交易公平自由,利于市场调节供需,促进资源合理配置,是市场健康发展的基础。

2)平等原则

市场交易中,消费者和商家、大小企业法律地位平等,平等享有权利、履行义务。

平等原则主要体现为交易遵循等价交换,如服装批发市场交易按行情和约定价格;所有参与者都要遵守相同法规和市场规则。

违背后果:易导致市场垄断或不正当竞争,如大企业排挤中小企业,破坏公平竞争,阻碍创新,损害消费者利益。

对市场秩序的重要性:维护公平竞争的保障,让参与者充分发挥优势,推动市场繁荣。

3)互利原则

交易双方都能获利,实现双赢或多赢,满足各自需求,实现价值最大化。

互利原则主要体现为企业与供应商合作,供应商提供优质原料获取利润,企业获得原料保证生产;电商平台为消费者提供便利,自身盈利。

违背后果:交易难持续,如商家压价致供应商难维持,可能造成供应链断裂。

对市场秩序的重要性:交易持续的动力,双方获利才能让市场活跃、稳定和繁荣。

4)商业道德原则

商业活动中,市场参与者应遵守的道德规范和准则涵盖诚信、商业伦理、尊重消费者权益等。

商业道德主要体现为:商家诚信宣传,不欺诈;遵守商业伦理,无不正当竞争行为;尊重消费者权益,做好售后服务,如餐饮企业严把食材关。

违背后果:损害企业声誉和形象,消费者会拒绝购买,通过口碑和网络曝光,使商家失去市场份额。

对市场秩序的重要性:市场交易原则的重要补充,和法律法规共同维护市场秩序,营造健康的市场环境。

单元8.2　市场调查

没有调查就没有发言权。创业伊始,创业者需要充分地进行市场分析,了解市场现状和运行规律,这就需要进行市场调查。

8.2.1　市场调查的内容

1) 市场环境调查

市场环境调查主要包括经济环境、政治环境、社会文化环境、科学环境和自然地理环境等的调查。具体的调查内容可以是市场的购买力水平,经济结构,国家的方针、政策和法律法规,风俗习惯,科学发展动态,气候等各种影响市场营销的因素。

2) 市场需求调查

市场需求调查主要包括消费者需求量调查、消费者收入调查、消费结构调查、消费者行为调查。调查内容包括消费者为什么购买、购买什么、购买数量、购买频率、购买时间、购买方式、购买习惯和购买后的评价等。

3) 市场供给调查

市场供给调查主要包括产品生产能力调查、产品实体调查等。调查内容具体为某一产品市场可以提供的产品数量、质量、功能、型号、品牌等,生产供应企业的情况等。

4) 市场营销因素调查

市场营销因素调查主要包括产品、价格、渠道和促销的调查。其中,产品的调查主要有了解市场上新产品开发的情况、新产品设计的情况、消费者使用的情况、消费者的评价、产品生命周期阶段、产品的组合情况等。产品的价格调查主要是了解消费者对价格的接受情况,对价格策略的反应等。

5) 市场竞争情况调查

市场竞争情况调查主要包括对竞争企业的调查和分析,了解同类企业的产品、价格等方面的情况,他们采取了什么竞争手段和策略,做到知己知彼。市场竞争情况调查可以帮助企业确定竞争策略。

8.2.2　市场调查的分类

1) 消费者调查

针对特定的消费者做观察与研究,有目的地分析他们的购买行为、消费心理演变等。

2) 市场观察

针对特定的产业区域做对照性的分析,从经济、科技等有组织的角度来做研究。

3) 产品调查

针对某一性质的相同产品研究其发展历史、设计、生产等相关因素。

4）广告研究

针对特定的广告做其促销效果的分析与整理,包括市场测试:在产品上市前,提供一定量的试用品给指定消费者,通过他们的反应来研究此产品未来市场的走向。

8.2.3　市场调查的方法

市场调查的方法包括观察法、小组(焦点)座谈法、在线访问法、情况推测法、文案调查法、问卷调查法、面访调查法、电话调查法、入户访问法、拦截访问法、投影技法、邮寄/传真调查表法等 12 种方法。

1）观察法

观察法的特点是需要了解问题在正常自然状态下的表现,如观察超市货架能够得出很热销的产品都在超市货架的中层。通过观察来收集资料的方法称为观察法,观察法有直接的观察法和间接靠仪器去观察的观察法,如交通信号灯的时间控制就是通过检测人流的数据得来的。

2）小组(焦点)座谈法

小组(焦点)座谈法是指一个经过训练的主持人仔细选择、邀请一定数量的客户,以一种无结构的自然的形式与这些客户交谈,了解与客户的满意度、价值相关的信息。

3）在线访问法

在线访问法是指企业利用在线调查、免费的网上文字评语、在线调研收集客户的信息。

4）情况推测法

情况推测法是指根据以往的经验对自己的企业或产品做一个估计和比较,也就是根据已经知道的事物来推断不知道的事情。

5）文案调查法

文案调查法是市场研究人员对现成的数据、报告、文章等信息资料进行收集、分析、研究和利用的一种市场营销调查方法。其具有速度快、费用相对较少、不受时空限制等优点,同时具有时效性不足、针对性差、对研究人员要求较高的局限性。这种方法常用于探索性的研究阶段,即项目开始时的研究方法。

6）问卷调查法

问卷调查法是国内外社会调查中使用较为广泛的一种方法。问卷是指为统计和调查所用的、以设问的方式表述问题的表格。问卷调查法就是研究者用这种控制式的测量对所研究的问题进行度量,从而搜集到可靠的资料的一种方法。问卷调查法可用邮寄、个别分送或集体分发等多种方式发送问卷,由调查者按照表格所问来填写答案。一般来讲,问卷相比访谈表要更详细、完整和易于控制。问卷调查法的主要优点在于标准化和成本低。因为问卷调查法是以设计好的问卷工具进行调查的,问卷的设计要求规范化并可计量。

7)面访调查法

面访调查法是指调查员按照抽样方案中的要求,到抽中的家庭或单位,按照事先规定的方法选取适当的被访者,再依照问卷或调查提纲进行面对面的直接访问。这种方法可以获得高质量的样本,也可以进行深度的调查,成本较低。但是,采用面访调查法容易遭到拒访等,不利于调查的进行。

8)电话调查法

电话调查法是指通过电话向被访者进行询问,以获取信息资料的一种调查方法。电话调查法具有节约费用、时间,简单易行等优点,同时存在不易获得代表性的样本、调查内容难以深入、成功率较低等不足。这种方法适用于民意调查、广告效果监测、产品需求监测等活动。

9)入户访问法

入户访问法是指调查员到被调查者的家中或工作单位进行访问,直接与被调查者接触。

10)拦截访问法

拦截访问法是指在某个场所(一般是较繁华的商业区)拦截在场的一些人进行面访调查。

11)投影技法

所谓投影技法是一类无结构的非直观的访问形式,能把调查者对所关注的问题的潜在动机、意念、心态或感情折射出来。应用投影技法,并不要求被调查者阐释自身的行为,而是让他们分析其他人的行为。在分析他人的行为时,被调查者就会间接地将自身的动机、意念、态度或感情投入有关的情境。

12)邮寄/传真调查表法

邮寄/传真调查表法是指企业利用直邮或传真向抽取的客户开展市场调查。这种市场调查的优点包括:被访问者有充分的时间答复问题,可采集到准确的、高质量的答卷;可提供利于量化的结果,而且大批量邮寄的成本较低。

8.2.4　市场调查的步骤

1) 确定问题与假设

由于市场调查的主要目的是收集与分析资料以帮助企业更好地做出决策,减少决策的失误,因此调查的第一步就要求决策人员和调查人员认真地确定和商定研究的目标。俗话说:"对一个问题做出恰当定义等于解决了一半。"任何一个问题都存在许许多多可以调查的事情,如果对该问题不做出清晰的定义,收集信息的成本可能会超过调查提出的结果价值。

例如,某公司发现其销售量已连续下降达 6 个月之久,管理者想知道真正原因究竟是什么,是经济衰退、广告支出减少、消费者偏爱转变,还是代理商推销不力。市场调查人员应先分析有关资料,然后找出研究问题并进一步做出假设、提出研究目标。假如调查人员认为上述问题是消费者偏爱转变,就需要进一步分析、提出若干假设,如消费者认为该公司产品设计落伍,竞争产品品牌的广告设计较佳。做出假设、给出研究目标主要是为了限定调查的范围,并用调查所得出的资料来检验所做的假设是否成立,写出调查报告。

2) 确定所需资料

确定问题和假设之后,下一步就应决定要收集哪些资料,这自然与调查的目标有关,如消费者对本公司产品及其品牌的态度如何? 消费者对本公司品牌产品的价格的看法如何? 本公司品牌的电视广告与竞争品牌的广告在消费者心目中的评价如何? 不同社会阶层对本公司品牌与竞争品牌的态度有无差别?

3) 确定收集资料的方式

第三步要求制定一个收集所需信息的最有效的方式,它需要确定的有数据来源、调查方法、调查工具、抽样计划及接触方法。

如果没有适用的现成资料(第二手资料),原始资料(第一手资料)的收集就成为必需步骤。采用何种方式收集资料与所需资料的性质有关。它包括实验法、观察法和询问法。前面例子谈到所需资料是关于消费者的态度,因此市场调查者可采用询问法收集资料。对消费者的调查,采用个人访问方式比较适宜,便于相互之间深入交流。

4) 抽样设计

在调查设计阶段就应决定抽样对象是谁,这就提出抽样设计问题:其一,究竟是概率抽样还是非概率抽样? 这具体要视该调查所要求的准确程度而定。概率抽样的估计准确性较高,且可估计抽样误差,从统计效率的角度来说,自然以概率抽样为好。不过从经济的角度来看,非概率抽样设计简单,可节省时间与费用。其二,一个必须确定的问题是样本数目,而这又需考虑统计与经济效率问题。

5)数据收集

数据收集必须通过调查人员来完成,调查人员的素质会影响调查结果的正确性。调查人员以大学的市场学、心理学或社会学的学生最为理想,因为他们已受过调查技术与理论的训练,可降低调查误差。

6)数据分析

资料收集后,应检查所有答案,不完整的答案应考虑剔除,或者再询问该应答者,以求填补资料空缺。资料分析应将分析结果编成统计表或统计图,方便读者了解分析结果,并可从统计资料中看出与第一步确定问题假设之间的关系。同时应将结果以各类资料的百分比与平均数形式表示,使读者对分析结果形成清晰的对比。各种资料的百分率与平均数之间的差异是否真正有统计意义,应使用适当的统计检验方法来鉴定。例如,两种收入家庭对某种家庭用品的月消费支出,从表面上看有差异,但是否真正有差异可用平均数检定法来分析。资料还可运用相关分析、回归分析等统计方法来分析。

7)调查报告

市场调查的最后一步是编写一份书面报告。一般而言,书面调查报告可分两类:专门性报告和通俗性报告。

专门性报告的读者是对整个调查设计、分析方法、研究结果以及各类统计表感兴趣者,他们对市场调查的技术已有所了解。而通俗性报告的读者的主要兴趣在于听取市场调查专家的建议。例如,一些企业的最高决策者会连接商品经济发展过程中产、供、销各方,为产、供、销各方提供交换场所、交换时间和其他交换条件,以此实现商品生产者、经营者和消费者各自的经济利益。

▌ 单元 8.3   目标市场分析

目标市场分析需要经过三个步骤,即市场细分(Market Segmenting)、目标市场选择(Market Targeting)和市场定位(Market Positioning)。通过这三个步骤,企业把主要的营销资源和营销尽量用于具有最大购买兴趣的客户,确立在市场上的竞争地位。

市场细分要解决的问题是如何区分消费者。除非是完全创新的产品,否则无论是新企业还是老企业推出的新产品要进入的都是"老市场",在"老市场"中必然存在一定数量的企业和消费者。新创企业如果要针对所有消费者,不仅会力不从心,而且会遭到现有企业的抵制,大大降低其产品成功的概率,为此必须进行市场细分。

面对众多的细分市场,新创企业选择哪一个呢? 目标市场必须具有足够的吸引力,并且企业要有能力来满足这个市场。一般来说,新创企业并不会以全部细分市场作为目标市场,因为很多细分市场规模过大,企业难以成功满足其需求。相应地,很多企业定位于细分市场中的某个利基市场。

市场定位则是要为企业和产品在消费者那里确定一个独特的位置,因为生产同一种产品的竞争企业实在太多,而在网络经济时代,消费者每天又要接收大量信息,如果企业或产品不具有一定的独特性,将很快被消费者所遗忘,在有实际需求时,消费者会仅仅考虑比较熟悉的品牌或产品。因此,市场定位就是要在企业和消费者之间搭起沟通的桥梁,让消费者在适当时刻会自然想到企业和产品。

8.3.1　市场细分

选择目标市场的第一步是研究企业打算进入的产业并确定在该产业中的潜在目标市场,这个过程称为市场细分。进行市场细分已经成为当前营销的基础,即使是 IBM 这样既有技术又有规模的巨头都无法在整个市场上竞争,被迫从个人计算机领域退出而专攻专业领域。企业进行市场细分的基础通常包括三方面:①消费者是多元的,不同的消费有不同的需求;②部分消费者表现出类似的需求,对同一个营销行为会有相似的反应;③不同企业具有不同的优势,可以选择自己的细分市场。

1)市场细分的步骤

成功的创业者懂得市场细分的重要性。处于早期阶段的创业企业的各种资源有限,由于市场的广阔性和消费者需求的差异性,它们不能为所有的消费者提供所有的商品和服务。创业者应尽量避免面面俱到,根据消费者需求的不同来细分市场,评估并选定自己的企业最容易切入且具有竞争优势的消费者和市场,以提供能更好地满足消费者需求的产品和服务,避免由于没有明确的目标市场而进行盲目创业。有市场研究者提出了以需要为基础的市场细分方法,对创业者很有启发。罗杰·贝斯特(Roger Best)为市场细分设计了 7 个步骤,见表 8-1。

市场细分的步骤 表 8-1

步骤	描述
以需要为基础的细分	群体消费者细分成以相似需要和利益为基础的小组,这些消费者都希望能解决特定的消费问题

续上表

步骤	描述
细分识别	根据人文、生活方式和使用行为,为每个以需要为基础的细分小组找出它们之间的独特性和可识别性
细分吸引	使用预先确定的细分吸引力标准(如市场增长、竞争密度和市场通路),确定每个细分市场的总吸引力
细分概况	确定细分市场概况
定位	以细分市场的独特需要和特征为基础,为每个细分小组制定"价值陈述"和产品价格定位战略
细分 "酸性测试"	创造"细分故事板",测定每个细分定位战略的吸引力
营销组合战略	把细分定位战略扩展到营销组合的各个内容:产品、价格、促销和渠道

市场细分必须定期反复进行,对于新创企业更应该注意这一点,成长中的小企业不能一直固守在开始时的细分市场。成功的创业者应不断检验目标和细分市场决策、承认错误并采取纠正措施。事实证明,执意坚持错误的目标和细分市场是致命的。同样,因为业务是一个动态的过程,目标客户、市场细分、技术、竞争和战略在不断改变,创业者必须不断面对挑战并更新市场与目标。

2)市场细分的方法

(1)地理因素市场细分法

根据消费者所在的地理区域进行市场细分。地理细分可以实现跨区域服务,由此形成的区域市场,一般采用渠道管理模式:在不同的区域设置管理机构来负责管理该区域的市场开拓、管理,如在本土可以划分出西南、华北、华东、东北、西北等区域;设置相应的办事处、分支机构;国际上,可以划分出欧洲、亚洲、北美等洲际区域。地理细分将成为企业实行跨地区服务的重要依据。例如,华为公司在国际上分出亚洲、北美、欧洲等区域,在亚洲又分为东南亚、东亚等,在中国又分出北方区、华东区、西南区、华中区等区域市场,在这些区域设置管理机构。

(2)消费行为市场细分法

按消费者的消费行为特征进行市场细分。按消费性质可把市场分为企业对企业(B2B)或企业对消费者(B2C)两个细分市场。例如,IT 企业既可以向企业提供 ERP 系统,也可以向个人提供家庭理财管理系统。

(3)人文因素市场细分法

根据消费者的社会特征进行市场细分。根据人文因素确定目标市场,推出不同的服务。例如,根据学生和商人,我们可以把手机产品分为学生用机和商务用机等。

(4)利益因素市场细分法

先界定客户和潜在客户的真正需求,以及满足这些需求后能享受哪些利益,以此为基础把消费者分往不同的市场区域。由此,我们可以确定出一些行业市场,主要是那些需要提供服务以加快信息化建设,并提升价值的行业客户,如电信、税务、金融、教育、保险、交通等行业。

市场细分就是评估不同市场细分的吸引力,并据此选择为之服务的目标消费者。因此,我们可以根据地理区域、消费行为、人文因素、利益因素定位目标市场,即目标消费者。例如,按地理区域,联想集团根据地区的生活水平差异,为不同地区提供价格不同的区域特供机;按行业,联想集团把中国电信、中国税务、中国金融作为实施服务的目标客户,依据人文因素,把计算机分成商用机和家用机等。

8.3.2　目标市场选择

新创企业在对市场细分后就要选择所要服务的目标市场。而在选择目标市场之前,新创企业首先应该充分评估细分市场的吸引力。在评估各种不同的细分市场时,新创企业必须考虑两个因素:一是细分市场结构的吸引力;二是新创企业的目标和资源。首先,新创企业必须自问潜在的细分市场是否对自己有吸引力,如它的大小、成长性、盈利率、规模经济、风险性等。其次,新创企业必须考虑对细分市场的投资与自身的目标和资源是否相一致。某些细分市场虽吸引力较大,却在推动企业实现发展目标方面存在困难,有时甚至会分散企业的精力,因此,对于这样的市场应当选择放弃。最后,新创企业需要考虑企业的资源条件是否与某一细分市场经营相匹配。只有将那些企业有条件进入,且能充分发挥其竞争优势的市场作为目标市场,企业才会立于不败之地。

企业进入任何细分市场都期望有利可图,新创企业尤其如此。因为新创企业要通过它们的产品获取企业发展的第一桶金,为企业以后的发展打下基础。如果新创企业进入了错误的目标市场,可能会把它们本来不多的资金消耗殆尽,使企业失去快速发展的机会。一般说来,具有一定规模和成长空间的市场比较适合新创企业,因为在快速成长的空间里,各企业都忙于占领空白市场,相互之间的竞争不会特别激烈。如果市场规模狭小或者趋于萎缩,企业进入后难以获得发展,则不宜轻易进入。当然,市场吸引力并不能作为进入市场唯一的条件,因为如果把市场吸引力作为进入市场唯一的条件就容易产生"多数谬误",即很多企业遵循同一思维逻辑,将规模最大、吸引力最强的市场作为目标市场。这样造成的结果是所有企业都在关注一个较大的群体,把所有资源都用来满足他们的需求,而其他消费者的一些本应得到满足的需求遭受冷落和忽视。现在国内很多企业动辄将城市尤其是大中城市作为其首选市场,而对小城镇和农村市场不屑一顾,结果很多企业快速降生后又快速地"奔向火葬场",而像娃哈哈这样采取农村包围城市策略的企业则取得了一个又一个的成功。

　　一般来说,新创企业并不会以全部细分市场作为目标市场,因为很多细分市场规模过大,企业难以成功满足其需求。相应地,很多企业定位于细分市场中的某个利基市场。多数情况下,吸引利基市场消费者的秘密在于理解市场并满足消费者需求。聚焦界定清晰的市场,新创企业能够变成市场专家,可以为消费者提供高水平的产品和服务。这种优势就是科特勒所谓的"利基市场有财富"的一个原因。有时企业会选择某个细分市场后草率进入,却没有充分地理解市场和消费者需求。有些时候,企业试图同时吸引多个市场从而延伸得太广,以致无法成为每个市场上的佼佼者。而决定聚焦于单个利基市场的企业,更有可能变成这个市场上的强者并获得相应回报。

8.3.3　市场定位

　　在选择目标市场后,企业的下一步是确定自己在市场中的定位以同竞争者相区分。如果一家新创企业的产品或服务与其他竞争者的产品或服务相雷同,它将很难生存。因此,差异化是大多数新创企业,尤其是小企业的必然选择。然而,很多新创企业的创业者为开发出具有优于竞争对手的特征的产品和服务而沾沾自喜,他们知道这些特征对于目标市场中的消费者来说是重要的,但是他们却忘记了,只有当目标消费群体真正意识到其和竞争对手在产品上的差别以后,他们才算取得成功。市场定位就是要加深消费者对企业和产品的认知,使企业和产品在消费者心目中抢占有利位置,使消费者在有购买需求时及时想到本企业的产品。

　　很多创业者会犯这样一个错误:将企业的产品或服务定位于产品特征而非产品提供的利益,他们忽略了消费者真正需要的不是产品特征而是利益。因此,新创企业不仅要开发出具有不同于竞争对手特征的产品或服务,还必须让消费者理解这些特征与他们需要的利益息息相关。

1)市场定位策略

企业或产品在市场上的定位大致有如下几种策略。

(1)差异定位法

消费者凭什么购买你的产品？这是每位创业者需要思考的问题。市场的竞争越来越激烈,产品同质化、硬件同质化的现象越来越普遍。为何有些企业的产品销售低迷,无法树立品牌,而另一些企业却是市场中的"常胜将军",卖什么火什么呢？探究其原因,根本在于这些企业有自己明确的思路,能够灵活运用差异化的营销策略,使消费者能在众多同质化的商品中一眼认出该企业的品牌和产品,从而与其他企业的产品形成有效的隔离。可以产生差异的地方有很多,如产品、服务、渠道、人员和形象,见表8-2。

差异化内容 表8-2

差异化	内容
产品差异化	形式差异:产品在外观设计、尺寸、形状等方面新颖别致。 特色差异:对产品基本功能的增补,如率先推出有价值的新特色是有效的竞争手段之一。 性能质量:产品的主要性能的质量水平可分为低、平均、高等。 耐用性:产品在自然或苛刻的条件下预期的使用寿命。 可维修性:产品一旦出现故障进行维修的容易程度。 风格:产品给予消费者的视觉和感觉效果。 使用:产品指向某一类特定的使用者或某个特定的细分市场。 价格:现存的价格差异有高价制胜、低价渗透等。 使用范围:产品购买的目的和用途
服务差异化	关键点是竞争向增值服务转移,主要体现在订货方便、交货及时和安全、安装、客户培训与咨询、维修养护等方面。例如,家具公司不仅出售家具,还提供送货服务,甚至提供家居摆饰方案设计服务
渠道差异化	通过设计营销渠道的覆盖面、建立分销专长和提高效率,选择创新的渠道方式
人员差异化	培养训练有素的人员是一些企业尤其是服务行业中的企业取得强大优势的关键,如迪士尼乐园雇员的精神饱满、麦当劳人员的积极性和海底捞员工的踏实干劲等
形象差异化	建立一种产品的特点和价值方案,并通过一种与众不同的途径传递这一特点;借助可以利用的一切传播手段和品牌接触(如标志、文字、媒体、气氛、事件和员工行为等),传达触动消费者内心的信息

（2）主要属性或利益定位法

采用主要属性或利益定位法就是要研究企业提供的产品的利益在目标市场中的重要性如何。因为,产品提供的价值大都包括核心价值、形式价值和外延价值等多个层次,从不同角度思考对产品价值的理解可能大不相同。

消费者购买并使用产品是为了获取价值,其价值包括很多,既包括产品本身的价值,也包括产品的形象价值和外延价值等。为了获取相应的价值,消费者也要付出一定的成本,包括货币成本、时间成本、体力成本和心理成本等,因此不同的企业、不同的产品都可能成为属性和利益定位的基础。一般说来,低端产品应该从其本身的价值和成本出发,而高端产品从产品之外的价值和成本出发才更容易满足其目标市场的需要。

（3）产品使用者定位法

找出产品确切的使用者或购买者,即在目标市场中,为企业的产品、服务等特别塑造一种形象,会使其在目标市场的定位显得更突出。金利来靠一句"金利来领带,男人的世界"而风靡全国,成为我国专为男人打造服饰的著名品牌;而太太药业专为妇女提供药品,定位于妇女健康,取得了巨大的成功。

（4）使用定位法

使用定位法是通过将产品的使用地点或使用时间做特别传播而定位。有时可用消费者如何及何时使用产品将产品予以定位。柯达曾因把自己定位于"记录激动一刻"而占领了各种特殊场合使用胶卷的市场,把人们的激动和欢乐都转变成可以记录、触摸的照片。而柯达的主要竞争对手富士把自己定位于旅游市场,把人们外出旅游的珍贵记忆变成了时时刻刻可见的东西。

(5)针对特定竞争者定位法

针对特定竞争者定位法是一种直接针对某个竞争对手的竞争定位方法。这种定位法在短期内比较容易取得成功,但是就长期而言,也存在一定的限制,特别是挑战强有力的市场领导者时,这种限制更加明显。例如,除非是可口可乐与百事可乐这样的全球竞争对手,如果新创企业进入可乐市场直接挑战目标市场中的领导者,往往会因遭到领导者的强烈反击而失去快速成长的机会。对于新创企业,如果采取针对特定竞争者的定位法,除非自己具有足够强大的实力,否则最好从目标市场中选择比较弱小的对手挑战,在抢占一定市场后再选择实力比较接近的竞争对手挑战,直到积聚足够的条件再挑战市场领导者。

(6)关系定位法

当产品或服务没有明显差异,或竞争者的定位和公司产品有关时,关系定位法非常有效。利用形象及感性广告手法,可以成功地为某种产品定位。例如,养生堂农夫山泉以水源地孩子充满渴慕、单纯、明净的眼神,激起消费者的同情心灵,激发消费者响应购买 1 瓶水捐 1 分钱给水源地孩子的行动。

2)传播定位观念

企业明确自己的市场定位后就要传播自己的定位思想,只有使自己的定位理念进入消费者的大脑并牢固地停留在他们大脑中的突出位置,才容易在消费者购买时进入他们的考虑圈。因此,传播定位时应该突出自己的特色,而不要面面俱到,如果宣传自己的产品十全十美反而容易引起消费者的怀疑。美国人瑞安·马修斯和弗雷德·克劳福德在这个方面做了大量工作,通过对世界著名成功公司的研究,总结出它们共同的成功特征:产品稳定、价格合理、位置便利(容易接近)、体验独特和服务优质。调查结果还显示:最出色的公司也只是在五个属性中的一个属性方面有绝对优势,在另一个属性上保持领先,而在其他三个属性上保持平均水平。这就使每一家公司面临着选择:把哪一个属性做得最出色,把哪一个属性做得优秀,而把哪三个做成平均水平。做得出色的方面也就是企业要传播给消费者的方面。但这一方面一定要具有不可替代性且容易被消费者接受认可。如果把产品做到登峰造极,却不为消费者所接受,企业无论如何也是难以成功的。例如,某公司开发出竞争对手无法替代而且质量上能够令消费者满意的产品,但由于价格太高而超出了消费者的承受能力,最终只能败走麦城。而这个方面成功的例子也数不胜数,以汽车行业为例,奔驰一直坚持传播奔驰是身份的象征的观念,宝马则传播自信,沃尔沃传播安全,比亚迪主打新能源,吉利主打经济。其各自观念经过长期培育都已深入人心并为市场所接受,这些企业也成为汽车市场中的领导者。同样,戴尔计算机成功于易接近性,格兰仕成功于低价格,海尔成功于服务,它们的产品与别人并没有多大的不同。

一个新创企业一旦成功地进行特色定位,其差异化只能维持一段时间。竞争者都会模仿这些好的创意。因此,企业在成长过程中需要不断思考新的增值特征和利益,以赢得更多消费者的注意和兴趣。

单元 8.4　创业市场评估

在当今快速变化的商业环境中,创业成功的关键在于对市场的准确把握和科学评估。市场评估不仅帮助创业者识别机会与威胁,还能为创业者的战略决策提供数据支持,降低创业风险。市场评估是企业对选定的目标市场可行性进行评价预估的过程。市场评估是制订市场营销方案,做出营销决策的重要基础,有利于企业根据每一目标市场的价值合理分配有限的营销力量,用较少的投入获取最高的报酬。市场评估主要是对需求的数量化测度。首先要在充分估计市场需求与市场潜力的基础上,具体评估企业需求和营销潜力等指标,掌握市场规模、结构等情况;其次,通过了解企业产品在市场需求中的份额即市场占有率,预估企业营销水平和市场地位。

8.4.1　市场评估方法

1)PEST 分析

PEST 分析是一种宏观环境分析方法,可以帮助创业者分析业务环境中的政治(Political)、经济(Economic)、社会(Social)和技术(Technological)因素对其发展的影响,进而了解企业所面临的变革的"大局"力量,并以此来利用这些因素所带来的创业机会。

(1)政治因素,即政府政策、法规和法律对组织或企业的影响,包括政府的稳定性、政府干预的程度、贸易政策、税收政策、劳动法规等。

(2)经济因素,即宏观经济环境对创业企业的影响,具体包括经济增长率、通货膨胀率、利率、货币政策、失业率等。

(3)社会因素,即社会文化、价值观和消费者行为对创业企业的影响,具体包括人口结构、教育水平、消费习惯、生活方式、社会观念等。

(4)技术因素,即科技发展和创新对组织或企业的影响,包括新技术的出现、技术的成熟度、技术的应用范围等。

2）SWOT 分析

SWOT 分析中,S(Strengths)是优势、W(Weaknesses)是劣势、O(Opportunities)是机会、T(Threats)是威胁,优势和劣势是内在要素,机会与威胁则是外在要素。SWOT 分析是基于内外部竞争环境和竞争条件下的态势分析,其将与研究对象密切相关的各种主要内部优势、劣势和外部的机会和威胁等,通过调查列举出来并依照矩阵形式排列,然后用系统分析的思想,把各种因素相互匹配加以分析,从中得出一系列相应的结论,而这些结论通常带有一定的决策性。运用这种方法,创业企业可以对自身进行全面、系统、准确的研究,从而根据研究结果制定相应的发展战略、计划以及对策等。从整体上看,SWOT 分析可以分为两部分:第一部分为 SW,主要用来分析内部条件;第二部分为 OT,主要用来分析外部条件。SWOT 策略分析表见表 8-3。

SWOT 策略分析表　　　　表 8-3

外部因素	内部因素	
	内部优势(S)	内部劣势(W)
外部机会(O)	SO:最大与最大策略	WO:最小与最大策略
外部威胁(T)	ST:最大与最小策略	WT:最小与最小策略

PEST 分析通常与 SWOT 分析联系在一起,但这两个工具应用的重点领域不同。PEST 分析着眼于可能影响决策、市场或潜在新业务的"全局"因素。SWOT 分析重点在业务、产品线或产品级别的影响因素。两个工具相互补充,通常一起使用。

8.4.2　市场分析层面

1）行业分析

行业分析对于创业者确定市场机会、评估竞争环境、预测未来趋势、制订商业计划,并吸引投资者发挥着积极作用。其分析重点在于了解影响创业企业潜在盈利能力的要素和条件,是市场分析中最为重要,也是难度最大的内容。下面主要从行业现状及产业链、行业生命周期和市场天花板三个维度进行分析。

（1）行业现状及产业链

分析行业现状需要了解所要进入的行业是什么、行业规模与细分情况、如何运作、标杆企业有哪些、竞争壁垒等。行业现状分析的具体方法包括两种定性方法(5W2H 方法和产业链绘制法)和一种定量方法。

①5W2H 方法:Who(有谁在)、What(给消费者提供的价值是什么)、Why(为什么这样做)、Where(都在哪里做)、When(何时做的)、How to(如何配合与分工的)、How much(如何赚钱的)。

②产业链绘制法:行业的整体与细分可以通过绘制产业链地图通盘了解,公司标杆可以通过商业模式画布进行深入了解。

③定量方法:通过市场规模预估法实现,具体的做法是通过分解问题与收集到的一手和二手数据进行估算。市场规模可以理解为该行业的总交易额,推算方式包括自上而下和自下而上两种。

自上而下:基于宏观层面的数据进行拆解的估算。其优点是速度比较快,但是精度比较低。

自下而上:将市场拆解成小区域市场逐一叠加测算。其优点是精度比较高,但测算成本较高。

（2）行业生命周期

行业生命周期是指行业从出现到完全退出社会经济活动所经历的时间,主要包括四个发展阶段,即初创期、成长期、成熟期、衰退期,如图8-1所示。

识别行业生命周期所处阶段的主要指标有市场增长率、需求增长率、产品品种、竞争者数量、进入壁垒及退出壁垒、技术变革、用户购买行为等(表8-4)。

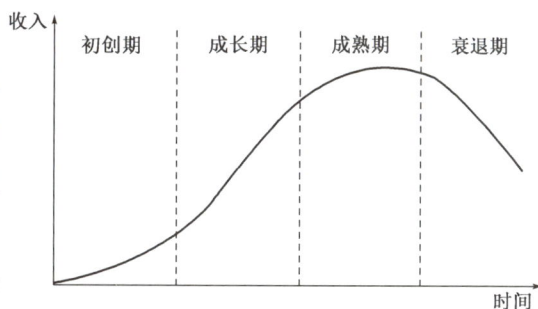

图8-1　行业生命周期

行业生命周期各阶段特征　　表8-4

项目	初创期	成长期	成熟期	衰退期
组织	企业少,集中度低	企业增加,集中度较低	集中度高	企业减少
产品	技术弱,产品单一	产品差异化	产品同质化	产品竞争力下降
规模	规模小,增长慢	规模增大,增长快	增速减缓	规模缩小
利润	利润微薄	利润高	利润最高	利润低
竞争	壁垒低,竞争小	壁垒低,价格竞争	壁垒高,非价格竞争	壁垒高,竞争激烈

资料来源:兴业证券经济与金融研究院整理。

在行业进入时机方面,如果过早进入行业,这些企业往往是行业内的先驱者,但是也面临着巨大的风险,如所提供的产品或服务并非市场所需、行业没有得到有效曝光及认可、没有一套行之有效的商业模式等。作为行业的先驱者,做得更多的工作是在为行业拓荒并且很有可能为盈利担忧。如果在行业的成长期之后(包括成熟期和衰退期)进入该行业,企业往往面临着市场份额被瓜分、用户认知被占领、竞争者较多但没有"有效护城河"等困境。特别是在那些自身没有明显竞争优势的领域,企业的利润往往非常有限,甚至因为管理和经营不善,出现盈利困难,这样的企业比比皆是。因此,创业最合适的时机是在成长期内。

在这个阶段,市场上只有少量的竞争者、市场空间大、行业快速发展。

(3)市场天花板

市场天花板是指创业企业拟进入行业的产品或服务趋于饱和,达到或接近供大于求的状态。分析市场天花板需讨论市场空间大小,主要有三个指标,分别是现有市场规模、市场增长速度和行业集中度。

2)竞品分析

竞品是指会产生竞争关系的品牌或产品,即竞争对手的产品,可以是同行业的,甚至是跨行业的,都能满足消费者某一类相似需求。通常,可将竞品分为三类:直接竞品、间接竞品、可借鉴产品。

(1)直接竞品

直接竞品,即与创业者在同一行业、具有同样模式、解决同一种需求的竞争对手的产品或服务,它们的目标用户群相同,目标用户的痛点或问题相同,为用户群解决问题的方案也相同。例如,腾讯视频的直接竞品是爱奇艺、优酷视频、芒果 TV、哔哩哔哩等,因为它们都是长视频类产品,满足的都是消费者的影视需求。又如,小米手机的直接竞品是 iPhone、华为、OPPO、vivo 等手机产品,它们满足的都是消费者对于手机的需求。

(2)间接竞品

间接竞品,即可能与创业者在不同行业,通过不同模式,但满足的却是同一需求的产品或服务。例如,腾讯视频的间接竞品是抖音、快手、小红书等短视频类产品。它们虽然一个是长视频类产品,其他的是短视频类产品,但本质上满足的都是用户的影视需求。

(3)可借鉴产品

可借鉴产品,即可能模式相同,但解决的是不同问题的产品或服务。例如酒店行业,可借鉴的是海底捞,借鉴其把服务体系设计得更舒服、让用户更满意的服务流程。虽然行业、模式可能都不相同,但重点在于了解产品的优点/模式/运营/产品设计等,再结合自身产品特性和差异化特点,做到完美融合。

创业者通过深入了解竞品的这三大分类,就可以在每一类里选 1～3 个比较出色的产品、行业头部产品等,作为自己主要的研究对象。需要注意的是,不要选择那些没有市场、没有起色的竞品,因为可能它在某些方面甚至在各个方面都没有跑通,可能资料也会少很多,那也就不具备研究的意义了。

3)目标客户分析

(1)区分需要与需求

日常生活中,人们经常使用"需要"和"需求"两个词。它们虽然听起来相似,但却存在着较大差异。需要是心理学名词,指因缺乏或期待某种结果而产生的心理状态,是人们自身和外部生活条件的要求在头脑中的反映,是人们与生俱来的基本要求。需求是经济学名词,是指在一定的时间内和一定的价格水平下,消费者对某种商品或服务愿意并且能够购买的数量。需要通常是长期的,而需求可以是短期的。一个人需要食物来维持生命,这是一种长期的需要。如果一家公司推出一种新产品,消费者可能会在短期内表现出对它的需求,但这种需求可能会在一段时间后消失。

创业者只有了解用户的需求,才能为其提供满足其需求的产品或服务。通常,用户需求可分为显性需求和隐性需求。显性需求是指能够明确表达的需求,如用户购买计算机时需要明确地指出自己需要的品牌、型号、配置等,这些需求均为显性需求。但很多情况下,用户并不总是能够清晰地表达自己的需求,这就需要创业者通过不同方式挖掘用户的隐性需求。隐性需求指消费者虽然有明确的欲望,但由于种种原因还没有明确显示出来的需求。一旦条件成熟,隐性需求就将转化为显性需求,从而引发消费者的购买行为。

(2)搜集用户信息

搜集用户信息主要有定量研究方法和定性研究方法两种方法。其中,定量研究方法是通过统计分析和建立模型等方法将搜集到的资料或信息进行量化处理、检验和分析,主要解决"是什么"的问题。定性研究方法采用多种方法搜集资料,并通过归纳法进行分析和整理,主要用于挖掘问题,理解事件现象,分析用户的行为和观点,解决"为什么"的问题。通常,可以采用访谈、观察等方式获取用户信息,搜集资料。

①访谈。客户访谈是企业沟通和了解客户需求、偏好、痛点以及对产品或服务体验感受的重要方式。客户访谈主要作用包括:通过访谈,企业可以直接从客户那里获得他们对产品或服务的看法和感受的反馈,用于优化产品;通过访谈,企业可以探索客户的行为模式、使用场景和决策链路及过程,充分了解客户,以便提供更满足客户需求的产品或服务;通过访谈,企业可以与客户建立良好的关系,提高客户的忠诚度,建立品牌的口碑;通过访谈,企业可以透过客户的真实经历,收集市场趋势,基于一手资料洞察市场规律、潜在需求、竞争对手和相关竞品的信息;通过访谈,企业可以了解客户需求未得到满足的"痛点"或"蓝海"(未知的市场空间),激发新产品或服务的创意和创新。

②观察。通过观察受访者的行为特征来获取和判断受访者无法完全真实表达的一些信息,并根据相关信息来设计对问题的创新解决方案。可从人、行为、物品、情绪、信息和环境六个维度进行观察,见表8-5。

六维度观察记录表 表8-5

维度	观察内容
人	你观察的是什么样的人? 描述他们的外形特征。
行为	他们做了什么? 有什么反常的举动或多次重复的行为?

续上表

维度	观察内容
物品	他们接触或使用的是什么物品？什么时候使用？如何使用？
情绪	他们在当时显示出什么样的情绪或情感？
信息	他们如何交流？他们说了什么或者传递了什么样的信息？
环境	描述周围的环境,他们依赖哪些体验使工作更有效？

（3）用户需求洞察

用户需求洞察是识别创业机会的关键环节。通过深入了解消费者的需求和痛点,创业者可以发现市场中尚未被满足的需求,尤其是那些消费者自己尚未明确表达出来的,但内心深处渴望得到满足的需求都将成为潜在的创业机会。此外,通过洞察消费者的需求变化,创业者可以及时调整产品或服务以满足市场的不断变化。

①需求类型。一个真正的创业问题应该能够反映真实的市场需求,而市场需求是创业机会的核心之一。当创业者发现一个问题或市场需求时,首要任务是进行深入的调查和研究,明确需求类型,并判断这个需求是否真正存在且值得投入资源。这里介绍的是 KANO 模型,又称狩野模型,是东京理工大学教授狩野纪昭（Noriaki Kano）针对用户需求分类和优先级排序发明的工具,体现了产品功能和用户满意度之间的非线性关系。

根据不同类型的用户需求与用户满意度之间的关系,狩野纪昭将产品需求属性分为四类：

a. 基本需求。基本需求是用户对企业提供的产品或服务的基本要求,它是被用户认为"必须有"的属性或功能,当这种属性或功能不能满足用户需求时,用户会很不满意;而当其满足用户需求时,用户的满意度也不会提高。

b. 期待需求。期待需求是用户满意度与需求的被满足程度成正比例的需求。用户对这种需求有明确的意识,只是有的被明确表达出来,有的没有被表达出来。期待需求被满足越多,用户的满意度越高,反之,用户满意度越低。

c. 兴奋需求。兴奋需求是指处于用户的潜意识中,没有被认识到和不能被清楚描述的需求。但是,一旦这种需求得到满足,用户便表现出非常高的满意度。比如汽车的出现,对于只想要一匹跑得更快的马的人们而言,便是兴奋需求。

d. 多余需求。多余需求是指那些对满意度没有明显影响的需求,这种需求是否得到满足用户都觉得无所谓。例如,对大多数职业女性来说,手机上的大喇叭和单机益智游戏等便属于多余需求,花精力开发以上功能吃力不讨好。

基于 KANO 模型,我们能很好地理解海底捞作为火锅店为何要在顾客等位间隙为其提供美味点心和美甲服务,星巴克在卖咖啡的同时为什么要精心打造社交文化。这些企业在满足用户基本需求和期待需求的基础上，还满足了其兴奋需求，从而大大提高了用户的满意度和忠诚度。

②需求分析工具。在探索创业机会的过程中，深入理解目标市场和潜在用户的需求至关重要。为此，我们需要借助一系列需求分析工具，从纷繁复杂的市场调研数据中提炼出有价值的信息，准确把握用户需求，进而发现潜在的创业机遇。接下来，我们将详细介绍三种常用的需求分析工具：同理心地图、AEIOU 表和情境故事。

a. 同理心地图。作为用户需求分析工具的同理心地图（Empathy Map）最早是由美国商业设计顾问公司 XPlaner 创始人戴夫·格雷（Dave Gray）提出来的。同理心地图是一种用于整理和提炼前期调研信息的工具，它可以快速可视化地呈现用户行为，如图 8-2 所示。

在同理心地图里，中间的小人儿代表人物对象，围绕小人儿的四周，左边是 Hear，用于记录"他听到周围的人说了些什么"；右边是 See，用于记录"他看到了什么"；下边是 Say&Do，用于记录"他说了或做了什么"；上边是 Think&Feel，用于记录"他的想法和感觉如何"。在最下方还有两个方框，左边是 Pain，用于记录"他感到痛苦、挫败的是什么"；右边是 Gain，用于记录"他期望获得什么"。

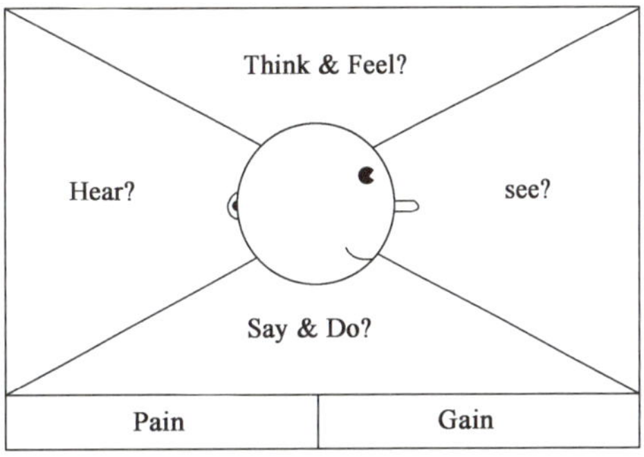

图 8-2　同理心地图

b. AEIOU 表。AEIOU 表是一个清单式的用户需求分析工具，它能帮助分析者在观察中拥有一个可参考的结构。对于缺乏经验的团队，这种方法能保证其有效地完成基本的工作任务。这个工具也可以帮助分析者在第一时间了解用户，并能够帮助分析者在环境中捕捉事件。

AEIOU 表由五个部分构成，具体见表 8-6。

AEIOU 结构表　　　　　　　　　　表 8-6

结构要素	描述
活动（Activities）	发生了什么？ 人们在做什么？ 他们的任务是什么？ 他们实际上做了什么来完成任务？ 之前和之后发生了什么？
环境（Environment）	环境是怎样的？ 空间有什么样的特性和功能？
交互（Interaction）	系统彼此间是如何交互的？ 有接口吗？ 用户是如何与其他人互动的？ 操作由什么组成？

续上表

结构要素	描述
物品(Objections)	什么物品和设备被使用? 谁在什么环境下使用了物品?
用户(User)	谁是用户? 用户扮演了什么角色? 谁在影响他们?

c.情境故事。情境故事是产品开发中用于推测用户行为的假想叙事,需兼顾内外因素:内部聚焦用户情感(将心比心),外部还原场景细节(设身处地)。虽然故事中的很多场景源自用户经验,但由于产品尚未设计出来,它的所有情境都是在设想用户使用这个"尚未设计出的产品"的情况下所做出的合理的揣测。故事需生动有趣,通过情感驱动行为逻辑,结合环境约束塑造合理情节,避免脱离语境的臆断。

情境故事既可以单独使用,也可以和同理心地图结合起来使用。当与同理心地图结合使用时,团队成员分享调研中的真实用户故事时,其他成员用便利贴实时捕捉"说/做/想/感"四类信息,分类贴入同理心地图的四象限。随后进行四组交叉对比(言行/心口/言感/行感),揭示矛盾点。建议在同理心地图右侧增设"洞察区",集中记录引发紧张感或意外反应的线索,作为深度讨论的起点。通过持续追问,挖掘用户隐性需求与行为悖论,为设计提供有力依据。

③需求洞察策略。前面我们介绍了需求分析工具,其目的在于运用这些工具找到用户的真实需求。从业界的反馈看,虽然这些工具对理解用户需求都有一定的作用,但对一些涉及因素较多的产品开发,它们还略显不够。因此,可在运用上述工具进行基础分析的基础上,借助"用户画像",即人物角色法来洞察用户需求。

a.人物角色法概述。人物角色又称人物志,在产品设计领域常被称为用户角色模型,即用户画像。它是在对目标用户群体调查研究的基础上,对用户真实特性加以分析、综合与勾勒,借用虚拟的图形来代表一类人的特征、行为、价值观及需求的一种方法。

b.人物角色的构建。为了获得有效的人物角色,我们需要通过前期的设计调研和市场调查来搜集繁杂的用户信息,并对信息资料进行一定的分析推理。此时,需要站在使用者的客观立场,而不是自己的立场,进行有效的分析和推理,并发现各种本质与关联。本书介绍的是尼尔森的人物角色创建流程。尼尔森是用户画像博士和用户画像专家,她在长期研究的基础上提出了包括10个步骤的人物创建的理想流程,具体为收集数据、形成假设、接受假设、建立数据、描述画像、准备场景、组织认可、传播知识、每个人都准备场景、迭代调整。

单元 8.5　市场营销

8.5.1　市场营销概述

1) 市场营销的概念

市场营销是指计划和执行关于商品、服务和创意的观念、定价、促销和分销,以创造符合个人和组织目标的交换的一种过程。市场营销既是一种组织职能,也是为了组织自身及利益相关者的利益而创造、传播、传递客户价值,管理客户关系的一系列过程。

2) 市场营销的分类

市场营销的分类可以从多个角度进行,以下是几种常见的分类方式:

(1)按市场结构分类:市场营销的四种基本模式是独家垄断、寡头垄断、垄断竞争、完全竞争。

(2)按营销方法分类:常用的市场营销方法有服务营销、形象营销、绿色营销等。

(3)按营销种类分类:市场营销的种类包括整合营销传播、数据库营销、网络营销、直复营销、关系营销、绿色营销、社会营销、病毒营销等八大种类。

以上分类并不是孤立的,它们之间存在交叉和联系。在实际的市场营销活动中,企业需要根据自身的实际情况和市场环境,综合运用各种营销策略和方法。

扩展资料

营销经常由企业组织中的一个部门专门负责,这样做其实有利有弊。利在便于集中受过营销训练的群体专门从事营销工作;弊在营销不应该仅限于由企业的一个部门来进行,而应该在企业所有活动中体现出来。

3) 市场营销的环境

市场营销环境是指影响企业营销活动的外部因素和内部条件的总和,可分为宏观环境和微观环境。宏观环境包括经济、人口、社会文化、政治法律、自然、科技等外部力量;微观环境则主要指市场环境,涉及消费者、竞争者、供应商等直接关联因素。

(1)经济环境

经济环境是影响消费者购买力和市场需求的直接因素,包括经济增长、收入分配、汇率与贸易政策等。

经济增长:经济繁荣时,消费者可支配收入增加,购买力增强,企业营销空间扩大;经济衰退时,消费者倾向于缩减开支,非必需品需求下降。

收入分配:不同收入阶层的消费结构差异显著。例如,高收入群体更关注品质和品牌,而低收入群体对价格敏感。

汇率与贸易政策:全球化背景下,汇率波动和关税政策会影响进出口企业的成本和定价策略。

例如,2008年金融危机后,全球消费者转向性价比更高的产品,催生了"快时尚"和共享经济的兴起。

(2)人口环境

人口环境决定了市场的规模和结构,包括人口数量、年龄分布、性别比例、家庭结构、地域流动等。

老龄化社会:如日本和欧洲国家,医疗保健、养老服务的需求增长,而年轻消费品市场萎缩。

城市化进程:发展中国家人口向城市集中,推动零售、餐饮、房地产等行业的市场扩张。

家庭小型化:单身家庭和双职工家庭增多,催生了预制菜、小家电等便捷产品的需求。

例如,中国"Z世代"(1995—2009年出生人群)的崛起推动了国潮品牌和数字化消费的爆发。

(3)社会文化环境

社会文化环境包括价值观、宗教信仰、风俗习惯、教育水平等,深刻影响消费者的偏好和行为。

价值观变迁:环保意识增强推动绿色消费(如新能源汽车、可持续服装);健康观念普及带动低糖食品和健身行业的发展。

亚文化影响:嘻哈、二次元等亚文化群体催生了特定市场(如潮流服饰、动漫周边)。

文化禁忌:跨国企业需尊重本地文化,如伊斯兰市场对清真食品的要求。

星巴克在全球市场推出本地化产品(如中国的茶饮、中东的斋月套餐),是适应社会文化的典型案例。

(4)政治法律环境

政府政策、法律法规、国际关系等对企业营销活动形成约束或机遇。

政策导向:中国"双碳"目标推动新能源产业补贴,而高污染行业面临限制。

消费者保护法:如欧盟《通用数据保护条例》(GDPR)要求企业合规处理用户数据,影响数字营销策略。

贸易壁垒:中美贸易战中加征关税迫使企业调整供应链或定价策略。

例如,特斯拉在中国建厂以规避进口关税,并受益于新能源汽车优惠政策。

（5）自然环境

自然资源、气候变化、环境污染等问题直接影响企业的生产、物流和产品设计。

资源短缺:水资源匮乏地区的饮料企业需考虑节水生产或替代包装(如铝罐替代塑料瓶)。

极端气候:自然灾害(如台风、干旱)可能破坏供应链,迫使企业建立弹性库存。

环保法规:垃圾分类政策推动可降解包装市场发展(如纸质吸管替代塑料吸管)。

户外品牌 Patagonia 通过使用回收材料宣传环保理念,赢得消费者认同。

（6）科技环境

技术创新改变消费习惯、产业形态和竞争格局,是营销变革的核心驱动力。

数字化技术:大数据和 AI 助力精准营销(如抖音的算法推荐);区块链提升供应链透明度。

移动互联网:直播电商、社交购物(如小红书、Instagram)成为新销售渠道。

自动化生产:3D 打印技术实现产品定制化,满足消费者个性化需求。

例如,TikTok 通过 AI 算法分析用户兴趣,精准推送短视频和商品广告,并推出"TikTok Shop"实现"边看边买"。

（7）市场环境

市场环境涉及消费者、竞争者、渠道伙伴等直接参与者的动态。

消费者需求分层:高端市场追求奢侈品,下沉市场偏好高性价比产品(如拼多多)。

竞争格局:行业集中度(如手机市场的寡头竞争)影响定价和促销策略。

渠道变革:线上线下融合(O2O)成为趋势,如沃尔玛布局社区团购,对抗电商冲击。

例如,可口可乐与百事可乐的百年竞争,从产品口味延伸到营销创意(如明星代言、社交媒体互动)。

8.5.2　市场营销策划

1）市场营销策划的主要内容

市场营销策划是指为了改变企业现状,实现营销目标,借助科学方法与创新思维,立足企业现有营销状况,对企业未来的营销发展做出战略性的决策和指导。市场营销策划带有前瞻性、全局性、创新性、系统性。市场营销策划适合任何一个产品,包括无形的服务,它要求企业根据市场环境变化和自身资源状况做出相适应的规划,从而提高产品销售,获取利润。市场营销策划的内容包含市场分析、产品创新、营销战略设计、营销组合 4P 战术等四个方面的内容。市场营销策划的主要内容包括营销战略规划、产品全国市场推广、一线营销团队建设、促销政策制定、专卖体系等特殊销售模式打造、终端销售业绩提升、样板市场打造、分销体系建立、渠道建设、直营体系建设、价格体系建设、招商策划、新产品上市策划、产品规划、市场定位、营销诊断、市场营销调研、企业形象策划、目标市场策划、营销策划创意与文案等。

2)市场营销策划的四大要素

(1)市场环境分析

进行市场环境分析的主要目的是了解产品的潜在市场和销售量,以及竞争对手的产品信息。以凉茶为例,凉茶一直以来为南方人所热衷,这主要是受到气候、饮食习惯的影响,因此应该将主要的营销力量集中在南方城市。如果将力量转移到北方,无论投入多大的人力财力,都不会取得好的营销效果。

(2)消费心理分析

只有在掌握了消费者会因为什么原因、什么目的去购买产品,才能制定出针对性的营销策略。

(3)产品优势分析

只有做到知己知彼,才能战无不胜。在营销活动中,样品难免会被拿来与其他产品进行对比,如果无法了解样品和竞品各自的优势和劣势,就无法打动消费者。在涛涛国际某次营销类课程中就发生过这样的情况。在课程的实作模拟中,两位学员进行销售情境模拟,其中一位扮演销售人员的学员在整个过程中对样品和竞品都缺乏足够的了解,导致另一位学员只能通过直观的感觉来了解产品特性,最终导致整个销售过程以失败告终。

(4)营销方式和平台的选择

营销方式和平台的选择既要符合企业自身情况和战略,也要兼顾目标群体的喜好来进行。例如,针对全国儿童的产品,可以根据儿童的特点,在央视的儿童频道以动画短片的形式展现出来,这样不仅符合企业战略,将产品信息传达给全国儿童,而且能够吸引儿童的目光。对于一些快消品,则可以选择和产品切合度较高的方式,其中SNS平台中十分流行的争车位、开心农场等游戏就吸引了很多汽车企业和饮料企业的加入,并且取得了非常好的效果。

8.5.3　市场营销策略

1)4P策略

市场营销的4P策略是指产品策略(Product)、渠道策略(Place)、促销策略(Promotion)

和定价策略(Price)。

(1)产品策略

产品是能够提供给市场以引起人们注意,让人们获取、使用或消费,从而满足人们某种欲望或需要的一切东西。从市场营销的角度出发,产品是一个整体概念。产品的整体概念是由三个层次的产品所构成的:核心产品、形式产品和附加产品。核心产品也叫实质产品,是指产品能够给消费者带来的基本利益和效用,即产品的使用价值,是构成产品最本质的核心部分。消费者购买产品的目的是满足自己的需求,因此,市场营销的任务是从满足消费者的需求出发,揭示消费者购买每一产品的真正目的。形式产品是指消费者需要的产品实体的具体外观,是核心产品的表现形式。形式产品有五个基本特征:质量水平、特征、式样、品牌名称和包装。

(2)渠道策略

渠道策略是指某种货物和劳务从生产者向消费者移动时取得这种货物和劳务的所有权或帮助转移其所有权的所有企业和个人。它主要包括零售商、中间商、代理中间商,以及处于渠道起点和终点的生产者与消费者。

消费品营销渠道模式有五种,或称三级营销渠道:①生产者把产品直接销售给消费者。②生产者通过零售商,把产品卖给消费者。③生产者把产品卖给批发商,批发商批发给零售商,再到消费者手上。④生产者通过代理商把产品卖给零售商,再到消费者手上。⑤生产者通过代理商把产品卖给批发商,再由批发商批发给零售商,最后到消费者手上。

企业在选择渠道时要综合考虑渠道目标和各种限制因素或影响因素,制约因素之一是市场因素,主要包括:①目标市场的大小。如果目标市场范围大,渠道则较长,反之,渠道则短些。②目标顾客的集中程度。如果顾客分散,宜采用长而宽的渠道,反之,宜用短而窄的渠道。

影响营销渠道选择的第二个因素是产品因素,包括四个方面:①产品的易毁性或易腐性。如果产品易毁或易腐,则采用直接或较短的营销渠道。②产品单价。如果产品单价高,可采用短渠道或直接渠道;反之,则采用间接促销渠道。③产品的体积与重量。体积大而重的产品应选择短渠道;体积小而轻的产品可采用间接销售。④产品的技术性。技术性复杂,需要安装及维修服务的产品,可采用直接销售;反之则选择间接销售。

影响营销渠道选择的第三个因素是生产企业本身,包括三个方面:①企业实力强弱。这主要包括人力、物力、财力。如果企业实力强,可建立自己的分销网络,实行直接销售;反之,应选择中间商推销产品。②企业的管理能力强弱。如果企业管理能力强,又有丰富的营销经验,可选择直接销售渠道;反之,应采用中间商。③企业是否希望控制渠道。企业为了有效地控制营销渠道,多半选择短渠道;反之,企业如果不希望控制渠道,则可选择长渠道。

政府有关立法及政策规定是影响营销渠道选择的第四个因素,如专卖制度、反垄断法、进出口规定、税法、税收政策、价格政策等都影响企业对营销渠道的选择。例如,烟酒实行专卖制度,相关企业就应当依法选择营销渠道。

(3)促销策略

促销是指企业通过人员推销或非人员推销的方式,向目标消费者传递商品或服务的存在及其性能、特征等信息,帮助消费者认识商品或服务所带给购买者的利益,从而引起消费者的兴趣,激发消费者的购买欲望及购买行为。

促销策略指营销沟通过程的各个要素的选择、搭配及运用。促销策略有四个要素:广告、人员推销、营业推广和公共关系。

①广告指企业为推销商品、服务或观念,通过各种媒介和形式向公众发布的有关信息。广告有多种形式,如电视、电台、户外、杂志、报纸、网络等。那么,如何选择广告媒体?每一种媒体都有其长处,营销人员应当尽可能有效地覆盖自己的目标消费者,以促成他们的购买行为。我们需要从以下几个方面来考虑媒体的选择。

其一,选择广告媒体要考虑产品因素。如果是技术性复杂的机械产品,宜用样本广告,它可以较详细地说明产品性能,或用实物表演,增加用户直观感受;一般消费品可用视听广告媒体。其二,选择广告媒体要考虑消费者的媒体习惯。例如,针对工程技术人员的广告,应选择专业杂志为媒体,推销玩具和化妆品等最好的媒体是电视。其三,选择广告媒体要考虑销售范围。广告宣传的范围要和商品推销的范围一致。其四,选择广告媒体要考虑广告媒体的知名度和影响力,包括发行量、信誉、频率和散布地区等。其五,选择广告媒体要考虑广告主的经济承受能力。

②人员推销是指企业通过指派推销人员与一个或一个以上可能成为购买者的人交谈,进行口头陈述,以推销商品,促进和扩大销售。人员推销可以采取三种形式:a. 建立自己的销售队伍,使用本企业的推销人员来推销产品。b. 使用专业合同推销人员,如制造商的代理商、销售代理商、经纪人等。c. 雇用兼职的推销员,一般称为促销员。

③营业推广旨在激发消费者购买和提升经销商的效益,如陈列、展出与展览表演和许多非常规的、非经常性的销售尝试。营业推广的种类之一是针对消费者的营业推广。可以鼓励老客户继续使用,促进新客户使用,动员客户购买新产品或更新设备。引导客户改变购买习惯,或培养客户对本企业的偏爱行为等。营业推广可以采用的方式包括赠送、优惠券、廉价包装、奖励、现场示范、组织展销。营业推广的种类之二是针对中间商的营业推广。

针对中间商的营业推广的目的是鼓励批发商大量购买,吸引零售商扩大经营,动员有关中间商积极购存或推销某些产品。针对中间商的营业推广的方式包括批发回扣、推广津贴、销售竞赛、交易会或博览会、业务会议。营业推广的种类之三是针对销售人员的营业推广。针对销售人员的营业推广鼓励销售人员热情推销产品或处理某些老产品,或促使他们积极开拓新市场。针对销售人员的营业推广的方式包括销售竞赛,免费提供人员培训、技术指导。

④公共关系主要是评估社会公众的态度,确认与公众利益相符合的个人或组织的政策与程序,拟定并执行各种行动方案,以争取社会公众的理解与接受等。公共关系的主要方法包括:密切与新闻界的关系,吸引公众对某人、某产品或某服务的注意;进行产品宣传报道;开展企业联谊活动;游说立法机关与政府官员;咨询协商;编写案例、经验;公众舆论调查;信息反馈、广告合作。

(4)定价策略

产品的价值是产品定价的基础。它是营销组合中唯一产生收入的因素,而所有其他因素都代表着成本。合理的定价有利于新企业形象的提升。过高的定价,加上产品是新品牌,容易让价格敏感性较强的消费者产生抵触心理,进一步降低消费者的尝试意愿;过低的定价,受到消费者"便宜没好货"的观点所影响,在消费者心目中形成品质低劣的企业形象,这在日后的企业发展中是难以改变的。企业常用的定价策略包括新产品定价策略、产品组合定价策略、价格调整策略,以及刺激消费策略。

①新产品定价策略:包括撇脂定价策略、渗透定价策略和满意定价策略等。

②产品组合定价策略:包括系列产品定价策略、互补产品定价策略和成套产品定价策略等。

③价格调整策略:包括折扣和补贴定价、分层定价、心理定价、促销定价、地区定价和国际定价等。

④刺激消费策略:包括拍卖式定价、团购式定价、抢购式定价、与产品未来利润增长挂钩的持续回报式定价和会员积分式定价。

2)其他营销策略

(1)情感营销策略

在情感消费时代,消费者购买商品所看重的已不只是商品数量的多少、质量好坏以及价钱的高低,更是为了一种感情上的满足,一种心理上的认同。情感营销从消费者的情感需要出发,唤起和激起消费者的情感需求,诱导消费者心灵上的共鸣,寓情感于营销之中,让有情的营销赢得无情的竞争。

（2）体验营销策略

体验涉及顾客的感官、情感、情绪等感性因素，也包括知识、智力、思考等理性因素，体验的基本事实会清楚地反映于语言中。形成描述体验的动词有喜欢、赞赏、讨厌、憎恨等，形容词有可爱的、诱人的、刺激的、酷毙的等，借助这类词可以传播企业和产品信息。

■ 案例

宜家"未来家体验馆"元宇宙营销

2022年，随着元宇宙概念的爆发，宜家中国敏锐地捕捉到Z世代对数字化生活的兴趣，联合天猫推出"未来家体验馆"元宇宙项目。该项目突破传统家居卖场的物理限制，通过虚拟现实技术让消费者沉浸式体验家居场景，强化品牌科技感与年轻化形象。

该项目在天猫旗舰店上线3D虚拟展厅，消费者可通过手机或虚拟现实设备"走进"不同风格的数字样板间，实时更换家具配色与布局；设置寻宝任务，消费者收集虚拟家具碎片可兑换真实优惠券；推出虚拟现实"试放家具"功能，消费者用手机摄像头将虚拟家具投射到自家实景中；鼓励消费者分享自己设计的元宇宙房间到社交平台，点赞数最高者可获得限量版数字藏品（NFT家居饰品）；在北京、上海旗舰店设置元宇宙体验区，工作人员指导消费者操作虚拟现实设备，实现线上线下体验闭环。

此次营销上线首周吸引超200万人次体验，虚拟现实功能使用量环比增长450%；参与消费者的客单价较普通线上消费者高出37%，限量NFT带动相关产品销量增长28%；微博#宜家玩转元宇宙#话题阅读量达2.3亿，成功塑造"传统品牌数字化转型"标杆形象；该项目获2023年戛纳国际创意节"数字营销类"铜狮奖。

宜家通过将30年积累的空间设计能力迁移到数字世界，证明传统企业也能用体验营销赢得新时代消费者。这种"可玩、可试、可买"的沉浸式策略已成为零售业数字化转型的参考样本。

（3）植入营销策略

我们经常在众多电影、电视剧中看到不同品牌产品广告的植入。其实数字营销一样可以借用，植入可以直接照搬到网络平台，同时在各种以内容为输出的平台上实现，如网络游戏、微博段子、长微博图文，甚至小说。一个大型的植入营销活动甚至可以成为主角，如游戏、微视频等，但是在微博段子、长微博中可能只能算是一次整合营销的一个点而已，成不了大的策略。

（4）口碑营销策略

口碑营销是指企业努力使用户通过亲朋好友之间的交流将自己的产品信息、品牌传播开来。我们曾在论坛、微博上看到关于海底捞众多口碑的传播，还有快书包小时到货给用户带来的惊喜分享。这些都是口碑碎片,通过用户自行分享。企业在使用此策略时,更多是利用口碑类媒体传播用户对品牌的感受。

（5）事件营销策略

事件营销策略是指企业通过策划、组织和利用具有名人效应、新闻价值以及社会影响的人物或事件,引起媒体、社会团体和消费者的兴趣与关注,以求提高企业或产品的知名度、美誉度。

（6）比附营销策略

比附营销策略是指想方设法使自己的产品或品牌与行业内的知名品牌发生某种联系(攀附知名品牌),并与其进行比较,但承认自己比其稍逊一筹。比如,早些年蒙牛刚刚推出时,与伊利的比附;在互联网中 2013 年暴风影音推出"中国好老二"的活动,借艾瑞网关于视频排行之势推出了系列广告营销活动。

（7）饥饿营销策略

饥饿营销策略的操作很简单:定个叫好叫座的惊喜价,把潜在消费者吸引过来,然后限制供货量,造成供不应求的热销假象,从而提高售价,赚取更高的利润,如小米手机。

（8）恐吓营销策略

恐吓营销策略包括分析产品→列举提出问题→渲染问题的严重性→从心理上恐吓→采取措施→潜在购买成为现实购买。

（9）会员营销策略

会员营销策略是指根据地域、年龄、性别、习惯购买品类、购买次数等多个维度对用户进行分群,在促销时针对不同群体进行不同内容的传播。一个电商品牌的大促活动,可能通过会员营销获得的订单要占40%,可见会员营销的重要性。

3）网络营销

（1）网络营销模式

网络营销就是以互联网为主要手段,为达到一定的营销目的而采取的一种营销方式。网络营销产生于 20 世纪 90 年代。目前,网络营销的模式主要有以下五种:

①B2C。B2C(Business to Customer)是企业通过互联网为消费者提供一个新型的购物环境——网上商店,消费者通过网络实现网上购物、网上支付。这种模式节省了消费者和企业的时间和空间,大大提高了交易效率,特别对于工作忙碌的上班族,可以为其节省宝贵的时间。比较典型的代表就是全球知名的亚马逊网上书店。

因为渠道管理体系比较复杂、建设成本相对较高,所以 B2C 一直以来都不被人们看好。但在 2010 年国内网购市场上,B2C 开始进入快速上升通道。

②B2B。B2B(Business to Business)是指企业对企业之间的营销关系。它将企业内部网通过 B2B 网站与客户紧密结合起来,通过网络的快速反应,为客户提供好的服务,从而促进企业的业务发展。生产商或商业零售商可以与上游的供应商之间形成供货关系。比如,Dell 公司与上游的芯片和主板制造商就是通过种方式进行合作的。生产商与下游的经销商可以形成销货关系,如 Cisco 与其分销商之间进行的交易。中间商也为企业的采购方和供应方提供了一个交易的平台,如 Alibaba、TOXUE 外贸网、环球资源网等,在网上将销售商和采购商汇聚在一起,采购商可以在其网上查到销售商的有关信息和销售商品的有关信息。

③C2C。C2C(Consumer to Consumer)是消费者与消费者之间的电子商务,是直接为客户之间提供电子商务活动平台的网站。卖家可以在网站上登出其想出售商品的信息,买家可以从中选择并购买自己需要的物品。比如,天猫淘宝商城。另外,一些二手货交易网站也属于此类。

④C2B。C2B(Customer to Business)也称网络代购,是通过聚合分散分布但数量庞大的客户形成一个强大的采购集团,以此来改变客户一对一出价的弱势地位,使之享受到以大批发商的价格买单件商品的利益。例如,Priceline 提出"客户自己定价格"独特的商业模式,成为连接生产者和消费者的桥梁网络中间商,帮助客户进行购买决策,满足客户需求,使客户可以对旅游项目、酒店、租车甚至是家庭金融服务报出价格。同时,Priceline 通过向卖主(航空公司、酒店、金融服务公司)询问是否有商家接受客户提出的报价,帮助生产者掌握产品销售状况,降低生产者为达成与消费者交易的成本费用。简言之,客户可以通过 Priceline.com 提供他们的期望价格和产品;卖方通过 Priceline.com 获得市场需求信息(产品需求和价格),再根据此客户的需求特征提供客户所需要的产品,实现获利。

⑤O2O。O2O(Online to Offline)是指线上促销和线上购买带动线下经营和线下消费。O2O 通过促销、打折、提供信息、服务预订等方式,把线下商店的消息推送给互联网用户,从而将他们转换为自己的线下客户,这就特别适合必须到店消费的产品和服务,如餐饮、健身、电影和演出、美容美发、摄影及百货商店等。

在中国,以苏宁为代表的传统零售企业曾宣布自己是 O2O 企业,理由是它们线上有电商网站、线下有实体门店,而且两者能相互配合与促进。

不论什么行业,无论是销售,还是营销,抑或是客户关系管理,只要是线上线下相互配合的,都可以称为 O2O;无论是传统企业利用线上促进转型升级,还是互联网公司利用线下实现渠道下沉,都可以称为 O2O。线上的互联网公司、线下的传统企业在各自发展了很多年后,终于开始有了明显的交集。未来将没有纯互联网公司,也不会有纯传统企业。

营销实践中,O2O 业务模式主要有以下四种:

Online to Offline 模式:线上交易到线下消费体验产品或服务。

Offline to Online 模式:线下营销到线上完成商品交易。随着智能手机的日渐普及和二维码的兴起,很多企业通过在线下做促销,在线上实现交易。

Offline to Online to Offline 模式:线下促销到线上完成商品交易,然后到线下消费体验产品或服务。运营商针对手机客户在任何时间段都可能开展促销,而且很多营销活动在线下触发,在线上完成交易,然后客户在线下消费体验。例如,"预存话费 100 元送价值 60 元的花生油",在校园开学季"校园新生开卡送自行车",等等。这种业务模式在线下触发,然后在线上完成交易,运营商把营销的产品或服务通过线上发给手机客户,手机客户再到线下完成消费体验。

Online to Offline to Online 模式:线上交易或促销到线下消费体验产品或服务再到线上交易或促销。例如,某消费者玩一款网游,该游戏的道具有麦当劳某套餐,然后他在游戏中买了这款麦当劳套餐,该游戏提示他到线下的麦当劳实体店吃完该套餐,然后回到线上继续这款网游。该消费者去实体店消费后再进入网游时,线上那个麦当劳道具已经被使用了,而且他在线上网游中的角色的实力大增。

(2)网络营销方法

①搜索引擎营销与竞价推广。SEM 是 Search Engine Marketing 的缩写,中文意思是搜索引擎营销。SEM 是一种新的网络营销形式。SEM 所做的就是全面而有效地利用搜索引擎来进行网络营销和推广。SEM 追求最高的性价比,以最少的投入获得最大的来自搜索引擎的访问量,并产生商业价值。

竞价推广是指把企业的产品或服务等以关键词的形式在搜索引擎平台上进行推广,它是一种按效果付费的新型而成熟的搜索引擎广告,用少量的投入就可以给企业带来大量潜在客户,有效提升企业销售额。竞价排名是一种按效果付费的网络推广方式,由百度在国内率先推出。企业在购买该项服务后,通过注册一定数量的关键词,其推广信息就会率先出现在网民相应的搜索结果中。

②网络广告、交换链接与网络营销联盟。

a. 网络广告。几乎所有的网络营销活动都与品牌形象有关,在所有与品牌推广有关的网络营销手段中,网络广告的标准标志条幅广告(Banner)曾经是网上广告的主流,进入2001 年之后,网络广告领域发起了一场轰轰烈烈的创新运动,新的广告形式不断出现。新型广告由于克服了标准标志条幅广告承载信息量有限、交互性差等弱点,获得了相对比较高的点击率。

　　b. 交换链接。交换链接或称互换链接,具有一定的互补优势,是两个网站之间简单的合作方式,即分别在自己的网站首页或者内页放上对方网站的 Logo 或关键词并设置对方网站的超级链接,使得用户可以从对方合作的网站中看到自己的网站,达到互相推广的目的。交换链接主要有几个作用,即可以获得访问量、加深用户浏览时的印象、在搜索引擎排名中增加优势、通过合作网站的推荐提高访问者的可信度等。更值得一提的是,交换链接的意义已经超出了是否可以增加访问量,比直接效果更重要的是业内的认知和认可。

　　c. 网络营销联盟。网络营销联盟包括三要素:广告主、网站主和广告联盟平台。广告主按照网络广告的实际效果(如销售额、引导数等)向网站主支付合理的广告费用,节约营销开支,提高企业知名度,扩大企业产品的影响,提高网络营销质量。

　　③博客营销、微博营销与论坛营销。

　　a. 博客营销。公司、企业或者个人利用博客这种网络交互性平台发布并更新企业或个人的相关概况及信息,并且密切关注、及时回复平台上客户对于企业或个人的相关疑问以及咨询,并通过较强的博客平台帮助企业零成本获得搜索引擎的较前排位,以达到宣传的目的。

　　b. 微博营销。微博是一个基于用户关系的信息分享、传播以及获取平台,用户可以通过 WEB、WAP 以及各种客户端组建个人社区,以 140 字左右的文字更新信息,并实现即时分享。企业纷纷试水微博营销,希望通过这个高人气的平台来推广自己的服务或产品。

　　c. 论坛营销。论坛营销就是企业利用论坛这种网络交流的平台,通过文字、图片、视频等方式发布企业的产品和服务的信息,从而让目标客户更加深刻地了解企业的产品和服务,最终达到宣传企业的品牌、提高市场认知度等目的的网络营销活动。

　　④网上商店。网上商店建立在第三方提供的电子商务平台上,由商家自行经营,如同在大型商场中租用场地开设专卖店一样,是一种比较简单的电子商务形式。网上商店除通过网络直接销售产品这一基本功能之外,还是一种有效的网络营销手段。从企业整体营销策略和顾客的角度考虑,网上商店的作用主要表现在两个方面:一方面,网上商店为企业扩展网上销售渠道提供了便利的条件;另一方面,建立在知名电子商务平台上的网上商店提高了顾客的信任度。从功能上来说,网上商店对不具备电子商务功能的企业网站也是一种有效的补充,对提升企业形象并直接增加销售具有良好效果,尤其是将企业网站与网上商店相结合,效果更为明显。

　　⑤病毒式营销与 WIKI 营销。

　　a. 病毒式营销。病毒式营销并非真的以传播病毒的方式开展营销,而是通过用户的口碑宣传网络,信息像病毒一样传播和扩散,利用快速复制的方式传向数以千计、数以百万计的受众。它能够促进并鼓励人们传递有特定产品或服务的营销信息。病毒式营销最有名的例子是 Hotmail 网站。Hotmail 发出的每封邮件下都写着"申请 Hotmail 免费邮件"的标志语,不到一年,公司就拥有了几百万用户。经由 Hotmail 系统发出的每封电子邮件都是 Hotmail 的一个广告。病毒式营销的成功率取决于人们之间的传递率。很少有企业能够用病毒式营销取得 Hotmail 那样的成功。然而,设计一种鼓励企业现有顾客向未来顾客推荐企业产品或服务的促销活动,非常值得考虑。

b. WIKI 营销。WIKI 是一种群体协作的平台,任何登录它的用户都可以在上面发表内容、修改上面的内容。WIKI 的特点就是开放、平等、共享。WIKI 营销主要以关键字为主,将关键字作为入口,建立产品或公司品牌的相关链接。现在 WIKI 最常用的营销手段就是在词条上面放置广告,引导用户进入目的网址。例如,现在的互动百科就开发了 HDwiki(一款 100% 免费,100% 开源的百科建站系统),通过 HDwiki,互动百科可以将众多百科网站的站长联系起来,形成一个巨大的百科平台。

⑥网络视频营销与电子书营销。

a. 网络视频营销。网络视频营销通过数码技术将产品营销现场实时视频图像信号和企业形象视频信号传输至 Internet。客户只需上网登录公司网站就能看到对公司产品和企业形象进行展示的电视现场直播。

b. 电子书营销。电子书营销是指在制作电子书时,将广告信息合理地安排到电子书中,如书的首页、内容中的页眉或者页脚,或者在正文中的合适位置插入一定量的广告信息,让读者在阅读免费电子书的同时,接收一定量的广告信息。eBook 广告拥有网络广告的所有优点,如可以准确地计算每本书下载的次数,并可记录下载者的 IP 地址。同时,eBook 广告比一般的网络广告具有更多的优势,如下载后可以通过各种阅读设备离线浏览,而一本好书往往会得到读者的重复阅读,并可能在多人之间传播。这样,同样数量的点击,明显会比普通的在线广告有更多的浏览数,读者对广告的印象自然也会加深。

⑦IM 工具营销。IM 工具营销一般是指通过 QQ、MSN、阿里旺旺、微信等即时通信软件来达到营销的目的,常用方法一般为群发消息、内嵌广告与弹出信息窗口。

企业在网络营销实践中,须整合上述各种营销方法,才能提升网络营销的效果。

□ 思考题

1. 假设要开设一家针对老年人的智能健康设备公司,如何验证"老年人愿意为智能设备付费"这个假设? 设计一套完整的市场进入策略(含渠道选择、定价策略、推广方式),预测可能遇到的市场进入难题及解决方案。

2.分析瑞幸咖啡从创立到盈利的市场策略演变:早期如何快速建立市场认知? 用户补贴策略的进退时机如何把握? 私域流量运营对其市场扩张起到什么作用?

3.选择一款失败的新消费品牌产品,用同理心地图分析其失败的市场认知原因。如果由你接手重整,你如何调整其 4P 营销组合?

模块 9
企业财务管理基础

单元 9.1　创业初期财务管理要点

创业之初的财务管理是创业的重要环节,初创企业所有的管理活动基本上都是建立在财务管理的基础上的。要使初创企业的经营管理更加合理,走上正轨,创业者就必须加强财务管理。

9.1.1　新创企业财务管理的含义

企业的任何活动都离不开经济的参与,当企业创办后,就会发生各种经济往来结算等经济行为,其间会产生大量的经济信息,这些信息需要进行梳理、归类、核算,将这些信息系统化、规范化,形成对企业决策管理有用的信息的过程,就是财务管理。

新创企业财务管理的含义主要是指新创企业,对财务活动进行有效的管理和控制,以实现企业的财务目标。这包括对企业资金的筹集、使用、分配和监督等进行全面的规划、组织、实施和控制。

新创企业财务管理涉及的内容非常广泛,主要包括以下几个方面。

1)资金筹集

新创企业需要筹集足够的资金来支持其运营和发展。财务管理部门需要制订资金筹集计划,确定资金来源和筹集方式,并确保资金按时到位。

2)资金使用

资金使用是指新创企业需要对筹集到的资金进行合理配置和使用,以确保资金的有效利用。财务管理部门需要制订资金使用计划,对各项支出进行严格审核和监督,防止资金浪费和损失。

3)利润分配

新创企业在实现盈利后,需要对利润进行合理分配。财务管理部门需要制订利润分配方案,确保各方利益的合理分配,并为企业的长期发展留足资金。

4)风险管理

新创企业面临着各种风险,如市场风险、技术风险、财务风险等。财务管理部门需要建立风险管理机制,对风险进行识别、评估和控制,确保企业的稳健发展。

5）决策支持

新创企业的财务管理部门还需要为企业的决策提供支持。这包括提供财务分析报告、预测未来发展趋势、评估投资项目的可行性等，以帮助企业管理者做出科学、合理的决策。

总之，新创企业财务管理是一项非常重要的工作，它涉及企业的资金、风险、利润等多个方面，对企业的生存和发展具有决定性的影响。因此，新创企业需要高度重视财务管理工作，建立完善的财务管理体系，确保企业的财务稳健和持续发展。

9.1.2　财务管理的基础观念

财务管理的基础观念是指导财务管理实践的核心原则和基本理念，它们为企业的财务决策提供了方向和框架。财务管理的基础观念主要包括以下几个方面。

1）货币时间价值观念

这是财务管理中的一个重要基础观念，它强调货币在不同时间点上的价值是不同的，即今天的货币比未来的货币更有价值。这是因为货币可以随着时间的推移而增值，如通过投资获得利息或收益。因此，在财务管理中，需要考虑货币的时间价值，以便做出更明智的决策。

2）风险与收益权衡观念

风险和收益往往是相互关联的。一般来说，较高的收益往往伴随着较高的风险，而较低的风险往往意味着较低的收益。在财务管理中，管理者需要权衡风险和收益，以便在可接受的风险水平下实现最大收益。

3）成本效益观念

在财务管理中，任何决策都需要考虑其成本和效益。如果一项决策的成本超过其带来的效益，那么这项决策可能不是最优的选择。因此，管理者需要在决策过程中充分考虑成本和效益，以确保决策的经济性。

4）市场观念

市场是财务管理的外部环境之一，对财务管理有着重要的影响。管理者需要密切关注市场动态，了解市场需求和竞争状况，以便做出符合市场需求和竞争状况的决策。同时，管理者需要考虑市场对企业财务状况和业绩的影响，以便及时调整财务策略。

5）可持续发展观念

在现代财务管理中，可持续发展已经成为一个重要的考虑因素。管理者需要在决策过程中考虑企业的长期发展和社会责任，以确保企业的财务决策符合可持续发展的要求。这包括考虑环境保护、社会责任和公司治理等方面的问题。

这些基础观念共同构成了财务管理的思想基础,为企业的财务管理实践提供了指导和依据。在实践中,管理者需要将这些观念融入决策过程,以确保企业的财务管理决策既符合经济性原则,又符合社会责任和可持续发展的要求。

9.1.3　新创企业财务管理中存在的主要问题

新创企业在其初创阶段往往会遭遇一系列财务管理上的挑战。这些挑战若得不到合理处理,可能会对企业的稳健运营和持续发展造成严重影响,这些挑战主要表现在以下几个方面。

1) 资金筹措的困难与短缺

新创企业由于品牌知名度较低、市场占有率有限以及盈利能力尚未稳定,往往难以从金融机构或投资者处获得充足的资金支持。这种资金短缺的状况不仅制约了企业的日常运营活动,更可能对其长期发展构成威胁。

2) 财务记录与制度的不规范性

由于缺乏经验丰富的财务管理人员和完善的财务制度,新创企业在财务记录方面往往存在不规范的现象,如账目混乱、收支不清晰等。这种不规范不仅降低了财务管理的效率,还可能引发一系列的财务风险。

3) 成本控制的挑战

新创企业在成本控制方面往往面临较大的挑战。由于缺乏对市场和行业的深入了解,企业可能在生产成本、管理成本和销售成本等方面超出预算,从而压缩利润空间,增大经营风险。

4) 风险管理意识的缺失

新创企业可能对市场风险、财务风险等缺乏足够的认识和重视,未能建立完善的风险管理机制。这使得企业在面对突发风险时难以做出及时有效的应对,可能导致严重的财务损失甚至企业倒闭。

5) 投资决策的失误

由于缺乏投资经验和市场洞察力,新创企业在投资决策过程中可能出现失误,如投资不盈利或风险过大的项目。这种失误可能导致企业资金的严重流失,甚至威胁企业的生存。

6) 税务合规与法律风险的挑战

新创企业可能对税务法规和其他相关法律要求缺乏深入的了解和认识,导致在税务申报、发票管理等方面存在违规行为。这不仅可能引发税务部门的处罚和法律风险,还可能损害企业的声誉和长期发展利益。

为了应对在财务管理方面面临的诸多挑战,新创企业需要加强财务管理制度建设、提高财务人员的专业素质、强化风险管理和成本控制意识、积极寻求外部融资机会并加强税务合规与法律风险管理。同时,新创企业应重视人力资源管理水平的提升,为企业的稳健运营和持续发展提供有力保障。

9.1.4　新创企业财务管理的目标

在初创与成长阶段,新创企业财务管理的核心目标在于资金的有效筹措与合理配置、构建稳健的财务体系与风险防控机制、实现成本优化与效益提升、为战略决策提供财务支持与价值评估和确保合规运营与塑造良好企业形象。

1)资金的有效筹措与合理配置

对于新创企业而言,资金的有效筹措是确保企业正常运营和持续发展的基础。财务管理的重要目标之一便是设计合理的融资策略,降低融资成本,并优化资金配置,以满足企业在运营、市场拓展和产品研发等方面的资金需求。

2)构建稳健的财务体系与风险防控机制

面对复杂多变的市场环境,新创企业必须高度重视财务风险的识别与防控。财务管理的目标在于构建稳健的财务体系,制定合理的财务政策,并建立健全的风险管理机制,以保障企业资产的安全,降低财务风险,确保企业在市场波动中保持稳健的运营态势。

3)实现成本优化与效益提升

成本控制对于新创企业的盈利能力和市场竞争力具有至关重要的影响。财务管理的目标在于通过精细化的成本管理,实现成本的最小化和效益的最大化。同时,通过持续的运营效率提升和资源优化配置,可以推动企业实现可持续的盈利增长。

4)为战略决策提供财务支持与价值评估

财务管理在新创企业战略决策过程中扮演着关键角色。财务管理的目标在于为企业的战略决策提供全面、准确的财务分析和建议,帮助企业评估投资机会、市场潜力和竞争格局,从而为企业的战略规划提供有力的财务支撑和价值评估。

5)确保合规运营与塑造良好企业形象

新创企业在财务管理过程中必须严格遵守相关法律法规和道德规范。财务管理的目标在于确保企业在所有财务活动中保持合规性,避免违规操作引发的法律风险和声誉损害;同时,积极履行社会责任和建立良好的企业形象,可以为企业的长期发展奠定坚实的基础。

为实现以上目标,新创企业需要构建完善的财务管理体系,提升财务管理人员的专业素质,加强与外部环境的沟通与协调,为企业的可持续发展提供坚实的财务保障。

9.1.5   新创企业财务管理的重点内容

对于新创企业而言,其规模较小、资金相对紧张,因此在财务管理上更应注重精细化和实效性。新创企业财务管理的重点内容包括以下几个方面。

1) 资金管理

资金管理是财务管理的核心。新创企业需要有效筹集和分配资金,确保企业的正常运营和发展;同时,需要对资金进行严格监控,防止资金流失和浪费。

2) 预算管理

预算管理是新创企业财务管理的重要手段,可以帮助企业控制成本和费用,提高企业的经济效益。通过制定科学合理的预算,企业可以更好地进行资源配置和决策。

3) 风险管理

新创企业面临着各种风险,如市场风险、财务风险等。财务管理需要建立完善的风险管理机制,对风险进行识别、评估和控制,降低风险对企业的影响。

4) 决策支持

财务管理需要为企业的决策提供支持,包括提供财务分析报告、预测未来发展趋势等,帮助企业管理者做出科学、合理的决策。

5) 税务管理

新创企业需要按照国家税收法规进行税务申报和缴纳税款。财务管理需要确保企业的税务合规,避免税务风险和损失。

这些重点内容的实施叫以帮助新创企业规范财务管理流程,提高财务管理效率和质量,为企业的稳健发展提供有力保障。

单元9.2   投资与资本

在经济的大舞台上,每个企业都是一位表演者,而投资与资本则是它们手中的重要道具,共同编织出企业精彩纷呈的金融篇章。创新企业首先遇到的问题就是投资与资本。

投资如同一场精心策划的远征。它是企业为了探寻未来收益与增长的宝藏,将资金或等价物投向特定领域的勇敢行为。这场远征并非盲目冒险,而是基于深思熟虑的策略规划。企业需要对市场环境、行业趋势和潜在风险进行全面分析,以确保投资目标的可行性与盈利。投资是一场长期的马拉松,需要耐心与毅力,只有那些敢于承担风险、善于捕捉机遇的企业,才能在这场竞赛中脱颖而出。

资本则是企业稳健前行的基石。它代表着投资者对企业的信任与承诺,是企业用于扩大生产、提升竞争力的宝贵资源。资本不仅可以是货币形式,还可以是实物、知识产权、商业信誉等多种形式。它是企业价值的体现,也是企业与外部世界连接的桥梁。企业需要通过不断积累资本,提升自身实力和市场地位,以应对日益激烈的竞争挑战。

在企业的金融活动中,投资与资本如同车之两轮、鸟之双翼,缺一不可。投资为企业带来增长动力与发展机遇,而资本则为企业提供稳健支撑与价值认同。二者相互依存、相互促进,共同推动着企业驶向成功的彼岸。

因此,一位明智的创业者或投资者需要深刻理解投资与资本的内涵与外延,善于运用它们来优化企业资源配置、提升市场竞争力。只有这样,创业者才能在波澜壮阔的经济海洋中乘风破浪,谱写属于创业者自己的辉煌篇章。

9.2.1　投资分析与预测

新创企业为了应对复杂多变的金融市场,需要进行投资分析与预测。投资分析与预测是新创企业实现资产保值增值的必备技能。通过精准的分析与预测,投资者能够洞察市场趋势,把握投资机遇,从而制定更加明智的投资策略。

投资分析是投资决策的基石。它涉及对公司基本面的深入研究,包括财务状况、盈利能力、管理层素质、市场竞争力等关键因素。通过基本面分析,投资者可以评估公司的内在价值,判断其股票是否被低估或高估,从而发掘潜在的投资机会。技术分析是投资分析中不可或缺的一环。它通过研究股票价格的历史走势、交易量等数据,揭示市场供需关系的变化,为投资者提供未来价格走势的参考。

在投资分析的基础上,市场预测为投资者揭示未来市场的可能走向。这需要创业者对宏观经济因素、政策环境、行业动态等进行全面考量。例如,利率的变动、通货膨胀率的高低、政府政策的调整等都可能对金融市场产生深远影响。投资者需要密切关注这些因素的变化,以及它们对投资标的可能产生的影响,从而调整自己的投资策略。

风险管理在投资分析与预测中同样占据重要地位。投资者需要根据自身的风险承受能力来制定投资策略,通过分散投资、定期调整投资组合等方式降低单一资产的风险,提高整体投资组合的稳健性。同时,保持持续的学习和适应是投资者在变化莫测的市场中立于不败之地的关键。

因此,投资分析与预测是投资者在金融市场中取得成功的重要工具。通过深入的市场研究、全面的数据分析和谨慎的风险管理,投资者能够更准确地把握市场机遇,实现资产的保值、增值。在不断变化的市场环境中,投资者需要保持敏锐的洞察力和灵活的投资策略,以应对各种挑战和机遇。

9.2.2　货币时间价值及计算

企业的投资与资产都是可以通过一定的方式折算为货币资金来表达的,投资与资产会随着时间的推移而发生变化,要掌握这种变化,投资者需要研究货币时间价值。

货币时间价值,也被称为资金的时间价值,是一个经济学概念。它指的是货币在经过一段时间的投资和再投资后所增加的价值,表现为扣除风险报酬和通货膨胀贴水后的未来现金流量的现值。这个价值来自货币进入社会生产与流通领域后的不断运转,以及节约现在的一单位货币与将来取得的一单位货币的购买力之间的差异。

简单来说,就是同样的一单位货币在不同时间的价值量是有差别的。这种价值差异来源于两部分:一部分是货币的时间价值,另一部分是通货膨胀造成的货币贬值。货币的时间价值揭示了当前所持有的一定量货币比未来持有的等量货币具有更高的价值。这是因为未来的预期收入因为时间的推移而有所增值,而货币的时间价值就是对这种增值现象的描述。这个概念告诉我们,货币在不同的时间点上具有不同的价值。换句话说,货币的价值会随着时间的推移而发生变化。这也正是货币时间价值的核心定义。

从量的规定性上看,货币的时间价值是没有风险和没有通货膨胀的社会平均资金利润率。在计量货币时间价值时,风险报酬和通货膨胀因素不应该包括在内。同时,货币的时间价值不等同于利息率,因为货币的时间价值是一个社会平均利润率的概念,不包含任何风险因素,而利息率可能会包括风险因素,如通货膨胀等。

货币时间价值的计算公式可以有两种表达形式。

第一种形式为 $MV = P \times T$。式中,MV 为货币时间价值,P 为现金流,T 为时间的时长。这个公式表达了时间价值对当前现金流的影响,即随着时间的推移,现金流的时间价值会逐渐变小。然而,这个公式并没有考虑利率对货币时间价值的影响。

第二种形式为 $FV = PV \times (1 + r)^n$。式中,FV 为未来的价值,PV 为现在的价值,r 为利率,n 为时间期限。这个公式可以用来计算未来某一时间点的资金价值,或者反过来,计算现在某一时间点的资金价值。当利率和时间都已知时,该公式也可以用来计算所需的本金。这个公式更全面地反映了货币时间价值的计算,包括利率和时间两个重要因素。

在实际应用中,货币时间价值的计算还需要考虑通货膨胀和机会成本的影响。通货膨胀会导致未来的一笔货币收入相对于现在的一笔货币收入贬值,而机会成本则是指由于进行某项决策而放弃的其他可行选择所带来的成本。

总的来说,货币时间价值的计算是一个复杂的过程,需要综合考虑多个因素。在财务规划、投资决策、预算编制和财务报告等领域,货币时间价值的计算都扮演着重要的角色。

9.2.3　现金流量

现金流量是投资项目在其整个生命周期内所发生的现金流出和现金流入的全部资金收付数量。它是评价投资方案经济效益的必备资料,具体内容如下:

(1)现金流出:投资项目的全部资金支出。它包括以下几项:

①固定资产投资:购入或建造固定资产的各项资金支出。

②流动资产投资:投资项目所需的存货、货币资金和应收账款等项目所占用的资金。

③营运成本:投资项目在经营过程中所发生的生产成本、管理费用和销售费用等。通常用全部成本费用减去折旧后的余额表示。

(2)现金流入:投资项目所发生的全部资金收入。它包括以下几项:

①营业收入:经营过程中出售产品的销售收入。

②残值收入或变卖价值:固定资产使用期满时的残值;或因故未到使用期满时,出售固定资产所形成的现金收入。

③收回的流动资产:投资项目生命周期期满时所收回的原流动资产投资额;此外,实施某项决策后的成本降低额也作为现金流入。

衡量企业经营状况是否良好,是否有足够的现金偿还债务,资产的变现能力等,现金流量是非常重要的指标。同时,现金流量是影响企业资信和盈利能力的重要因素。因此,现金流量信息在企业经营和管理中扮演着至关重要的角色,为企业管理层提供决策支持,并帮助投资者和债权人评估企业的财务状况和未来发展潜力。

9.2.4　资产与负债的关系

资产与负债之间存在一种平衡关系,这种关系体现了企业的经济实力和财务稳健程度。具体来说,资产是企业拥有并能为企业带来经济利益的资源,包括现金、存货、应收账款等。而负债则是企业所欠他人的债务,需要在未来以货币或其他资源偿还,如应付账款、借款等。

从会计的角度来看,资产和负债之间存在一种恒等关系,即资产 = 负债 + 所有者权益。

这意味着企业的资产总额等于其负债和所有者权益的总和。这种关系反映了企业的财务状况,包括其资产规模、负债结构和所有者权益状况。

在资产负债表中,资产和负债按照流动性进行分类,分为流动资产和非流动资产,以及流动负债和长期负债。通过对资产负债表的分析,投资者可以了解公司的财务状况,包括流动性、偿债能力和盈利能力等。这些信息有助于投资者评估公司的健康状况和经营风险,并做出相应的投资决策。

总的来说,资产负债关系是企业财务管理中的重要内容,它反映了企业的经济实力和财务稳健程度,为投资者和债权人提供了评估企业财务状况的重要依据。

9.2.5　投资预算的方法

投资预算的方法主要包括以下几种:

(1)净现值法(NPV):通过计算投资的市价与成本间的差额,即净现值,来判断投资是否可行。如果净现值为正,说明投资能够赚钱;如果为负,则说明投资可能会亏本。

(2)内部收益率法(IRR):这种方法直接给出了投资的预期报酬率,有助于经营者、股东等直接了解投资的效益。

(3)平均会计收益率法(AAR):直接从会计资料中算出投资方案的平均会计报酬率。虽然这种方法忽略了货币的时间价值,但其最大优点是便于计算。

(4)折现还本期间法:考虑货币时间价值的一种投资预算方法,通过折现的方式计算投资的回收期。

此外,在进行投资预算时,还需要遵循以下步骤:

(1)确定投资目标:明确投资的目的是获取短期收益还是实现长期资本增值。

(2)分析市场环境:了解当前市场的情况,包括经济环境、政策环境、行业趋势等,以评估投资机会和风险。

(3)确定投资策略:根据个人风险承受能力、资金流动性需求等因素,制定合适的投资策略,包括资产配置、投资品种选择等。

(4)制订预算计划:根据投资策略,制订详细的预算计划,包括投资金额、投资时间、预期回报等。

(5)执行投资计划:按照预算计划进行投资,并定期进行投资组合的调整,以保持与投资策略的一致性。

(6)监控与评估:在投资过程中,需要持续监控投资表现,定期进行评估,以确保投资目标的实现。

总之,投资预算的方法多种多样,创业者应根据实际情况选择合适的方法进行预算和评估。同时,遵循科学的投资步骤和策略也是实现投资目标的关键。

单元9.3　企业财务报表

企业的基本财务报告通过三个财务报表来反映,分别是现金流量表、资产负债表、损益表,它们分别反映企业的经济活力、经济规模和盈利能力。

9.3.1　现金流量表

现金流量表是反映一定时期内企业经营活动、投资活动和筹资活动对其现金及现金等价物所产生影响的财务报表。

(1)现金流量表反映资产负债表中各个项目对现金流量的影响,用于评价企业未来产生现金净流量的能力,实际反映的是企业的经济活力。

(2)现金流量表将现金流量分为经营活动、投资活动和筹资活动产生的现金流量,能够说明企业一定期间内现金流入和流出的原因。

(3)现金流量可以反映企业的偿债能力和支付股利的能力。通过现金流量表,投资者可以了解企业获取现金的能力和现金偿付的能力。

(4)现金流量表可以提供一定时期现金流入和流出的动态财务信息,可以分析企业投资和理财活动对经营成果和财务状况的影响。

(5)通过现金流量表,可以分析净收益与现金流量之间的差异,也能让财务报表使用者全面了解和分析企业的投资和筹资活动。

案例

经营活动产生的现金流量见表9-1。

某公司现金流量表　　　　　　　　　　　　表 9-1

编制单位:［公司名称］　　　　　　　　　　经营活动产生的现金流量
报表期间:［起始日期］至［结束日期］
货币单位:人民币元

项目	金额
销售商品、提供劳务收到的现金	5000000
收到的税费返还	200000
收到其他与经营活动有关的现金（如租金收入）	100000
经营活动现金流入小计	5300000

续上表

项目	金额
购买商品、接受劳务支付的现金	2500000
支付给职工以及为职工支付的现金	1200000
支付的各项税费	800000
支付其他与经营活动有关的现金（如水电费、差旅费）	300000
经营活动现金流出小计	4800000
经营活动产生的现金流量净额	500000

9.3.2　资产负债表

资产负债表也称财务状况表，表示企业在一定日期（通常为各会计期末）的财务状况（资产、负债和业主权益的状况）。该报表除可以帮助企业内部除错、把握企业经营方向、防止企业财务可能存在的弊端外，也可让所有阅读者快速了解企业经营状况。资产负债表实际反映的是企业的经济规模情况。

资产负债表的编制原理是"资产 = 负债 + 所有者权益"的会计恒等式。它既是一张平衡报表，反映资产总计（左方）与负债及所有者权益总计（右方）相等，又是一张静态报表，反映企业在某一时点的财务状况，如月末或年末。通过在资产负债表上设立"年初数"和"期末数"栏，也能反映企业财务状况的变动情况。

案例

资产负债表见表9-2。

资产负债表　　　　　　　　　　　　　　　　　表9-2

编制单位：［公司名称］
报表期间：［起始日期］至［结束日期］
货币单位：人民币元

资产	期末余额	年初余额	负债和所有者权益	期末余额	年初余额
流动资产	—	—	流动负债	—	—
货币资金	500000	300000	短期借款	200000	150000
应收票据	80000	60000	应付票据	50000	40000
应收账款	150000	120000	应付账款	100000	80000
预付款项	30000	20000	合同负债	40000	30000
其他应收款	20000	15000	应付职工薪酬	30000	25000
存货	200000	180000	应交税费	20000	15000
一年内到期非流动资产	10000	8000	一年内到期非流动负债	15000	10000

续上表

资产	期末余额	年初余额	负债和所有者权益	期末余额	年初余额
其他流动资产	40000	30000	其他流动负债	10000	8000
流动资产合计	1030000	733000	流动负债合计	455000	358000
非流动资产	—	—	非流动负债	—	—
长期股权投资	180000	150000	长期借款	300000	250000
投资性房地产	250000	200000	应付债券	100000	80000
固定资产	400000	350000	长期应付款	80000	60000
在建工程	50000	30000	预计负债	20000	15000
无形资产	100000	80000	递延所得税负债	15000	10000
其他非流动资产	20000	15000	其他非流动负债	10000	8000
非流动资产合计	1000000	825000	非流动负债合计	525000	423000
			负债合计	980000	781000
			所有者权益		
			实收资本	500000	500000
			资本公积	200000	200000
			盈余公积	100000	80000
			未分配利润	250000	177000
			所有者权益合计	1050000	957000
资产总计	2030000	1558000	负债和所有者权益总计	2030000	1558000

9.3.3　损益表

1)损益表的基本概念

损益表,又称利润表,是反映企业在一定会计期间的经营成果的财务报表。它主要依据"收入 – 费用 = 利润"的平衡公式,通过系统地列示企业一定时期的收入、费用和利润,揭示企业盈利或亏损的形成过程及原因。

2)损益表的主要内容

损益表主要包括以下几个部分:

(1)营业收入:指企业在一定时期内通过销售商品、提供劳务等日常活动所取得的收入。这是损益表的起点,反映了企业的主要经营成果。

(2)营业成本:指企业在销售商品、提供劳务等日常活动中所产生的成本。营业成本与营业收入的差额构成毛利。

(3)税金及附加:指企业经营活动应负担的相关税费,如消费税、城市维护建设税、资源税等。

(4)期间费用:包括销售费用、管理费用和财务费用。这些费用与企业的日常经营活动密切相关,但不直接归属于某个特定产品或劳务。

(5)资产减值损失:指企业资产的可回收金额低于其账面价值而造成的损失。这反映了企业资产价值的实际变动情况。

(6)投资收益:指企业对外投资所取得的收益或发生的损失。这反映了企业对外投资活动的成果。

(7)营业外收入和支出:指与企业日常经营活动无直接关系的各项利得和损失,如非流动资产处置利得、非货币性资产交换利得等。

(8)所得税费用:指企业按照税法规定计算的当期所得税费用。这是企业盈利后应缴纳给国家的税费。

3)损益表的应用价值

损益表在企业财务管理和决策中具有重要的应用价值,主要体现在以下几个方面。

(1)评估企业经营成果:通过损益表,可以直观地了解企业在一定会计时期的盈利或亏损情况,以及盈利或亏损的形成过程和原因。这有助于投资者、债权人等外部利益相关者评估企业的经营成果和盈利能力。

(2)分析企业盈利能力:损益表中的各项数据可以进一步加工整理,计算出毛利率、净利率等盈利能力指标。这些指标有助于企业内部管理者和外部利益相关者分析企业的盈利能力及盈利质量,从而为企业未来的经营决策提供参考依据。

(3)预测企业未来发展趋势:损益表中的数据变化往往能够反映企业市场环境、竞争状况等外部因素的变化以及企业内部管理效率、成本控制等内部的变化。通过对这些因素的分析,可以预测企业未来的发展趋势和市场前景,为企业制定合理的发展战略提供有力支持。

(4)辅助企业决策制定:损益表所反映的企业经营成果和盈利能力是企业制定经营决策、投资决策和融资决策等重要决策的基础依据。企业内部管理者可以根据损益表中的数据和分析结果,制订更加合理、科学的决策方案,以推动企业持续健康发展。

损益表作为企业财务报表体系的重要组成部分,对于反映企业经营成果、分析盈利能力、预测未来发展趋势以及辅助企业决策制定等都具有重要的应用价值。因此,无论是企业内部管理者还是外部利益相关者,都应充分重视损益表的编制和分析工作,以更好地了解企业的财务状况和经营成果。

案例

损益表见表9-3。

损益表　　　　　　　　　　　　　　　　　　表9-3

公司名称：［公司名称］
会计期间：［起始日期］至［结束日期］
货币单位：人民币元

序号	项目	本期金额	上期金额
1	营业收入	8000000	7000000
1.1	主营业务收入	7500000	6500000
1.2	其他业务收入	500000	500000
2	营业成本	5000000	4500000
2.1	主营业务成本	4800000	4300000
2.2	其他业务成本	200000	200000
3	税金及附加	300000	280000
4	销售费用	1000000	900000
5	管理费用	800000	750000
6	财务费用	200000	180000
7	资产减值损失	100000	80000
8	投资收益（损失以 "－" 号填列）	150000	100000
9	营业外收入	50000	30000
10	营业外支出	20000	15000
11	利润总额	780000	505000
12	所得税费用	195000	126250
13	净利润	585000	378750

思考题

1. 设计一个适用于初创企业的"财务健康指标"（如现金流周转天数、毛利率等），并说明如何监控。

2. 如果融资未达预期，如何调整业务策略以延长公司生存期？

3. 如何通过财务报表发现公司的潜在问题（如利润高但现金流紧张的原因）？

4. 通过资产负债表（表9-2）分析本企业的资产规模，看看在最近一个会计期间企业资产的变化情况。

商业模式规划

单元 10.1　商业模式概述

商业模式设计,是在对商业环境、市场需求、技术趋势等充分把握的基础上,精确定位目标客户,设计业务系统,构建关键能力,进行盈利结构、现金流结构设计,并通过验证、推广、规模化三个阶段,形成企业价值的过程。

10.1.1　商业模式的定义和本质

商业模式是企业经营活动的核心框架,它决定了企业如何创造价值、传递价值和获取利润。商业模式的本质是企业实现价值创造和获取利润的逻辑体系,涉及利益相关者之间的交易结构和持续盈利的机制。

企业通过不断优化和创新商业模式,可以适应市场变化和客户需求的变化,保持竞争力和盈利能力,形成具有独特核心竞争力的高效运行系统,通过最优实现形式满足客户需求,实现企业长期可持续盈利的目标。

商业模式
设计与实践

1) 商业模式的定义

商业模式是指一个企业或组织在经营活动中所采用的策略、结构、流程、盈利方式以及与其他利益相关者的关系等所构成的整体框架。简而言之,商业模式描述了一个企业创造价值、传递价值并获取利润的方式。它涵盖了企业整合资源、设计产品和服务、确定目标市场、建立销售渠道、制定定价策略、管理成本结构以及与合作伙伴和供应商建立关系等多个方面。商业模式是企业经营成功的关键之一,它决定了企业如何运作,以及如何通过这些运作获利和可持续发展。

2) 商业模式的本质

商业模式的本质是企业创造价值和获取利润的基本目标,主要包括核心逻辑、交易结构、盈利机制及其演化过程。

(1) 价值创造的核心逻辑

商业模式涉及企业如何识别市场需求、设计价值主张、整合资源、提供产品和服务,并通过这些活动实现客户价值和企业价值。

(2) 利益相关者的交易结构

商业模式本质上是一种交易结构,它连接了企业与其利益相关者(包括客户、供应商、合作伙伴、员工等)。在这个结构中,各方通过合作和交易实现各自的价值和利益。

（3）持续盈利的机制

商业模式的另一个重要本质是它为企业提供了一种持续盈利的机制。通过优化资源配置、降低成本、提高效率和创新产品或服务等方式，商业模式帮助企业实现长期稳定盈利和增长。

（4）动态演化的过程

商业模式不是一成不变的，而是随着市场环境和客户需求的变化而不断演化的。企业需要不断审视和调整其商业模式，以适应市场变化和客户需求变化，保持竞争力和盈利能力。

10.1.2　商业模式的要素

商业模式通常包括定位、资源与能力、业务系统、盈利模式、现金流结构、企业价值等要素。

（1）定位：揭示了企业的战略方向、独特价值和目标客户，明确了企业应该提供什么样的产品和服务来实现客户的价值，是商业模式要素体系中起奠基作用的第一要素。

（2）资源与能力：企业拥有的、商业模式运转所需要的资源和能力。

（3）业务系统：企业定位所需完成的业务环节和业务活动，是商业模式的核心。

（4）盈利模式：描述了企业获得收入、分配成本、赚取利润的方法和渠道，是企业在利益相关者利益分配格局中实现企业利益的途径。

（5）现金流结构：企业商业模式运行过程中现金流入和流出在时间序列上的表现形式。

（6）企业价值：企业的投资价值，是评判企业商业模式优劣的重要标志。

10.1.3　成功的商业模式的特点

商业模式是企业创造、传递和获取价值的逻辑体系，成功的商业模式往往具备以下五个特点。

1）能够创造独特的价值

成功的商业模式能够瞄准未被满足的客户需求或未被充分开发的细分市场。例如，拼多多早期聚焦下沉市场，避开与淘宝、京东的正面竞争，通过"社交拼团"模式满足低线城市消费者对高性价比商品的需求。

2）具有整合性和系统性

①成功的商业模式将研发、生产、营销等环节无缝衔接。例如，特斯拉垂直整合电池技术、软件系统和直销渠道，降低对供应商的依赖。

②成功的商业模式通过生态合作放大效能。例如，美团外卖整合餐厅、骑手、支付系统，构建"平台＋服务"闭环。

③成功的商业模式剔除了低效环节,提升了整体效率。例如,Zara 通过"快时尚"模式将设计到上架的周期压缩至 2 周,远快于传统服装品牌的 6 个月。

④成功的商业模式利用合作伙伴资源降低自身成本。例如,Airbnb 没有一间房产,却通过整合全球闲置房源成为非常大的住宿平台之一。

3)难以模仿

①成功的商业模式依靠专利或核心技术阻挡模仿。例如,福耀玻璃利用先进的玻璃制造技术使其长期占据全球汽车玻璃主要代工市场。

②在成功的商业模式中,用户规模积累形成马太效应。例如,微信的社交关系链使得新社交 App 极难突围。

③成功的商业模式通过文化认同建立情感壁垒。例如,哈雷摩托的"自由精神"品牌形象,让竞品无法单纯靠性能复制其用户忠诚度。

④成功的商业模式需多环节配合才能运转,如亚马逊的物流体系(仓储 + 算法 + 无人机配送)。

4)具有抵御风险的能力

①成功的商业模式可以分散业务风险。例如,比亚迪同时布局新能源汽车、电池、电子代工,抵消单一行业波动影响。

②成功的商业模式能快速响应市场变化。

③成功的商业模式能保持健康的财务结构。例如,华为常年维持高研发投入,同时积累"战时备胎"技术,应对供应链风险。

④成功的商业模式通过数据监控提前预警。例如,可口可乐利用全球销售数据预测区域市场变动,调整产能和营销策略。

5)可操作性强

①成功的商业模式经过了市场检验。例如,小米早期通过 MIUI 论坛收集用户反馈迭代系统,再推出硬件,确保产品匹配需求。

②成功的商业模式明确了"如何赚钱"。例如,Costco 的会员费模式(占利润 70%)使其能持续提供低价商品。

③成功的商业模式拥有匹配商业模式的执行团队。例如,SpaceX 的工程师文化支撑其"低成本航天"目标。

④成功的商业模式遵循从 1 到 100 的扩张逻辑。例如,海底捞通过标准化服务流程和供应链管理,实现全球门店快速复制。

10.1.4　商业模式与战略的关系

商业模式与战略是企业管理中两个紧密相关但又有所区别的概念。以下是对它们关系的详细阐述。

1）二者的区别

商业模式：主要描述企业创造价值、传递价值和获取价值的基本逻辑与方式，侧重于企业内部的运营结构和价值创造机制，关注的是企业如何通过各种业务活动和资源配置实现盈利，回答的是"企业如何赚钱"的问题。例如，美团通过搭建外卖平台，连接商家、消费者和骑手，形成了独特的价值创造和盈利模式。

战略：企业为实现长期目标而制定的总体行动规划和策略，更侧重于企业在市场中的定位、竞争优势的获取以及与外部环境的互动，关注的是企业如何在竞争中脱颖而出，实现可持续发展，回答的是"企业如何在市场中取得成功"的问题。例如，华为制定了全球化战略，通过不断提升技术研发能力，在全球通信设备市场中占据了重要地位。

2）时间跨度和稳定性

商业模式：一旦确定，相对较为稳定，因为它涉及企业的核心业务流程和价值创造体系的构建。但随着市场环境、技术发展等因素的变化，商业模式也会逐渐演变和调整。例如，传统零售企业从线下实体门店模式逐渐向线上线下融合的新零售模式转变。

战略：具有较强的灵活性和动态性，需要根据市场变化、竞争对手的行动以及企业自身的发展阶段等因素不断进行调整和优化。例如，苹果公司在不同产品发展阶段，会制定不同的市场推广和产品竞争战略。

3）相互的联系

（1）相互依存

商业模式是战略实施的基础。如果没有清晰有效的商业模式，战略就缺乏具体的落地路径和支撑体系，无法实现企业的盈利和可持续发展。例如，一家采用免费增值商业模式的互联网企业，其战略可能围绕吸引免费用户、提升用户转化率以及提供增值服务来展开。

战略为商业模式的优化和创新提供方向。企业战略的调整可能会促使商业模式进行相应的变革，以更好地满足市场竞争和企业发展的需要。例如，当企业制定了拓展国际市场的战略时，它可能需要对原有的商业模式进行调整，如改变渠道通路、调整客户关系管理方式等，以适应不同国家和地区的市场特点。

（2）共同目标

商业模式与战略都是为了帮助企业实现长期生存和发展，提升企业的竞争力和价值。

商业模式通过优化内部运营和价值创造流程,确保企业能够有效地获取利润;战略则通过在市场中找准定位,制定竞争策略,为企业创造有利的外部环境。两者共同作用,推动企业实现战略目标。例如,小米公司通过其高性价比的商业模式吸引了大量消费者,同时采用积极的市场拓展战略和技术创新战略,不断提升品牌影响力和市场份额,实现了企业的快速发展。

(3)相互影响

商业模式的创新可能会引发战略的变革。企业在引入新的商业模式时,往往需要调整战略以适应新的业务模式,抓住市场机会。例如,共享经济模式的出现使得许多企业重新审视自己的市场定位和竞争战略,一些传统的租赁企业可能会调整战略,向共享平台模式转型。

战略的决策也会影响商业模式的选择和设计。企业的战略定位和目标决定了其商业模式的基本方向和特征。例如,一家定位于高端市场的企业,其商业模式可能更注重产品的品质和个性化服务,而不是大规模的成本控制和低价策略。

单元 10.2　商业模式的设计

10.2.1　商业模式设计的原则

商业模式的设计即开发应遵循以下原则。

1)具有创新性

一个成功的商业模式不一定是技术上的突破,也可能是某一个环节的改进,或是对原有模式的重组、创新,甚至是对整个游戏规则的颠覆。商业模式的创新形式贯穿企业经营的整个过程,贯穿企业资源开发、研发模式、制造方式、营销体系、市场流通等各个环节。也就是说,在企业经营的每一个环节上的创新都可能变成一种成功的商业模式。

2)具有盈利能力

企业要在激烈的市场竞争中凭借其独到的商业模式,成功进入阳光下的利润区,并在利润区停留较长时间,创造出长期持续的、高于行业平均水平的利润收益。

3)具有客户价值挖掘能力

企业除了盈利能力,还需要关注其背后对客户价值的把握。对于企业,暂时的盈利或亏损都是正常的。一家具有好的商业模式的企业并不是不会亏损,而是亏损之后有能力扭亏为盈。

4)具有风险控制能力

好的商业模式还能经得起风险的考验。设计得再精巧、修筑得再伟岸的大厦都有一个必要前提,那就是其稳定性,否则大厦将倾,其他的都无从谈起。

5)具有持续发展能力

好的商业模式不是靠抓住偶然的机会,一不小心成功。把一朝成功的偶然当成必然,将错误进行到底,是经不起时间考验的。即使是一招鲜、吃遍天,也要找到得到这种机会的核心逻辑,从而完善商业模式。

6)具有整体协调能力

一个成功的商业模式需要在企业内部与企业的经营管理系统进行有机整合,并与企业自身状况融为一体,形成内外匹配、行之有效的模式。商业模式的子模式之间必须有内在联系,这个内在联系把各组成部分有机地关联起来,使它们互相支持,共同作用,形成一个良性的循环。

7)具有行业领先优势

在市场上处于领先地位并拥有主导性的份额是持续盈利的先决条件。因此,好的商业模式是企业持续竞争优势之源,商业模式的建立和维护对于确立企业的市场领导地位和保证企业竞争实力是极为重要的。

10.2.2　商业模式设计的思路和方法

成功的商业模式设计通常遵循"发现痛点—重构价值链—验证闭环"的递进思路。首先,需要深度洞察市场,通过客户旅程地图、jobs-to-be-done 等工具识别未被满足的需求或低效环节,如滴滴早期发现出租车行业存在的打车难、服务差等痛点。其次,运用价值链分析拆解行业各环节,找到可创新突破的关键节点,如苹果通过整合硬件、软件、内容服务重构手机产业价值分配。在具体设计方法上,可采用亚历山大·奥斯特瓦德的商业模式画布九要素框架,系统梳理客户细分、价值主张、渠道通路等模块的逻辑关系。

创新商业模式往往通过四种路径实现:一是效率革新(如优衣库的 SPA 模式缩短供应链),二是体验升级(如星巴克第三空间理念),三是资源重组(如 Airbnb 的共享经济),四是技术驱动(如特斯拉的软硬件一体化)。设计过程中需特别注意单元经济模型的验证,确保单客户获取成本(CAC)与生命周期价值(LTV)的比例健康。例如,美团在"千团大战"中胜出,关键就在于率先算清每单配送的盈亏平衡点。同时要预判模式的可扩展性,Shein 的实时供应链系统之所以能支撑全球扩张,是因为早期对小单快反模式的持续打磨。

优秀的商业模式设计还需具备动态调适能力。例如,字节跳动通过"中台+敏捷团队"的组织架构,使其推荐算法能快速适配从今日头条到 TikTok 的不同产品。最终检验标准是形成"价值创造—价值捕获"的良性循环,如亚马逊的飞轮效应:低价吸引用户—规模降低采购成本—

更多品类反哺流量。需要注意的是,商业模式创新不是一次性工程,需要持续监测客户需求变化、技术演进和竞争态势,微软从卖软件到云服务的转型就体现了这种进化思维。

10.2.3　商业模式的检验与评价

商业模式的检验与评价至关重要,是判断其可行性与优劣的关键环节。从检验角度讲,需验证商业模式是否契合市场需求,如通过用户调研,看产品或服务能否切实解决用户痛点,满足其期望。在财务层面,核算成本与收益,确保盈利模式可行。评价时,创新性是重要指标,独特新颖的商业模式更易脱颖而出。还要考量可持续性,能否随市场变化、技术发展持续运行。例如,共享经济模式兴起时,部分企业因未充分检验成本控制、盈利途径,未合理评价可持续性,最终失败,足见检验与评价对商业模式的重要性。

商业模式的检验与评价有多种常用方法,以下是一些主要的方法。

1)定性分析方法

案例分析法:将待检验和评价的商业模式与同行业或不同行业的成功案例、失败案例进行对比分析。通过研究相似商业模式的实践情况,找出自身的优势和不足,借鉴成功经验,吸取教训,避免重蹈覆辙。

专家评估法:邀请行业专家、学者、资深从业者等组成评估小组,对商业模式进行评估。专家凭借自身的专业知识和丰富经验,从不同角度对商业模式的创新性、可行性、可持续性等进行分析和评价,提出专业的意见和建议。

用户调研法:通过问卷调查、访谈、焦点小组等方式收集用户对商业模式的反馈和意见,了解用户对产品或服务的需求满足程度、支付意愿、使用体验等,以判断商业模式是否符合市场需求,是否具有吸引力和竞争力。

2)定量分析方法

财务分析:通过对商业模式的收入、成本、利润等财务指标进行分析,评估其盈利能力和财务健康状况。常用的指标包括毛利率、净利率、投资回报率(ROI)、净现值(NPV)、内部收益率(IRR)等。同时,可以进行成本效益分析,评估商业模式在成本控制和收益创造方面的表现。

市场数据分析:收集和分析市场规模、市场增长率、市场份额、客户获取成本、客户终身价值等市场数据,以评估商业模式在市场中的潜力和竞争力。例如,通过分析市场份额的变化可以了解商业模式在市场中的地位和影响力,通过客户获取成本和客户终身值的对比可以评估商业模式的客户盈利能力。

模拟与建模:利用数学模型和计算机模拟技术,对商业模式的各种情境进行模拟和分析。

通过设定不同的假设和参数,预测商业模式在不同市场环境下的表现,评估其风险和不确定性。例如,可以建立销售预测模型、成本模型、利润模型等,通过模拟不同的市场需求、价格策略、成本结构等因素的变化,检验商业模式的稳定性和适应性。

□ 思考题

1. 以身边成功企业为样本,分析它们的商业模式与战略特点,并分析二者关系。

2. 从战略的角度分析华为公司的成功路径。

3. 请选择一家你感兴趣的企业,为其设计一个创新的商业模式方案,并说明设计的逻辑依据和预期效果。

模块 11

创业计划书

单元 11.1   创业计划书概述

创业计划书是创业者向投资人或合作伙伴展示自己创业项目的重要工具。一份好的创业计划书不仅能够让人对项目产生信心，还能够为项目的顺利实施提供保障。那么，如何编写一份优秀的创业计划书呢？本单元将介绍创业计划书编写的原则和操作步骤。

1）创业计划书的定义

创业计划书是一份全面而详细的文档，旨在为创业者提供一份清晰的路线图，指导他们实现其商业目标。这份计划书通常包括市场分析、竞争策略、运营计划、财务预测等关键要素，旨在确保创业者在创业过程中能够做出明智的决策，并有效地管理资源。

2）创业计划书的作用

创业计划书对于创业者来说具有多重重要作用。以下是创业计划书的主要作用。

创业计划书编写指南

（1）明确目标与方向：创业计划书可以帮助创业者明确自己的商业目标和愿景，以及实现这些目标所需的具体步骤。它为整个创业过程提供了清晰的方向指引。

（2）梳理思路与策略：通过制定创业计划书，创业者可以系统地梳理自己的商业理念、市场定位、产品或服务、营销策略等关键要素，确保各个部分之间协调一致，形成有力的整体战略。

（3）风险识别与管理：创业计划书中包含对市场和竞争环境的深入分析，有助于创业者识别潜在的风险和挑战。针对这些风险，创业者可以提前制定应对策略，降低失败的可能性。

（4）资源规划与分配：创业计划书详细列出了创业所需的各种资源，包括资金、人力、时间等。通过合理的资源规划和分配，创业者可以确保资源的有效利用，避免浪费和短缺。

（5）吸引投资与合作：一份专业且令人信服的创业计划书是吸引投资者和合作伙伴的关键。它向外部利益相关者展示了创业项目的潜力和价值，从而使创业者更容易获得资金支持和建立合作关系。

（6）衡量进度与成果：创业计划书为创业者设定了明确的里程碑和目标。在创业过程中，创业者可以根据创业计划书来衡量实际进度和成果，及时调整策略以确保目标的顺利实现。

（7）提升团队凝聚力：对于创业团队而言，共同制定和遵循创业计划书有助于增强团队成员之间的凝聚力和共识。所有成员都能明确自己的职责和目标，形成协同作战的良好氛围。

综上所述，创业计划书在创业过程中发挥着不可或缺的作用，是创业者成功实现商业梦想的重要工具。

3）创业计划书的分类

创业计划书可以根据不同的目的和受众对象进行分类。以下是一些常见的创业计划书分类。

（1）商业计划书

商业计划书是最常见的创业计划书类型，主要用于向投资者、银行或其他金融机构申请贷款、寻求风险投资或融资支持。商业计划书需要全面、详细地介绍创业项目的商业模式、市场调研、竞争分析、营销策略、财务预测等，以展现项目的可行性和潜在利润。

（2）市场计划书

市场计划书主要侧重于分析市场、制定市场营销策略和推广计划。它强调创业者对市场的理解和对产品或服务在市场中的定位，需要阐述目标市场、目标客户及其需求、产品的竞争优势、市场推广渠道和策略等。

（3）项目计划书

项目计划书主要用于内部管理和团队协作，详细描述创业项目的目标、范围、关键节点、资源需求、工作流程和时间安排等信息。它帮助团队明确目标、制订实施计划，确保项目能够按照预定计划顺利进行。

（4）技术计划书

技术计划书主要用于科研项目或技术创新型创业项目，详细介绍项目的技术特点、技术路线、研发进度、知识产权保护等信息。技术计划书需要充分展示项目的技术优势和创新性，以吸引投资者或合作伙伴的关注。

（5）社会创新计划书

社会创新计划书主要用于非营利组织或社会企业的创业项目，强调项目的社会或环境效益。它需要描述社会问题的现状、解决方案、社会影响评估以及可持续发展策略等，以向投资者或社会伙伴展示项目的社会影响力和价值。

（6）国际合作计划书

国际合作计划书主要用于跨国合作或针对海外市场的创业项目。它需要对目标市场进行深入研究，分析国际竞争环境、文化差异、法律规定等因素，并制定相应的风险管理策略;同时,需要考虑贸易政策、分工与合作伙伴、资源整合等问题。

这些分类并不是完全独立的,一份创业计划书可能同时属于多个分类。例如,一个科技创新项目可能既需要商业计划书来展示其商业模式和财务预测,也需要技术计划书来详细介绍其技术特点和研发进度。在编写创业计划书时,应根据项目的具体情况和受众对象来选择合适的分类和侧重点。

4)创业计划书的内容组成

创业计划书应该包括创业的种类、资金规划及资金来源、资金总额的分配比例、阶段目标、财务预估、行销策略、可能风险评估、创业的动机、股东名册、预定员工人数等要件。具体内容一般包括以下 11 个方面。

(1)封面

封面的设计要有审美性和艺术性,一个好的封面会使阅读者产生最初的好感,形成良好的第一印象。

(2)计划摘要

计划摘要浓缩了创业计划书的精华。计划摘要涵盖计划的要点,以求一目了然,以便读者能在最短的时间内评审计划并做出判断。计划摘要一般包括以下内容:公司介绍、管理者及其组织、主要产品和业务范围、市场概貌、营销策略、销售计划、生产管理计划、财务计划、资金需求状况等。摘要要尽量简明、生动,特别要说明本企业的不同之处。

(3)企业介绍

企业介绍的目的不是描述整个计划,也不是提供另外一个概要,而是对企业进行介绍,因而重点是企业理念和如何制定企业的战略目标。

(4)行业分析

在行业分析中,应该正确评价所选行业的基本特点、竞争状况以及未来的发展趋势等。关于行业分析的典型问题如下:

①该行业发展程度如何? 现在的发展动态如何?

②创新和技术进步在该行业扮演着一个怎样的角色?

③该行业的总销售额有多少? 总收入为多少? 发展趋势怎样?

④价格趋向如何?

⑤经济发展对该行业的影响程度如何? 政府是如何影响该行业的?

⑥是什么因素决定着它的发展?

⑦竞争的本质是什么? 企业将采取什么样的战略?

⑧进入该行业的障碍是什么? 企业将如何克服? 该行业典型的回报率有多少?

（5）产品（服务）介绍

产品（服务）介绍应包括以下内容：产品（服务）的市场竞争力、产品（服务）的研究和开发过程、发展新产品（服务）的计划和成本分析、产品（服务）的市场前景预测、产品（服务）的品牌和专利等。在产品（服务）介绍部分，创业者要对产品（服务）做出详细的说明。说明要准确，也要通俗易懂，使不是专业人员的投资者也能明白。一般地，产品（服务）介绍都要附上产品（服务）原型、照片或其他介绍。

（6）人员及组织结构

企业的生产活动涉及人力资源管理、技术管理、财务管理、作业管理、产品管理等。而人力资源管理是其中很重要的一个环节。因为社会发展到今天，人已经成为最宝贵的资源，这是由人的主动性和创造性决定的。企业要管理好这种资源，更要遵循科学的原则和方法。在创业计划书中，必须对主要管理人员加以阐明，介绍他们所具有的能力，他们在本企业中的职务和责任，他们过去的详细经历及背景。

此外，在这部分创业计划书中，还应对公司结构做一简要介绍，包括：公司的组织机构图；各部门的功能与责任；各部门的负责人及主要成员；公司的报酬体系；公司的股东名单，包括认股权、比例和特权；公司的董事会成员；各位董事的背景资料。

（7）市场预测

市场预测应包括以下内容：需求、市场现状综述、竞争厂商概览、目标顾客和目标市场、本企业产品的市场地位等。

（8）营销策略

在创业计划书中，营销策略应包括以下内容：

①市场机构和营销渠道的选择。

②营销队伍和管理。

③促销计划和广告策略。

④价格决策。

（9）制造计划

创业计划书中的制造计划应包括以下内容：

①产品制造和技术设备现状。

②新产品投产计划。

③技术提升和设备更新的要求。

④质量控制和质量改进计划。

（10）财务规划

财务规划的重点是现金流量表、资产负债表以及损益表的制备。流动资金是企业的生命线,因此企业在初创或扩张时,对流动资金需要预先有周详的计划和进行过程中的严格控制;资产负债表则反映在某一时刻的企业状况,投资者可以用通过资产负债表中的数据得到的比率指标来衡量企业的经营状况以及可能的投资回报率;损益表反映的是企业的盈利状况,反映企业在一段时间运作后的经营结果。

(11)风险与风险管理

创业计划书中的风险与风险管理应包括以下内容:

①企业在市场、竞争和技术方面有哪些基本的风险?

②准备怎样应对这些风险?

③企业还有一些什么样的附加机会?

④在资本的基础上如何进行扩展?

⑤在最好和最坏的情形下,五年计划表现如何? 如果估计不那么准确,应该估计出误差范围到底有多大。如果可能,对关键性参数做最好和最坏的设定。

单元 11.2　创业计划书编写

11.2.1　创业计划书的编写原则

创业计划书的编写原则主要包括以下几点。

1)突出重点

创业计划书应该突出重点,将项目的核心理念、商业模式、市场分析、竞争优势等关键信息清晰地呈现出来。这样能够让投资人或合作伙伴迅速了解项目的核心价值和商业前景。

2)简洁明了

创业计划书应该简洁明了,避免使用过多的专业术语和复杂的句子。尽量采用简单易懂的语言,让读者能够轻松理解和接受创业者的创业理念。

3)实事求是

创业计划书应该实事求是,避免夸大项目的市场规模和商业前景。投资人或合作伙伴通常会对项目的可行性进行严格的评估,如果计划书存在虚假宣传或夸大其词的情况,很可能会破坏企业的信誉,影响企业的商业前景。

4)重视细节

创业计划书应该重视细节,包括文本排版、图片设计、数据分析等。一份精心设计的创业计划书能够给人留下良好的印象,也能够提高读者对项目的信心和兴趣。

5)适应读者

创业计划书应该适应读者,根据不同的投资人或合作伙伴的需求和背景进行调整。例如,对于风险投资人,需要更加强调项目的商业前景和盈利模式;对于合作伙伴,需要更加强调项目的合作机会和价值。

11.2.2　创业计划书的编写步骤

编写一份完整的创业计划书应遵循如下顺序。

1)确定创业计划书的编撰目的

一般而言,根据创业计划书的功能定位,其编撰目的主要有两种:

一种是广泛应用于融资工具,以吸引投资人并成功获取资金资源。在这种情况下,通常是创业者处于资源匮乏的环境,或者需要更多的资金来实现自己的创业计划。如果是为了融资,创业计划书就应该侧重商业环境分析、竞争性分析、营销计划、管理团队介绍以及财务计划等内容。

另一种是用于公司内部,主要是便于组织内部沟通,认同项目的价值,并明确项目的战略规划与行动方案,便于项目的实施管理。在这种情况下,通常是企业本身的资源还比较丰富,重点在于高效地执行这个计划。因此,该类创业计划书对于管理团队、经营管理计划方面的内容(通常情况下,企业内部已经很熟悉)无须过多描述,而应该强调项目的重要性、项目的实施进度等偏实务方面的内容。

2)确定创业计划书的读者对象

不同的读者对象所关注的创业计划书内容侧重点会有较大的差别,这当然与编撰创业计划书的目的,即个人需求存在密切的关系。如果对个人需求非常明确,对读者了如指掌,一定能够将重点信息提供给目标读者。因此,明确个人的需求、了解读者的需求是成功编写创业计划书的必要准备,也是成功实现个人目标的前提。

(1)明确自己的需求

①获取资金支持还是与其他投资人、商业伙伴建立战略联盟关系?

②借款、贷款,还是与投资人分享所有权和利润?

③获得投资人的青睐,还是获取企业高层的更多支持?

（2）了解读者及他们的需求

如果创业计划书是为了获取资金等资源支持,那么读者就是投资人或者贷款方。投资人最关注的是盈亏平衡点、投资回报、项目的长期发展潜力以及管理团队的能力,贷款方则更多地关注项目的风险。

如果创业计划书仅仅用于企业内部的沟通交流,或者是内部创业的创业计划书,那么读者就应该是负责投资决策的董事会或者利益相关者。他们最关注的是项目的可行性分析、投资回报以及具体的行动方案。

3）收集所需要的信息资料

充足的信息资料将有助于创业者完成一份分析透彻、论据充分、内容丰富的创业计划书。因为创业计划书涵盖面很广,创业者可能需要就各个构成要素准备所需的信息资料。而且,商业环境分析、竞争性分析、目标市场定位以及项目的可行性等关键内容都需要充分的数据、信息来支撑。因此,信息资料的收集与准备也是创业计划书编写过程中的关键环节。具体的实施步骤及相关要点如下。

（1）设计创业计划书的主要结构

依据一般创业计划书的主要构成要素,针对创业项目的性质与特点,用全局的眼光来设计创业计划书的主要结构。这个主要结构便是创业计划书所需信息资料的总体指导性纲领,如商业环境、市场、竞争者等主要构成要素。

（2）确定所需的重要信息资料及详细分类

由于创业计划书的主要结构涵盖一般创业计划书的各个要素,在确保各个部分内容有充足的信息资料支撑的前提下,应该依据创业项目的关键成功要素,锁定所需的重要信息资料,如能突出宏观经济政策优势、商机优势、竞争优势、管理团队优势的信息等。同时,要求就每一项重点内容明确细分信息资料的类别,并列出准备收集的信息资料清单,不可盲目地去收集繁杂的信息资料。例如,针对竞争者分析,应该按照竞争对手分析的理论框架或者关键要素,明确更加细分的数据、资料与信息类别。

（3）找出已有的关键信息与缺乏的信息资料

这个步骤也非常重要。大多数创业者平时都有收集一些商业信息的习惯,身边的朋友或者合作伙伴也会向他们提供一些商业数据与信息。这些数据信息中可能有一些正是本次创业计划书中所要收集的信息资料,这样就避免了重复劳动,不会造成时间浪费、资源浪费。

与此同时,应对照信息资料清单,明确缺乏的信息资料,因为这些信息资料需要花费大量精力与时间去寻找与收集,甚至需要借助他人的帮助来完成收集工作。

(4)开始收集信息资料

信息资料的收集是一个比较复杂的工程,通常需要创业团队来共同完成。当然,创业者也可以聘请一些兼职的学生甚至一些专业人士来帮助自己,如开展系列市场调查活动、获取竞争对手的信息、监测有关商业数据等。以下是常见的信息渠道来源。

①通过公开媒介查询,如各类媒体(包括网络媒体)、出版物、与创业项目相关的各类网站、信息开放平台。

②通过与顾客、供应商访谈取得第一手资料。

③通过问卷调查获取有关数据与信息。

④通过现场考察、评估获取直接的数据与信息。

⑤通过专业公司或者专业人士的参与分析,获取有关数据和信息,如情报公司、专业咨询公司等。

(5)对信息资料进行重新编码

在原有信息资料清单的基础上,将收集完善的信息资料进行重新分类编码,便于在后期编写创业计划书的过程中查询、使用。

4)设计创业计划书框架

这里所称的创业计划书框架并非通用的创业计划书内容结构框架,而是一个充分体现创业项目特色、各部分子标题更加细分明确的创业计划书框架。其具体设计原则如下。

(1)五个依据

一是依据编写目的;二是依据读者对象;三是依据一般创业计划书的主要构成要素;四是依据创业项目的性质与特征;五是依据所收集的信息资料。

(2)两个便于

一是便于编写者后期的编写,这就要求各部分的子标题非常详细。当然,整体逻辑应当非常清晰,让人读起来感觉很连贯。二是便于读者找到自己关注的重点内容(一般通过子标题来体现)。

(3)一大特色

充分体现创业项目的特色。在设计的总体框架中,整体的思路与逻辑要体现出创业项目的优势,一些子标题要体现出创业项目的亮点。

5)开始编写创业计划书

这是完成创业计划书的关键步骤,由于本单元其他部分已经对该部分内容做了详细的阐述及明确的示范,这里不再详述。

11.2.3　创业计划书的编写技巧

创业计划书的价值最终需通过规范化的文本呈现,而编写过程本身即创业者系统性思考的深化。在明确创业计划的核心价值后,将其转化为兼具逻辑性与说服力的规范文本成为关键问题。创业计划书的编写主要有以下五个技巧。

1) 以客户为中心

"以客户为中心"是创业计划书的灵魂。创业计划书的行文语言要言简意赅,使用简洁、准确且通俗易懂的语言,表述时要有"客户思维",内容完整、结构合理、表达清晰的创业计划书往往更能吸引人。读者是创业计划书的用户,应考虑读者能否在短时间内准确理解创业者想要传递的信息。此外,在创业计划书的各个关键环节,要以客户为中心寻找痛点,以客户为中心来设计商业模式等,充分运用以人为本的设计核心理念来梳理创业计划书的内容。

一份创业计划书的第一个投资人就是创业者自己,创业者要从投资人的视角来编写创业计划书,并在写好之后自我检查:如果我是一名职业投资人,这份创业计划书对自己有没有吸引力? 自己会为这份创业计划书埋单吗? 这就需要创业者用投资人的思考模式来思考问题,了解投资人及其投资基金的诉求和周期,分析投资人的投资习惯。

2) 多用图表

编写创业计划书时,生动形象的表现形式同样重要,与长篇累牍的文字表述相比,图表更能展现逻辑、突出重点。在创业计划书中,图表的作用主要表现在两个方面:一是辅助作用,辅助创业计划书中其他信息,达到排版上的美化效果,突出创业计划书的重点;二是演示作用,图表作为创业计划书的演示主体,展示数据信息和创业者的逻辑思维。

图表的表现手法多种多样,在创业计划书的信息阐述上要坚持可读性和条理性相统一的原则,不同类型的图表各有侧重,最好交叉使用。适当使用对比表格、曲线图、模型图等进行强调和支撑,阅读效率高。例如,公司架构最好用组织架构图来展示,必要时配以文字说明;运营现状切忌事无巨细地长篇大论,要重点突出发展历程中的重大事件、里程碑或具有代表性的成就,结合图文进行说明。另外,一般会用图表的方式呈现数据,如核心业务指标(用户数、市场占有率等)和核心财务指标(收入、利润等),如未来 1~3 年的财务预测,包含 12 个月的现金流量表、全部预测假设条件和预测财务报表等。

3) 巧用数据

好的创业故事可以吸引投资人的注意力,巧用数据更能打动投资人的心。创业计划书应遵循客观实际、严谨可信的设计原则,多用事实说话,兼顾定量的表述和分析。在创业计划书中,数据的验证是每一个环节得出的结论的有效证明。最好将市场分析,产品运营的验证、获客、转化,商业模式的有效性等用数据的方式进行体现。

此外,尽可能做到信息有出处、数据有依据。在引用信息和数据时应尽可能引用权威机构发布的资料,或者是自己开展调研统计分析后的一手数据。创业者要通过何种途径获取权威数据呢?一是历史数据,如想要了解某个地区的人口数量、经济指标,可以去当地的图书馆或地方政府图书馆,阅读历年政府工作报告或年鉴;二是行业报告中的数据,这部分数据可以通过行业协会、行业论坛的在线网站获得,或者查看行业报告的年终版本等获得;三是引用论文网站的数据;四是大数据网站及舆情网站,互联网上有众多的大数据网站,目前主要的互联网平台和传统媒体网站的民意调查等,如人民网"舆情频道"、百度的"百度舆情"等都有详细的统计数据;五是自行采集基础数据。获取数据的途径有很多,但一定要确保数据的真实性,不要有任何的数据修饰和造假行为。一旦这些行为被发现,创业公司或创业团队不仅会失去投资者的投资或被评委否决,更失去了创业当中最重要的诚信。

4)引入第三方正面评价

在推荐自己的产品或服务时,最好能通过引入第三方的评价来提升产品或服务的可信度。可以引入的第三方评价包括媒体报道、权威机构验证、知名合作伙伴评价等,如产品或服务已产生积极的影响,在媒体当中引起了广泛关注,把相关的报道呈现出来;增加一些重要的支撑材料,包括商标、著作权等知识产权、技术成果、信用背书等资料;或者用户在使用该产品或服务时,大家的评价很高,直接截图用户的评价体验,用户说好,才是真的好。增加这部分内容可以有效提升创业项目的真实性,既让创业企业或创业项目的实力和产品形象得到更好的展示,也能极大地增强投资者的投资信心或获得评委的良好评价。

5)不断修改完善

编写创业计划书不是一蹴而就的事情,一份优秀的创业计划书一定要经过多次推敲和论证,这本身就是一个不断修改完善、精益求精的过程。每一次商业模式的梳理都是一次迭代。在商业模式的探索中,不断尝试,不断验证,不断总结,创业计划书会随着产品和企业的成熟而成熟,这当中包括了项目发展思路、战略的优化改进,还有内容的敲定、语句的雕琢、信息的补充、结构的调整等。不要把创意仅仅停留在思考上,要及时付诸行动、不断实践。创业计划书需要在实践验证中做动态调整,经过实践验证后,创业计划书的可信度和可行性能得到大的提升。

□ 思考题

1. 编制一份创业计划书需要做哪些准备?

2. 要做好新企业的计划书需要注意什么?

3. 从网上找一份创业计划书,分析其优缺点。

新企业的创办

单元 12.1　　企业组织形式及其内涵

12.1.1　企业及企业组织形式的概念

1）企业的概念

从广义的角度看,企业是指依法设立的、以盈利为目的、从事商品生产经营或服务活动的独立核算的经济组织。这种经济组织可以是个人所有、合伙共有、公司所有或国家所有,它们利用自身的资源、技能和知识,为社会提供商品和服务,并在这个过程中追求经济效益和社会效益。

从狭义的角度看,企业主要是指以盈利为目的的经济组织,其设立和经营活动都是为了实现利润最大化。这类企业在市场经济条件下通过提供满足消费者需求的产品或服务,获取销售收入,并在扣除成本后实现盈利。

无论是广义还是狭义的概念,企业都是现代社会经济活动的基本单元,它们在经济增长、就业创造、技术创新等方面发挥着重要作用。同时,企业需要遵守法律法规,履行社会责任,保护环境,实现可持续发展。

2）企业组织形式的概念

企业组织形式是指企业依法对内部组织结构进行的规范安排,主要形式包括独资企业、合伙企业和公司制企业。独资企业由个人出资经营,承担无限责任;合伙企业由多人共同出资,共同经营,承担无限连带责任;公司制企业则以其全部资产对公司债务承担责任,股东则以其认缴的出资额为限对公司承担责任。不同的企业组织形式在资金筹集、经营风险、税收政策、管理效率等方面各有特点,企业应根据自身实际情况和发展需求,选择最适合的组织形式。大学生在创业初期需要根据自身及自己所拥有的资源情况确定创办企业的形式。企业组织形式主要有以下几种。

（1）个体工商户

个体工商户指在法律允许的范围内,依法经核准登记,从事工商业经营的自然人或家庭。个体工商户业主只需一个人或一个家庭,人数上没有过多限制,注册资本也无数量限制,开办手续比较简单。这类组织只需要业主有相应的经营资金和经营场所,到工商部门办理登记手续即可开业。个体工商户还可根据自己的需要起字号。个体工商户虽然属于企业的初级模式,但其运营管理相对简单,还不具备应用现代企业管理的条件。

(2)个人独资企业

个人独资企业是一种最古老、最简单的企业组织形式,由一个自然人投资,财产为投资人个人所有,投资人以其个人财产对企业债务承担无限责任。这种企业不具有法人资格,因此也无法人地位。

①个人独资企业的主要特点。

a. 企业的建立与解散程序简单。个人独资企业的设立没有严格的法定程序,只需投资人向工商部门申请登记即可。同样地,当投资人决定解散企业时,也没有复杂的清算程序,只需进行简单的财产处理和债务清偿。

b. 经营管理灵活自由。个人独资企业的投资人可以完全根据个人意志确定经营策略,进行管理决策。这使得个人独资企业能够迅速做出决策,灵活应对市场变化。

c. 业主对企业的债务负无限责任。当个人独资企业的资产不足以清偿其债务时,投资人需要以其个人财产来偿付企业债务。这有利于保护债权人的利益,但同时意味着投资人需要承担较大的风险。

②个人独资企业的设立条件。在我国开办个人独资企业,需要满足一定的条件:

a. 投资人为一个自然人,且只能是中国公民。

b. 投资人只能是自然人,不包括法人。

c. 投资人不包括港、澳、台同胞。

d. 国家公务员、党政机关领导干部、法官、检察官、警官、商业银行工作人员等,不得投资设立个人独资企业。

e. 有合法的企业名称。个人独资企业的名称中不能出现"有限""有限责任"或者"公司"字样。

f. 有固定的生产经营场所和必要的生产经营条件。

g. 有必要的从业人员。

h. 有投资人申报的出资。

此外,个人独资企业的规模有限。由于资金、技术和管理能力等的限制,个人独资企业的经营规模通常较小。这使得个人独资企业在市场竞争中可能处于劣势地位。

个人独资企业的存续先天缺乏可靠性。个人独资企业的存续完全取决于投资人的个人得失和安危。如果投资人出现意外或失去经营能力,企业可能面临解散的风险。同时,个人独资企业的寿命有限,这也可能影响企业的长期发展和合作关系的稳定。

(3)合伙企业

合伙企业是一种特殊的企业组织形式,它不同于传统的公司制企业或独资企业,具有自身独特的特点和运作方式。

①合伙企业的定义和特点。合伙企业是由两个或两个以上的自然人、法人或其他组织依照《中华人民共和国合伙企业法》在中国境内设立的营利性组织。它的主要特点包括：

共同出资：合伙人按照协议约定的比例或方式共同出资，形成合伙企业的初始资本。

共同经营：合伙人共同参与企业的经营管理，共同决策企业的重大事项。

共享收益：合伙人在企业经营中所获得的收益，按照协议约定的比例或方式进行分配。

共担风险：合伙人对企业经营中产生的债务和风险承担无限连带责任。这意味着如果企业的资产不足以清偿债务，合伙人需要用个人财产来承担剩余债务。

②合伙企业的类型和限制。合伙企业可以分为多种类型，如普通合伙企业和有限合伙企业。普通合伙企业中，所有合伙人都对企业债务承担无限连带责任；而有限合伙企业中，至少有一名普通合伙人和一名有限合伙人，有限合伙人仅以其出资额为限对企业债务承担责任。

此外，需要注意的是，国有独资公司、国有企业、上市公司以及公益性事业单位、社会团体等特定主体不得成为普通合伙人，这主要是出于风险控制和法律责任的考虑。

③合伙企业的优势和劣势。合伙企业作为一种企业组织形式，具有一些明显的优势，如降低风险、分配收益、便捷入股、财务更柔性、分工明确等。这些优势使得合伙企业在某些行业和场景下具有较高的适用性和较强的竞争力。

然而，合伙企业也存在一些劣势，如管理费用高、资金不稳定、合伙人隐私受限、税务负担重以及法律责任复杂等。这些劣势可能会对企业的运营和发展产生一定的影响，需要在选择合伙企业作为企业组织形式时进行充分的考虑和权衡。

④合伙企业的运营和管理。在合伙企业的运营和管理过程中，合伙人之间需要建立良好的合作关系，进行明确的责任分工。这可以通过制定详细的合伙协议、明确各自的权利和义务、建立有效的决策机制等方式来实现。同时，合伙企业需要注重财务管理、风险控制、人才培养等方面的工作，以确保企业的稳健运营和持续发展。

合伙企业是一种具有独特特点和运作方式的企业组织形式，在选择时需要充分考虑其优缺点和适用场景，并在运营过程中注重合作关系和责任分工的建立以及各方面的管理工作。

(4)公司制企业

公司制企业(或称公司)是指由两个以上投资人(自然人或法人)依法出资组建，有独立法人财产，自主经营，自负盈亏的法人企业。出资者按出资额对公司承担有限责任。

公司制企业主要形式分为有限责任公司和股份有限公司两种。

有限责任公司和股份有限公司的区别：①公司制企业设立时对股东人数要求不同。设立有限责任公司必须有2个以上股东，最多不得超过50个；设立股份有限公司应有3个或3个以上发起人，多者不限。②股东的股权表现形式不同。有限责任公司的权益总额不做等额划分，股东的股权是通过投资人所拥有的比例来表示的;股份有限公司的权益总额平均划分为相等的股份,股东的股权是用持有多少股份来表示的。③股份转让限制不同。有限责任公司不发行股票,对股东只发放一张出资证明书,股东转让出资需要由股东会或董事会讨论通过;股份有限公司可以发行股票,股票可以自由转让和交易。

公司制企业的优点:①容易转让所有权。②有限债务责任。③可以无限存续。一个公司制企业在最初的所有者和经营者退出后仍然可以继续存在。④融资渠道较多,更容易筹集所需资金。

公司制企业的缺点:①组建成本高。②存在代理问题。所有者成为委托人,经营者成为代理人,代理人可能为了自身利益而伤害委托人利益。(矛盾需要协调。)③双重课税。公司制企业作为独立的法人,其利润需缴纳企业所得税,企业利润分配给股东后,股东还需缴纳个人所得税。

12.1.2 企业组织形式的内涵

企业组织形式的内涵非常广泛且深入,它涵盖了企业的法律地位、财产结构、经济权利配置、运营管理以及与社会经济的联系等多个方面。

1)法律地位

不同的企业组织形式在法律上享有不同的地位。例如,独资企业通常不具有法人资格,其法律责任由业主个人承担;而公司制企业则具有独立的法人地位,可以独立承担民事责任,其股东的责任通常限于其所持有的股份。这种法律地位的差异直接影响了企业的权责关系和风险承担方式。

2)财产结构

企业组织形式决定了企业的财产结构。独资企业的财产主要由业主个人所有,企业的盈亏直接影响业主的个人财产;而公司制企业的财产则由股东共同出资形成,企业的盈亏通过股份的变动来体现。这种财产结构的差异对企业的融资能力、扩张能力和风险承受能力产生了深远的影响。

3)经济权利配置

企业组织形式还涉及经济权利的配置,尤其是所有权和经营权的配置。在独资企业中,所有权和经营权高度集中,业主拥有对企业的完全控制权;而在公司制企业中,所有权和经营权通常分离,股东通过选举产生董事会来行使经营权,这种配置方式有助于提高企业的管理效率和决策的科学性。

4)运营管理

不同的企业组织形式对企业的运营管理产生不同的影响。独资企业由于规模较小,通常采取灵活的管理方式,决策迅速;而公司制企业则需要建立完善的治理结构和管理制度,以确保企业的稳健运营和持续发展。这种运营管理的差异直接影响了企业的竞争力和市场表现。

5)与社会经济的联系

企业组织形式还决定了企业与社会经济的联系方式。独资企业通常更多依赖个人关系和地方市场;而公司制企业则可以通过发行股票、债券等方式与资本市场建立联系,筹集资金,扩大规模。这种与社会经济的联系方式的差异对企业的融资能力、市场扩张能力和抗风险能力产生了重要的影响。

在选择适合的企业组织形式时,需要综合考虑各种因素,以实现企业的长期稳定发展。

单元 12.2   新企业的设立

新企业必须经过相关登记注册等流程,才能合法设立,各地工商部门流程虽有不同,但主要流程基本一样。

12.2.1   新企业的注册流程

新企业注册的流程如下:

(1)核名:到工商局领取一张企业名称预先核准申请表,填写准备好的公司名称,由工商局上网检索是否有重名。

(2)租房:租一间办公室。

(3)编写公司章程:章程需要由所有股东签名。

(4)刻私章:全体股东刻一个法人私章。

(5)到会计师事务所领取银行询证函:联系一家会计师事务所,领取一张银行询证函。

(6)注册公司:到工商局领取公司设立登记的各种表格,包括设立登记申请表、股东名单、董事经理监理情况、法人代表登记表、指定代表或委托代理人登记表;填好后,连同核名通知、公司章程、房租合同、房产证复印件一起交到工商局。大概15个工作日后可领取执照。

(7)凭营业执照,到公安局指定的刻章公司刻公章、财务章。后面步骤中,均需要用到公章或财务章。

(8)银行开基本户:凭营业执照,组织机构代码证,国税、地税正本原件,到银行开立基本账号。

新企业注册需要的资料有:

(1)个人资料,如身份证、法人户口本复印件或户籍证明、居住地址、电话号码。

（2）注册资金。

（3）拟定注册公司名称若干。

（4）公司经营范围。

（5）租房房产证、租赁合同。

（6）公司住所。

（7）股东名册及股东联系电话、联系地址。

（8）公司的机构及其产生办法、职权、议事规则。

（9）公司章程。

（10）需要同时办理其他证件的公司，到相关部门正常办理。

法律依据

《中华人民共和国公司法》第二十九条：设立公司，应当依法向公司登记机关申请设立登记。法律、行政法规规定设立公司必须报经批准的，应当在公司登记前依法办理批准手续。第三十一条：申请设立公司，符合本法规定的设立条件的，由公司登记机关分别登记为有限责任公司或者股份有限公司；不符合本法规定的设立条件的，不得登记为有限责任公司或者股份有限公司。

12.2.2　新企业相关文件的编写

新企业相关文件的编写是新企业创建过程中必不可少的一部分。这些文件不仅有助于确立企业的法律地位，还能明确企业的运营目标、管理方式以及各方的权益和责任。以下是一些新企业通常需要编写的重要文件。

1）公司章程

公司章程是公司的基本法规，它规定了公司的名称、住所、经营范围、注册资本、股东权利和义务、组织机构的设置、职权和议事规则等重要事项。公司章程的编写需要遵循相关法律法规，并结合企业的实际情况。

案例

××科技信息服务公司章程

第一章　总则

第一条　为规范××科技信息服务公司（以下简称公司）的组织和行为，维护公司、股东、员工和客户的合法权益，促进公司健康发展，根据《中华人民共和国公司法》及相关法律法规，制定本章程。

第二条　公司名称：××科技信息服务公司。住所：甘肃省兰州市安宁区××路××号。经营范围：

科技信息服务、IT 软件、信息设备采购安装、通信设备采购。注册资本：1000 万元。基本信息依据工商登记内容确定，并依法向社会公众公开。

第三条　公司是独立法人，享有法人财产权，独立承担民事责任。股东以其认缴的出资额为限对公司承担责任，公司以其全部财产对公司的债务承担责任。

第四条　公司遵循诚信、创新、协作、共赢的经营理念，致力于提供优质的科技信息服务，推动科技进步和产业发展。

第二章　股东及股东大会

第五条　公司股东依法享有资产收益、参与重大决策和选择管理者等权利。

第六条　股东大会是公司的最高权力机构，由全体股东组成。股东大会行使下列职权：

（一）决定公司的经营方针和投资计划。

（二）选举和更换董事、监事，决定有关董事、监事的报酬事项。

（三）审议批准董事会的报告。

（四）审议批准监事会的报告。

（五）审议批准公司的年度财务预算方案、决算方案。

（六）审议批准公司的利润分配方案和弥补亏损方案。

（七）对公司增加或者减少注册资本做出决议。

（八）对发行公司债券做出决议。

（九）对公司合并、分立、解散、清算或者变更公司形式做出决议。

（十）修改公司章程。

（十一）公司章程规定的其他职权。

第七条　股东大会分为年度股东大会和临时股东大会。年度股东大会每年召开一次，应当于上一会计年度结束后的六个月内举行。临时股东大会在出现法定情形时，应当在两个月内召开。

第三章　董事会

第八条　公司设董事会对股东大会负责。董事会行使下列职权：

（一）召集股东大会，并向股东大会报告工作。

（二）执行股东大会的决议。

（三）决定公司的经营计划和投资方案。

（四）制订公司的年度财务预算方案、决算方案。

（五）制订公司的利润分配方案和弥补亏损方案。

（六）制订公司增加或者减少注册资本以及发行公司债券的方案。

（七）制订公司合并、分立、解散或者变更公司形式的方案。

（八）决定公司内部管理机构的设置。

（九）决定聘任或者解聘公司经理及其报酬事项，并根据经理的提名决定聘任或者解聘公司副经理、财务负责人及其报酬事项。

（十）制定公司的基本管理制度。

（十一）公司章程规定的其他职权。

第九条　董事会成员为奇数，由股东大会选举产生。董事任期届满，可连选连任。董事会设董事长一人，由董事会全体董事过半数选举产生。

第四章　监事会

第十条　公司设监事会，对股东大会负责。监事会行使下列职权：

（一）检查公司财务。

（二）对董事、高级管理人员执行公司职务的行为进行监督，对违反法律、行政法规、公司章程或者股东大会决议的董事、高级管理人员提出罢免的建议。

（三）当董事、高级管理人员的行为损害公司的利益时，要求董事、高级管理人员予以纠正。

（四）提议召开临时股东大会。

（五）在董事会不履行本法规定的召集和主持股东大会职责时召集和主持股东大会。

（六）向股东大会提出提案。

（七）公司章程规定的其他职权。

第十一条　监事会成员不得少于三人，由股东大会选举产生。监事会设主席一人，由全体监事过半数选举产生。

第五章　经营管理层

第十二条　公司设经理一名，由董事会聘任或者解聘。经理对董事会负责，行使下列职权：

（一）主持公司的生产经营管理工作，组织实施董事会决议。

（二）组织实施公司年度经营计划和投资方案。

（三）拟订公司内部管理机构设置方案。

（四）拟订公司的基本管理制度。

（五）制定公司的具体规章。

（六）提请聘任或者解聘公司副经理、财务负责人。

（七）决定聘任或者解聘除应由董事会决定聘任或者解聘以外的负责管理人员。

（八）董事会授予的其他职权。

第六章　财务与会计

第十三条　公司应当依照法律、行政法规和国务院财政部门的规定，建立健全财务会计制度，编制财务会计报告，并依法经会计师事务所审计。

第十四条　公司分配当年税后利润时，应当提取利润的百分之十列入公司法定公积金。公司法定公积金累计额为公司注册资本的百分之五十以上的，可以不再提取。

第七章　合并、分立、解散与清算

第十五条　公司合并、分立、解散、清算等事项，应当依照法律法规和公司章程的规定，经股东大会做出决议，并依法办理相关手续。

第八章　章程修改

第十六条　公司章程的修改，应当由股东大会以特别决议通过。

第九章　附则

第十七条　本章程自公司设立之日起生效，并作为公司规范运作的基本准则。

第十八条　本章程未尽事宜，依照国家有关法律法规执行。如国家法律法规做出新的规定，则按新规定执行。

第十九条　本章程由公司股东大会负责解释。

××科技信息服务公司章程
2024 年 12 月 29 日

2）股东协议

如果新企业有多个股东，那么股东之间可能需要签订一份股东协议。这份协议可以明确股东之间的权益分配、决策机制、股权转让等重要事项，有助于避免未来可能出现的股东纠纷。

3）劳动合同

新企业在招聘员工时，需要与员工签订劳动合同。劳动合同是明确双方权利和义务的重要文件，它规定了员工的工作内容、工作时间、工资待遇、社会保险等重要事项。编写劳动合同时，需要遵循相关法律法规，并确保合同内容公平、合理。

4）商业计划书

商业计划书是新企业向投资者、合作伙伴或政府机构展示其商业理念和发展前景的重要文件。它通常包括市场分析、产品介绍、营销策略、财务预测等内容。编写商业计划书时，需要充分调研，并结合企业的实际情况。

5）其他相关文件

根据新企业的具体情况，可能还需要编写其他相关文件，如知识产权协议、保密协议、租赁合同等。这些文件有助于保护企业的合法权益，确保企业的正常运营和发展。

在编写这些文件时，建议寻求专业法律人士或咨询机构的帮助，以确保文件的合法性和有效性。同时，需要根据企业的实际情况进行灵活调整，以满足企业的具体需求。

12.2.3　创业必须了解的相关法律法规

创业必须了解的相关法律的更详细解释：

《中华人民共和国民法典》第五百九十五条规定了买卖合同是出卖人转移标的物的所有权于买受人，买受人支付价款的合同。应就有关问题进行学习理解。

与企业创建相关的法律还有《中华人民共和国公司法》（简称公司法）、《中华人民共和国反不正当竞争法》(简称反不正当竞争法)。

1)公司法

公司法是为了规范公司的组织和行为,保护公司、股东、职工和债权人的合法权益,完善中国特色现代企业制度,弘扬企业家精神,维护社会经济秩序,促进社会主义市场经济的发展,根据宪法制定的一部重要法律。

(1)适用范围

本法适用于在中华人民共和国境内设立的有限责任公司和股份有限公司。

(2)主要内容

公司法共十五章,涵盖了公司设立、组织、运营及解散等各个环节,主要内容包括以下几方面。

总则:明确了立法目的、适用范围、公司的法律地位等基本原则。

公司登记:规定了公司设立、变更、注销等登记程序和要求。

有限责任公司的设立和组织机构:详细说明了有限责任公司的设立条件、注册资本、股东会、董事会、监事会的组成及运作等。

股份有限公司的设立和组织机构:对股份有限公司的设立条件、股东大会、董事会、监事会等组织机构进行了详细规定。

股份有限公司的股份发行和转让:明确了股份有限公司股份的发行和转让规则。

公司董事、监事、高级管理人员的资格和义务:规定了公司高级管理人员的任职资格、义务和责任。

公司债券:对公司发行债券的条件、程序等进行了规定。

公司财务、会计:要求公司建立健全的财务会计制度,确保财务信息的真实性和完整性。

公司合并、分立、增资、减资:明确了公司合并、分立、增资、减资的程序和要求。

公司解散和清算:规定了公司解散的原因、清算组的组成及清算程序等。

外国公司的分支机构:对外国公司在中国境内设立分支机构的条件、程序等进行了规定。

法律责任:明确了违反公司法规定的法律责任。

2)反不正当竞争法

反不正当竞争法规定了禁止不正当竞争行为的原则和具体措施,如虚假宣传、商业贿赂、侵犯商业秘密等。了解反不正当竞争法有助于创业者规范自身的市场行为,维护公平竞争的市场秩序。

　　创业者在遭遇不正当竞争时,可以依法维护自己的合法权益,要求侵权方承担相应的法律责任。

　　除了上述法律外,创业者还需要根据企业的具体情况了解其他相关法律法规,如《中华人民共和国环境保护法》《中华人民共和国消费者权益保护法》《中华人民共和国产品质量法》《公司登记管理实施办法》等,合伙开公司需要了解《中华人民共和国合伙企业法》,从事餐饮业需了解《中华人民共和国食品安全法》《中华人民共和国食品安全法实施条例》,雇佣员工需要了解《中华人民共和国劳动法》。这些法律法规都与企业的经营活动密切相关,了解并遵守这些法律法规有助于提高企业的合法性、合规性和社会信誉度。

　　以上是基本的法律法规,其他创业过程中可能涉及的,如《中华人民共和国专利法》《中华人民共和国商标法》等,由于专业性较强,建议委托法律专业人员处理。

　　建议创业者在创业初期就咨询专业的法律法规顾问或律师,进行全面的法律法规风险评估和合法合规指导。这样可以帮助创业者更加稳健地推进创业计划,实现企业的长期发展目标。

□ 思考题

　　1. 企业的组织形式主要有哪几种? 请用一句话表明它们投资和债务责任的特征。

　　2. 梳理新企业的注册流程,为企业申报人编制新企业注册的流程框图。

　　3. 拟定一个主营业务,为农村科技服务的初创公司编写公司章程。

附录 A 39 个技术参数

序号	名称	序号	名称
1	运动物体的重量	21	功率
2	静止物体的重量	22	能量损失
3	运动物体的长度	23	物质损失
4	静止物体的长度	24	信息损失
5	运动物体的面积	25	时间损失
6	静止物体的面积	26	物质的量
7	运动物体的体积	27	可靠性
8	静止物体的体积	28	测量精度
9	速度	29	制造精度
10	力	30	作用于物体的有害因素
11	应力,压强	31	物体产生的有害因素
12	形状	32	可制造性
13	稳定性	33	操作流程的方便性
14	强度	34	可维修性
15	运动物体的作用时间	35	适应性,通用性
16	静止物体的作用时间	36	系统的复杂性
17	温度	37	控制和测量的复杂性
18	照度	38	自动化程度
19	运动物体的能量消耗	39	生产率
20	静止物体的能量消耗		

附录 B 40 个发明原理

序号	名称	序号	名称
1	分割原理	21	减少有害作用的时间原理
2	抽取原理	22	变害为利原理
3	局部质量原理	23	反馈原理
4	增加不对称原理	24	借助中介物原理
5	组合原理	25	自服务原理
6	多用性原理	26	复制原理
7	嵌套原理	27	廉价替代品原理
8	重量补偿原理	28	机械系统替代原理
9	预先反作用原理	29	气压和液压结构原理
10	预先作用原理	30	柔性壳体或薄膜原理
11	事先防范原理	31	多孔材料原理
12	等势原理	32	颜色改变原理
13	反向作用原理	33	均质性原理
14	曲面化原理	34	抛弃或再生原理
15	动态特性原理	35	物理或化学参数改变原理
16	未达到或过度的作用原理	36	相变原理
17	空间维数变化原理	37	热膨胀原理
18	机械振动原理	38	强氧化剂原理
19	周期性作用原理	39	惰性环境原理
20	有效作用的连续性原理	40	复合材料原理

恶化的通用工程参数（列 1–39）/ 改善的通用工程参数（行 1–39）

序号	改善的通用工程参数
1	运动物体的重量
2	静止物体的重量
3	运动物体的长度
4	静止物体的长度
5	运动物体的面积
6	静止物体的面积
7	运动物体的体积
8	静止物体的体积
9	速度
10	力
11	应力，压强
12	形状
13	稳定性
14	强度
15	运动物体的作用时间
16	静止物体的作用时间
17	温度
18	照度
19	运动物体的能量消耗
20	静止物体的能量消耗
21	功率
22	能量损失
23	物质损失
24	信息损失
25	时间损失
26	物质的量
27	可靠性
28	测量精度
29	制造精度
30	作用于物体的有害因素
31	物体产生的有害因素
32	可制造性
33	操作流程的方便性
34	可维修性
35	适应性，通用性
36	系统的复杂性
37	控制和测量的复杂性
38	自动化程度
39	生产率

矛盾矩阵（单元格内数字为推荐采用的发明原理序号；"+"表示对角线，"−"表示无推荐）：

行\列	1	2	3	4	5	6	7	8	9	10	11	12	13	14	15	16	17	18	19	20	21	22	23	24	25	26	27	28	29	30	31	32	33	34	35	36	37	38	39
1	+	−	15,8,29,34	−	29,17,38,34	−	29,2,40,28	−	2,8,15,38	8,10,18,37	10,36,37,40	10,14,35,40	1,35,19,39	28,27,18,40	5,34,31,35	−	6,29,4,38	19,1,32	35,12,34,31	−	12,36,18,31	6,2,34,19	5,35,3,31	10,24,35	10,35,20,28	3,26,18,31	1,3,11,27	28,27,35,26	28,35,26,18	22,21,18,27	22,35,31,39	27,28,1,36	35,3,2,24	2,27,28,11	29,5,15,8	26,30,36,34	28,29,26,32	26,35,18,19	35,3,24,37
2	−	+	−	10,1,29,35	−	35,30,13,2	−	5,35,14,2	−	8,10,19,35	13,29,10,18	13,10,29,14	26,39,1,40	28,2,10,27	−	2,27,19,6	28,19,32,22	19,32,35	−	18,19,28,1	15,19,18,22	18,19,28,15	5,8,13,30	10,15,35	10,20,35,26	19,6,18,26	10,28,8,3	18,26,28	10,1,35,17	2,19,22,37	35,22,1,39	28,1,9	6,13,1,32	2,27,28,11	19,15,29	1,10,26,39	25,28,17,15	2,26,35	1,28,15,35
3	8,15,29,34	−	+	−	15,17,4	−	7,17,4,35	−	13,4,8	17,10,4	1,8,35	1,8,10,29	1,8,15,34	8,35,29,34	19	−	10,15,19	32	8,35,24	−	1,35	7,2,35,39	4,29,23,10	1,24	15,2,29	29,35	10,14,29,40	28,32,4	10,28,29,37	1,15,17,24	17,15	1,29,17	15,29,35,4	1,28,10	14,15,1,16	1,19,26,24	35,1,26,24	17,24,26,16	14,4,28,29
4	−	35,28,40,29	−	+	17,7,10,40	35,8,2,14	−	−	−	28,10	1,14,35	13,14,15,7	39,37,35	15,14,28,26	−	1,40,35	3,35,38,18	3,25	−	−	12,8	6,28	10,28,24,35	24,26	30,29,14	−	15,29,28	32,28,3	2,32,10	1,18	−	15,17,27	2,25	3	1,35	1,26	26	−	30,14,7,26
5	2,17,29,4	−	14,15,18,4	−	+	−	7,14,17,4	−	29,30,4,34	19,30,35,2	10,15,36,28	5,34,29,4	11,2,13,39	3,15,40,14	6,3	−	2,15,16	15,32,19,13	19,32	−	19,10,32,18	15,17,30,26	10,35,2,39	30,26	26,4	29,30,6,13	29,9	26,28,32,3	2,32	22,33,28,1	17,2,18,39	13,1,26,24	15,17,13,16	15,13,10,1	15,30	14,1,13	2,36,26,18	14,30,28,23	10,26,34,2
6	−	30,2,14,18	−	26,7,9,39	−	+	−	−	−	1,18,35,36	10,15,36,37	−	2,38	40	−	−	2,10,19,30	35,39,38	−	−	17,32	17,7,30	10,14,18,39	30,16	10,35,4,18	2,18,40,4	32,35,40,4	26,28,32,3	2,29,18,36	27,2,39,35	22,1,40	40,16	16,4	16	15,16	1,18,36	2,35,30,18	23	10,15,17,7
7	2,26,29,40	−	1,7,35,4	−	1,7,4,17	−	+	−	29,4,38,34	15,35,36,37	6,35,36,37	1,15,29,4	28,10,1,39	9,14,15,7	6,35,4	−	34,39,10,18	2,13,10	35	−	35,6,13,18	7,15,13,16	36,39,34,10	2,22	2,6,34,10	29,30,7	14,1,40,11	25,26,28	25,28,2,16	22,21,27,35	17,2,40,1	29,1,40	15,13,30,12	10	15,29	26,1	29,26,4	35,34,16,24	10,6,2,34
8	−	35,10,19,14	19,14	35,8,2,14	−	−	−	+	−	2,18,37	24,35	7,2,35	34,28,35,40	9,14,17,15	−	35,34,38	35,6,4	−	−	−	30,6	−	10,39,35,34	−	35,16,32,18	35,3	2,35,16	−	−	35,10,25	34,39,19,27	30,18,35,4	35	−	−	1,31	2,17,26	−	35,37,10,2
9	2,28,13,38	−	13,14,8	−	29,30,34	−	7,29,34	−	+	13,28,15,19	6,18,38,40	35,15,18,34	28,33,1,18	8,3,26,14	3,19,35,5	−	28,30,36,2	10,13,19	8,15,35,38	−	19,35,38,2	14,20,19,35	10,13,28,38	13,26	−	10,19,29,38	11,35,27,28	28,32,1,24	10,28,32,25	1,28,35,23	2,24,35,21	35,13,8,1	32,28,13,12	34,2,28,27	15,10,26	10,28,4,34	3,34,27,16	10,18	−
10	8,1,37,18	18,13,1,28	17,19,9,36	28,10	19,10,15	1,18,36,37	15,9,12,37	2,36,18,37	13,28,15,12	+	18,21,11	10,35,40,34	35,10,21	35,10,14,27	19,2	−	35,10,21	−	19,17,10	1,16,36,37	19,35,18,37	14,15	8,35,40,5	−	10,37,36	14,29,18,36	3,35,13,21	35,10,23,24	28,29,37,36	1,35,40,18	13,3,36,24	15,37,18,1	1,28,3,25	15,1,11	15,17,18,20	26,35,10,18	36,37,10,19	2,35	3,28,35,37
11	10,36,37,40	13,29,10,18	35,10,36	35,1,14,16	10,15,36,28	10,15,36,37	6,35,10	24,35	6,35,36	36,35,21	+	35,4,15,10	35,33,2,40	9,18,3,40	19,3,27	−	35,39,19,2	−	14,24,10,37	−	10,35,14	2,36,25	10,36,3,37	−	37,36,4	10,14,36	10,13,19,35	6,28,25	3,35	22,2,37	2,33,27,18	1,35,16	11	2	35	19,1,35	2,36,37	35,24	10,14,35,37
12	8,10,29,40	15,10,26,3	29,34,5,4	13,14,10,7	5,34,4,10	−	14,4,15,22	7,2,35	35,15,34,18	35,10,37,40	34,15,10,14	+	33,1,18,4	30,14,10,40	14,26,9,25	−	22,14,19,32	13,15,32	2,6,34,14	−	4,6,2	14	35,29,3,5	−	14,10,34,17	36,22	10,40,16	28,32,1	32,30,40	22,1,2,35	35,1	1,32,17,28	32,15,26	2,13,1	1,15,29	16,29,1,28	15,13,39	15,1,32	17,26,34,10
13	21,35,2,39	26,39,1,40	13,15,1,28	37	2,11,13	39	28,10,19,39	34,28,35,40	33,15,28,18	10,35,21,16	2,35,40	22,1,18,4	+	17,9,15	13,27,10,35	39,3,35,23	35,1,32	32,3,15	13,19	27,4,29,18	32,35,27,31	14,2,39,6	2,14,30,40	−	35,27	15,32,35	−	13	18	35,24,30,18	35,40,27,39	35,19	32,35,30	2,35,10,16	35,30,34,2	2,35,22,26	35,22,39,23	1,8,35	23,35,40,3
14	1,8,40,15	40,26,27,1	1,15,8,35	15,14,28,26	3,34,40,29	9,40,28	10,15,14,7	9,14,17,15	8,13,26,14	10,18,3,14	10,3,18,40	10,30,35,40	13,17,35	+	27,3,26	−	30,10,40	35,19	19,35,10	35	10,26,35,28	35	35,28,31,40	−	29,3,28,10	29,10,27	11,3	3,27,16	3,27	18,35,37,1	15,35,22,2	11,3,10,32	32,40,28,2	27,11,3	15,3,32	2,13,28	27,3,15,40	15	29,35,10,14
15	19,5,34,31	−	2,19,9	−	3,17,19	−	10,2,19,30	−	3,35,5	19,2,16	19,3,27	14,26,28,25	13,3,35	27,3,10	+	−	19,35,39	2,19,4,35	28,6,35,18	−	19,10,35,38	−	28,27,3,18	10	20,10,28,18	3,35,10,40	11,2,13	3	3,27,16,40	22,15,33,28	21,39,16,22	27,1,4	12,27	29,10,27	1,35,13	10,4,29,15	19,29,39,35	6,10	35,17,14,19
16	−	6,27,19,16	−	1,40,35	−	−	−	35,34,38	−	−	−	−	39,3,35,23	−	−	+	19,18,36,40	−	−	−	16	−	27,16,18,38	10	28,20,10,16	3,35,31	34,27,6,40	10,26,24	−	17,1,40,33	22	35,10	1	1	2	−	25,34,6,35	1	20,10,16,38
17	36,22,6,38	22,35,32	15,19,9	15,19,9	3,35,39,18	35,38	34,39,40,18	35,6,4	2,28,36,30	35,10,3,21	35,39,19,2	14,22,19,32	1,35,32	10,30,22,40	19,13,39	19,18,36,40	+	32,30,21	19,15,3,17	−	2,14,17,25	21,17,35,38	21,36,29,31	−	35,28,21,18	3,17,30,39	19,35,3,10	32,19,24	24	22,33,35,2	22,35,2,24	26,27	26,27	4,10,16	2,18,27	2,17,16	3,27,35,31	26,2,19,16	15,28,35
18	19,1,32	2,35,32	19,32,16	−	19,32,26	−	2,13,10	−	10,13,19	26,19,6	−	32,30	32,3,27	35,19	2,19,6	−	32,35,19	+	32,1,19	32,35,1,15	32	13,16,1,6	13,1	1,6	19,1,26,17	1,19	−	11,15,32	3,32	15,19	35,19,32,39	19,35,28,26	28,26,19	15,17,13,16	15,1,19	6,32,13	32,15	2,26,10	2,25,16
19	12,18,28,31	−	12,28	−	15,19,25	−	35,13,18	−	8,15,35	16,26,21,2	23,14,25	12,2,29	19,13,17,24	5,19,9,35	28,35,6,18	−	19,24,3,14	2,15,19	+	−	6,19,37,18	12,22,15,24	35,24,18,5	−	35,38,19,18	34,23,16,18	19,21,11,27	3,1,32	−	1,35,6,27	2,35,6	28,26,30	19,35	1,15,17,28	15,17,13,16	2,29,27,28	35,38	32,2	12,28,35
20	−	19,9,6,27	−	−	−	−	−	−	−	36,37	−	−	27,4,29,18	35	−	−	−	19,2,35,32	−	+	−	−	28,27,18,31	−	−	3,35,31	10,36,23	−	−	10,2,22,37	19,22,18	1,4	−	−	−	−	19,35,16,25	−	1,6
21	8,36,38,31	19,26,17,27	1,10,35,37	−	19,38	17,32,13,38	35,6,38	30,6,25	15,35,2	26,2,36,35	22,10,35	29,14,2,40	35,32,15,31	26,10,28	19,35,10,38	16	2,14,17,25	16,6,19	16,6,19,37	−	+	10,35,38	28,27,18,38	10,19	35,20,10,6	4,34,19	19,24,26,31	32,15,2	32,2	19,22,31,2	2,35,18	26,10,34	26,35,10	35,2,10,34	19,17,34	20,19,30,34	19,35,16	28,2,17	28,35,34
22	15,6,19,28	19,6,18,9	7,2,6,13	6,38,7	15,26,17,30	17,7,30,18	7,18,23	7	16,35,38	36,38	−	−	14,2,39,6	26	−	−	19,38,7	1,13,32,15	−	−	3,38	+	35,27,2,37	19,10	10,18,32,7	7,18,25	11,10,35	32	−	21,22,35,2	21,35,2,22	−	35,32,1	2,19	−	7,23	35,3,15,23	2	28,10,29,35
23	35,6,23,40	35,6,22,32	14,29,10,39	10,28,24	35,2,10,31	10,18,39,31	1,29,30,36	3,39,18,31	10,13,28,38	14,15,18,40	3,36,37,10	29,35,3,5	2,14,30,40	35,28,31,40	28,27,3,18	27,16,18,38	21,36,39,31	1,6,13	35,18,24,5	28,27,12,31	28,27,18,38	35,27,2,31	+	−	15,18,35,10	6,3,10,24	10,29,39,35	16,34,31,28	35,10,24,31	33,22,30,40	10,1,34,29	15,34,33	32,28,2,24	2,35,34,27	15,10,2	35,10,28,24	35,18,10,13	35,10,18	28,35,10,23
24	10,24,35	10,35,5	1,26	26	30,26	30,16	−	2,22	26,32	−	−	−	−	−	10	10	−	19	−	−	10,19	19,10	−	+	24,26,28,32	24,28,35	10,28,23	−	−	22,10,1	10,21,22	32	27,22	−	−	−	35,33	35	13,23,15
25	10,20,37,35	10,20,26,5	15,2,29	30,24,14,5	26,4,5,16	10,35,17,4	2,5,34,10	35,16,32,18	−	10,37,36,5	37,36,4	4,10,34,17	35,3,22,5	29,3,28,18	20,10,28,18	28,20,10,16	35,29,21,18	1,19,26,17	35,38,19,18	1	35,20,10,6	10,5,18,32	35,18,10,39	24,26,28,32	+	35,38,18,16	10,30,4	24,34,28,32	24,26,28,18	35,18,34	35,22,18,39	35,28,34,4	4,28,10,34	32,1,10	35,28	6,29	18,28,32,10	24,28,35,30	−
26	3,26,18,31	−	29,14,35,18	−	15,14,29	2,18,40,4	15,20,29	−	35,29,34,28	35,14,3	10,36,14,3	35,14	15,2,17,40	14,35,34,10	3,35,10,40	3,35,31	3,17,39	−	34,29,16,18	3,35,31	35	7,18,25	6,3,10,24	24,28,35	35,38,18,16	+	18,3,28,40	13,2,28	33,30	35,33,29,31	3,35,40,39	29,1,35,27	35,29,25,10	2,32,10,25	15,3,29	3,13,27,10	3,27,29,18	8,35	13,29,3,27
27	3,8,10,40	3,10,8,28	15,9,14,4	15,29,28,11	17,10,14,16	32,35,40,4	3,10,14,24	2,35,24	21,35,11,28	8,28,10,3	10,24,35,19	35,1,16,11	−	11,28	2,35,3,25	34,27,6,40	3,35,10	11,32,13	21,11,27,19	36,23	21,11,26,31	10,11,35	10,35,29,39	10,28	10,30,4	21,28,40,3	+	32,3,11,23	11,32,1	27,35,2,40	35,2,40,26	27,17,40	1,11	13,35,8,24	13,35,1	27,40,28	11,13,27	1,35,29,38	1,35,29,38
28	32,35,26,28	28,35,25,26	28,26,5,16	32,28,3,16	26,28,32,3	26,28,32,3	32,13,6	−	28,13,32,24	32,2	6,28,32	6,28,32	32,35,13	28,6,32	28,6,32	10,26,24	6,19,28,24	6,1,32	3,6,32	−	3,6,32	26,32,27	10,16,31,28	−	24,34,28,32	2,6,32	5,11,1,23	+	−	28,24,22,26	3,33,39,10	6,35,25,18	1,13,17,34	1,32,13,11	13,35,2	27,35,10,34	26,24,32,28	28,2,10,34	10,34,28,32
29	28,32,13,18	28,35,27,9	10,28,29,37	2,32,10	28,33,29,32	2,29,18,36	32,28,2	25,10,35	10,28,32	28,19,34,36	3,35	32,30,40	30,18	3,27	3,27,40	−	19,26	3,32	32,2	−	32,2	13,32,2	35,31,10,24	−	32,26,28,18	32,30	11,32,1	−	+	26,28,10,36	4,17,34,26	−	1,32,35,23	25,10	−	26,2,18	26,28,18,23	10,18,32,39	−
30	22,21,27,39	2,22,13,24	17,1,39,4	1,18	22,1,33,28	27,2,39,35	22,23,37,35	34,39,19,27	21,22,35,28	13,35,39,18	22,2,37	22,1,3,35	35,24,30,18	18,35,37,1	22,15,33,28	17,1,40,33	22,33,35,2	1,19,32,13	1,24,6,27	10,2,22,37	19,22,31,2	21,22,35,2	33,22,19,40	22,10,2	35,18,34	35,33,29,31	27,24,2,40	28,33,23,26	26,28,10,18	+	−	24,35,2	2,25,28,39	35,10,2	35,11,22,31	22,19,29,40	22,19,29,40	33,3,34	22,35,13,24
31	19,22,15,39	35,22,1,39	17,15,16,22	−	17,2,18,39	22,1,40	17,2,40	30,18,35,4	35,28,3,23	35,28,1,40	2,33,27,18	35,1	35,40,27,39	15,35,22,2	15,22,33,31	21,39,16,22	22,35,2,24	19,24,39,32	2,35,6	19,22,18	2,35,18	21,35,2,22	10,1,34	10,21,29	1,22	3,24,39,1	24,2,40,39	3,33,26	4,17,34,26	−	+	−	−	−	−	19,1,31	2,21,27,1	2	22,35,18,39
32	28,29,15,16	1,27,36,13	1,29,13,17	15,17,27	13,1,26,12	16,40	13,29,1,40	35	35,13,8,1	35,12	35,19,1,37	1,28,13,27	11,13,1	1,3,10,32	27,1,4	35,16	27,26,18	28,24,27,1	28,26,27,1	1,4	27,1,12,24	19,35	15,34,33	32,24,18,16	35,28,34,4	35,23,1,24	−	1,35,12,18	−	24,2	−	+	2,5,13,16	35,1,11,9	2,13,15	27,26,1	6,28,11,1	8,28,1	35,1,10,28
33	25,2,13,15	6,13,1,25	1,17,13,12	−	1,17,13,16	18,16,15,39	1,16,35,15	4,18,39,31	18,13,34	28,13,35	2,32,12	15,34,29,28	32,35,30	32,40,3,28	29,3,8,25	1,16,25	26,27,13	13,17,1,24	1,13,24	−	35,34,2,10	2,19,13	28,32,2,24	4,10,27,22	4,28,10,34	12,35	17,27,8,40	25,13,2,34	1,32,35,23	2,25,28,39	−	2,5,12	+	12,26,1,32	15,34,1,16	32,26,12,17	−	1,34,12,3	15,1,28
34	2,27,35,11	2,27,35,11	1,28,10,25	3,18,31	15,13,32	16,25	25,2,35,11	1	34,9	1,11,10	13	1,13,2,4	2,35	11,1,2,9	11,29,28,27	1	4,10	15,1,13	15,1,28,16	−	15,10,32,2	15,1,32,19	2,35,34,27	−	32,1,10,25	2,28,10,25	11,10,1,16	10,2,13	25,10	35,10,2,16	−	1,35,11,10	1,12,26,15	+	7,1,4,16	35,1,13,11	−	34,35,7,13	1,32,10,25
35	1,6,15,8	19,15,29,16	35,1,29,2	1,35,16	35,30,29,7	15,16	15,35,29	−	35,10,14	15,17,20	35,16	15,37,1,8	35,30,14	35,3,32,6	13,1,35	2,16	27,2,3,35	6,22,26,1	19,35,29,13	−	19,1,29	18,15,1	15,10,2,13	−	35,28	3,35,15	35,13,8,24	35,5,1,10	−	35,11,32,31	−	1,13,31	15,34,1,16	1,16,7,4	+	15,29,37,28	1	27,34,35	35,28,6,37
36	26,30,34,36	2,26,35,39	1,19,26,24	26	14,1,13,16	6,36	34,26,6	1,16	34,10,28	26,16	19,1,35	29,13,28,15	2,22,17,19	2,13,28	10,4,28,15	−	2,17,13	24,17,13	27,2,29,28	−	20,19,30,34	10,35,13,2	35,10,28,29	−	6,29	13,3,27,10	13,35,1	2,26,10,34	26,24,32	22,19,29,40	19,1	27,26,1,13	27,9,26,24	1,13	29,15,28,37	+	15,10,37,28	15,1,24	12,17,28
37	27,26,28,13	6,13,28,1	16,17,26,24	26	2,13,18,17	2,39,30,16	29,1,4,16	2,18,26,31	3,4,16,35	30,28,40,19	35,36,37,32	27,13,1,39	11,22,39,30	27,3,15,28	19,29,39,25	25,34,6,35	3,27,35,16	2,24,26	35,38	19,35,16	19,1,16,10	35,3,15,19	1,18,10,24	35,33,27,22	18,28,32,9	3,27,29,18	27,40,28,8	26,24,32,28	−	22,19,29,28	2,21	5,28,11,29	2,5	12,26	1,15	15,10,37,28	+	34,21	35,18
38	28,26,18,35	28,26,35,10	14,13,17,28	23	17,14,13	−	35,13,16	−	28,10	2,35	13,35	15,32,1,13	18,1	25,13	6,9	−	26,2,19	8,32,19	2,32,13	−	28,2,27	23,28	35,10,18,5	35,33	24,28,35,30	35,13	11,27,32	28,26,10,34	28,26,18,23	2,33	2	1,26,13	1,12,34,3	1,35,13	27,4,1,35	15,24,10	34,27,25	+	5,12,35,26
39	35,26,24,37	28,27,15,3	18,4,28,38	30,7,14,26	10,26,34,31	10,35,17,7	2,6,34,10	35,37,10,2	−	28,15,10,36	10,37,14	14,10,34,40	35,3,22,39	29,28,10,18	35,10,2,18	20,10,16,38	35,21,28,10	26,17,19,1	35,10,38,19	1	35,20,10	28,10,29,35	28,10,35,23	13,15,23	−	35,38	1,35,10,38	1,10,34,28	18,10,32,1	22,35,13,24	35,22,18,39	35,28,2,24	1,28,7,10	1,32,10,25	1,35,28,37	12,17,28,24	35,18,27,2	5,12,35,26	+

序号	发明原理
1	分割原理
2	抽取原理
3	局部质量原理
4	增加不对称原理
5	组合原理
6	多用性原理
7	嵌套原理
8	重量补偿原理
9	预先反作用原理
10	预先作用原理
11	事先防范原理
12	等势原理
13	反向原理
14	曲面化原理
15	动态特性原理
16	未达到或过度的作用原理
17	空间维数变化原理
18	机械振动原理
19	周期性作用原理
20	有效作用的连续性原理
21	减少有害作用的时间原理
22	变害为利原理
23	反馈原理
24	借助中介物原理
25	自服务原理
26	复制原理
27	廉价替代品原理
28	机械系统替代原理
29	气压和液压结构原理
30	柔性壳体或薄膜原理
31	多孔材料原理
32	颜色改变原理
33	均质性原理
34	抛弃或再生原理
35	物理或化学参数改变原理
36	相变原理
37	热膨胀原理
38	强氧化剂原理
39	惰性环境原理
40	复合材料原理

附录 D 分离方法与发明原理的对应表

分离方法	发明原理	分离方法	发明原理
空间分离	1. 分割原理 2. 抽取原理 3. 局部质量原理 7. 嵌套原理 4. 增加不对称性原理 17. 空间维数变化原理 14. 曲面化原理 20. 有效作用的连续性原理 24. 借助中介物原理 26. 复制原理 29. 气压和液压结构原理 30. 柔性壳体或薄膜原理 40. 复合材料原理	时间分离	15. 动态特性原理 34. 抛弃或再生原理 9. 预先作用原理 11. 事先防范原理 14. 曲面化原理 16. 未达到或过度的作用原理 18. 机械振动原理 19. 周期性作用原理 20. 有效作用的连续性原理 21. 减少有害作用的时间原理 24. 借助中介物原理 34. 抛弃或再生原理
条件分离	40. 复合材料原理 31. 多孔材料原理 32. 颜色改变原理 3. 局部质量原理 19. 周期性作用原理 17. 空间维数变化原理 26. 复制原理 29. 气压和液压结构原理 30. 柔性壳体或薄膜原理 35. 物理或化学参数改变原理 36. 相变原理 37. 热膨胀原理 38. 强氧化剂原理 34. 抛弃或再生原理	系统级别 分离	3. 局部质量原理 8. 重量补偿原理 22. 变害为利原理 27. 廉价替代品原理 40. 复合材料原理 13. 反向作用原理 24. 借助中介物原理 29. 气压和液压结构原理 31. 多孔材料原理 1. 分割原理 28. 机械系统替代原理 35. 物理或化学参数改变原理

附录 E 76 个标准解

级别	数量	子系统	标准解	备注
1. 构建与毁坏物-场模型	13	8	**1.1** 构建完整的物-场模型	物-场模型不完整
			1.1.1 由不完整的向完整的物-场模型转换	
			1.1.2 在物质内部引入附加物，建立内部合成的物-场模型	
			1.1.3 在物质外部引入附加物，建立外部合成的物-场模型	
			1.1.4 利用环境资源作为物质内部或外部的附加物，建立与环境一起的物-场模型	
			1.1.5 引入由改变环境而产生的附加物，建立与环境和附加物一起的物-场模型	
			1.1.6 对物质作用的最小模式	
			1.1.7 对物质作用的最大模式	
			1.1.8 对物质作用的选择性最大模式：分别向最大和最小作用场区域选择性引入附加物	
		5	**1.2** 消除(或中和)有害作用，构建完善的物-场模型	存在有害作用
			1.2.1 在系统的两个物质之间引入外部现成的物质	
			1.2.2 引入系统中现有物质的变异物	
			1.2.3 引入第 2 种物质	
			1.2.4 引入场	
			1.2.5 切断磁影响	
2. 增强物-场模型	23	2	**2.1** 向复合物-场模型转换	物-场模型可控性不足
			2.1.1 向串联式复合物-场模型转换	
			2.1.2 向并联式复合物-场模型转换	
		6	**2.2** 增强物-场模型	物-场模型可控性不足
			2.2.1 利用更易控制的场替代	
			2.2.2 加大对工具物质的分割程度向微观控制转换	
			2.2.3 利用毛细管和多孔结构的物质	
			2.2.4 提高物质的动态性	
			2.2.5 构造场	
			2.2.6 构造物质	
		3	**2.3** 利用频率协调增强物-场模型	物-场模型可控性不足
			2.3.1 匹配组成物-场模型中的场与物质元素的节奏（或故意不匹配）	
			2.3.2 匹配组成复合物-场模型中的场与场元素的节奏（或故意不匹配）	
			2.3.3 利用周期性作用	

级别	数量	子系统	标准解	备注
2. 增强物-场模型	33	12	2.4 引入磁性附加物增强物-场模型	用磁场增强物场模型
			2.4.1 引入固体铁磁物质，建立原铁磁场模型	
			2.4.2 引入铁磁颗粒，建立铁磁场模型	
			2.4.3 引入磁性液体	
			2.4.4 在铁磁场模型中应用毛细管（或多孔）结构物质	
			2.4.5 建立合成的铁磁场模型	
			2.4.6 建立与环境一起的铁磁场模型	
			2.4.7 利用自然现象或物理效应	
			2.4.8 提高铁磁场模型的动态性	
			2.4.9 构造场	
			2.4.10 在铁磁场模型中匹配节奏	
			2.4.11 引入电流，建立电磁场模型	
			2.4.12 利用电流变流体	
3. 向双、多级系统或微观级系统进化	6	5	3.1 向双系统或多系统转换	向超系统进化
			3.1.1 系统转换 1a：利用组合，创建双、多级系统	
			3.1.2 改进双或多级系统间的链接	
			3.1.3 系统转换 1b：加大系统元素间的特性差异	
			3.1.4 简化双或多级系统	
			3.1.5 系统转换 1c：使系统的部分与整体具有相反的特性	
		1	3.2 向微观级系统转换 将系统中的物质用能在原子、分子、粒子等各种场的作用下实现功能的物质来替代，以实现系统从宏观向微观系统的进化	向微系统进化
4. 测量与检测	17	3	4.1 利用间接的方法	间接测量
			4.1.1 以系统的变化来替代检测或测量	
			4.1.2 利用被测对象的复制品	
			4.1.3 利用 2 次检测来替代	
		4	4.2 构建基本完整的和复合的测量物-场模型	复合物-场测量
			4.2.1 构建基本完整的测量物-场模型	
			4.2.2 构建合成的测量物-场模型	
			4.2.3 构建与环境一起的测量物-场模型	
			4.2.4 构建与环境附加物一起的测量物-场模型	
		3	4.3 增强测量物-场模型	增强物-场测量
			4.3.1 利用物理效应或自然现象	
			4.3.2 利用系统整体或部分的频率谐振	
			4.3.3 引入已知特性附加物，应用与附加物的频率谐振	

续上表

级别	数量	子系统	标准解	备注
4. 测量与检测	17	5	4.4	向铁磁场测量模型转换	磁场测量
			4.4.1	构建原铁磁场测量模型	
			4.4.2	构建铁磁场测量模型	
			4.4.3	构建合成的铁磁场测量模型	
			4.4.4	构建与环境一起的铁磁场测量模型	
			4.4.5	利用与磁场有关的物理效应或自然现象	
		2	4.5	测量系统的进化方向	测量进化
			4.5.1	向双、多级测量系统转换	
			4.5.2	向测量一级或二级派生物转换	
5. 简化与改善策略	17	4	5.1	引入物质	引入物质
			5.1.1	间接方法	
			5.1.2	将物质分割成若干更小单元	
			5.1.3	应用能"自消失"的附加物	
			5.1.4	利用可膨胀结构,以满足向环境中引入空气、泡沫等大量附加物的需要	
		3	5.2	引入场	引入场
			5.2.1	利用系统中已存在的场	
			5.2.2	利用环境中已存在的场	
			5.2.3	利用场源物质	
		5	5.3	利用相变	相变
			5.3.1	相变1:改变相态	
			5.3.2	相变2:在变化的环境作用下,物质能由一种状态转变到另一种状态	
			5.3.3	相变3:利用伴随相变过程中发生的自然现象或物理效应	
			5.3.4	相变4:利用双相态物质替代	
			5.3.5	利用物理与化学作用	
		2	5.4	利用物理效应或自然现象	物理效应及自然现象
			5.4.1	利用"自控制"能实现相变的物质	
			5.4.2	增强输出场	
		3	5.5	产生物质粒子的更高或更低形式	物质粒子
			5.5.1	通过分解获得物质粒子	
			5.5.2	通过合成获得物质粒子	
			5.5.3	综合运用5.5.1和5.5.2获得物质粒子	

附录 F　ARIZ 应用流程图

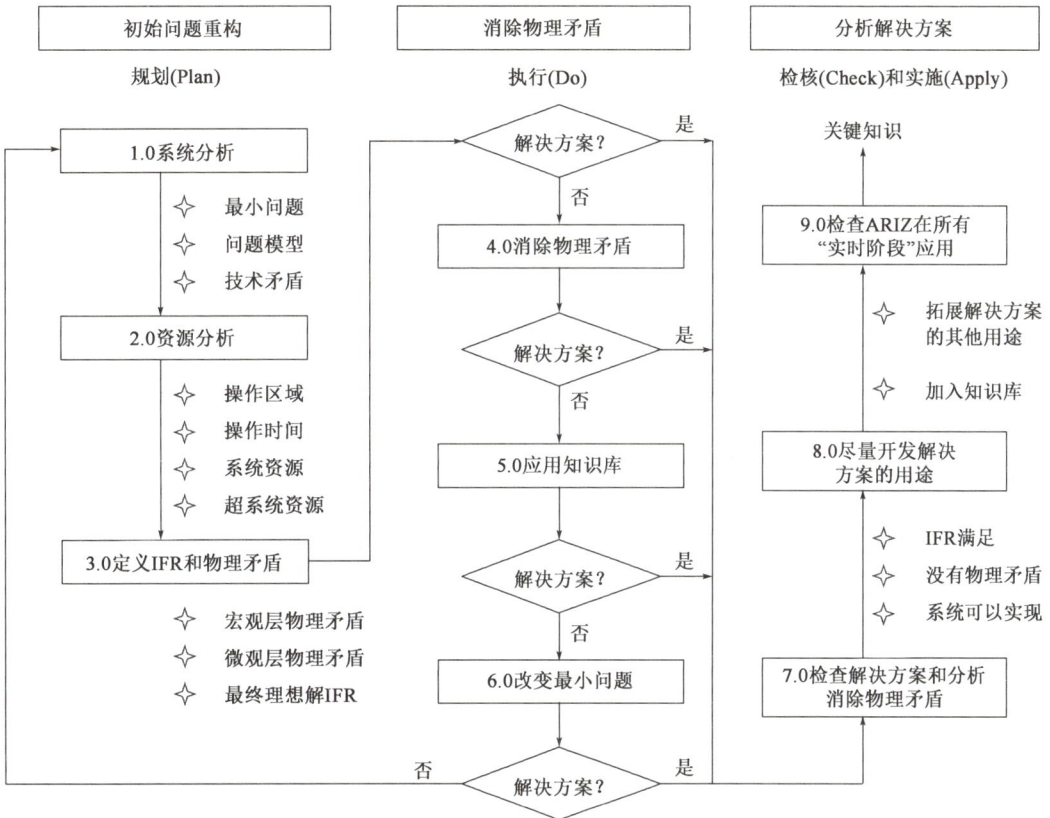

初始问题重构	消除物理矛盾	分析解决方案
规划(Plan)	执行(Do)	检核(Check)和实施(Apply)

初始问题重构（规划Plan）

1.0系统分析
- ◇ 最小问题
- ◇ 问题模型
- ◇ 技术矛盾

2.0资源分析
- ◇ 操作区域
- ◇ 操作时间
- ◇ 系统资源
- ◇ 超系统资源

3.0定义IFR和物理矛盾
- ◇ 宏观层物理矛盾
- ◇ 微观层物理矛盾
- ◇ 最终理想解IFR

消除物理矛盾（执行Do）

解决方案？ 是 →
否 ↓
4.0消除物理矛盾
解决方案？ 是 →
否 ↓
5.0应用知识库
解决方案？ 是 →
否 ↓
6.0改变最小问题
解决方案？ 否 / 是

分析解决方案（检核Check和实施Apply）

关键知识

9.0检查ARIZ在所有"实时阶段"应用
- ◇ 拓展解决方案的其他用途
- ◇ 加入知识库

8.0尽量开发解决方案的用途
- ◇ IFR满足
- ◇ 没有物理矛盾
- ◇ 系统可以实现

7.0检查解决方案和分析消除物理矛盾

参 考 文 献

［1］ 蒋里,乌伯尼克尔,等.创新思维:斯坦福设计思维方法与工具［M］.税琳琳,译.北京:人民
邮电出版社,2022.

［2］ 刘延,高万里.大学生创新创业基础［M］.武汉:华中科技大学出版社,2020.

［3］ 徐斌.TRIZ 创新理论方法及应用［M］.北京:化学工业出版社,2022.

［4］ 成思源,周金平,郭钟宁.技术创新方法:TRIZ 理论及应用［M］.北京:清华大学出版
社,2014.

［5］ 魏丽丽,王红梅.大学生创新与创业基础教程［M］.北京:化学工业出版社,2022.

［6］ 张登印,李颖,张宁.胜任力模型应用实务:企业人力资源体系构建技术、范例及工具［M］.
北京:人民邮电出版社,2014.

［7］ 李彦,李文强,等.创新设计方法［M］.北京:科学出版社,2013.

［8］ 郭万斌,李宁,韦志涵.创新思维能力训练方法与运用［M］.北京:清华大学出版社,2023.